清华大学地区研究丛书·编著 IIAS
Area Studies Book Series, Tsinghua University-Edited Collections

国家与区域动态中的联结

第二届清华地区研究论坛论文集

杨光 张静 刘岚雨 熊星翰 主编

商务印书馆
The Commercial Press

序　言

清华地区研究论坛（Tsinghua Area Studies Forum）由清华大学国际与地区研究院发起，并联合国内外学术机构共同举办。遵循学术自由、专业客观和平等自主的原则，本论坛致力于构筑一个交流学术思想与研究成果的区域国别研究学术平台。平台尤其希望促进各国学者更深刻、更全面地探讨发展中国家和地区所面临的一系列问题，同时也赋予发展中国家与地区的学者更多的学术话语权，推动相关国家和地区的相互启发以及整个世界的共同发展。首届论坛于2019年成功举行，主题为"开创应对亚非拉共同挑战的新路径"，吸引了来自全球各地的123位优秀学者参会，举办了24场分论坛，并出版了中英文会议文集各一部。

2021年7月，面对疫情造成的重重困难，在英国埃克塞特大学阿拉伯与伊斯兰研究院、荷兰莱顿大学亚洲中心、日本京都大学东南亚研究中心、英国牛津大学中东中心、沙特阿拉伯费萨尔国王研究中心、伊朗沙希德贝赫仕迪大学经济与政治学院、新加坡国立大学亚洲研究所、云南大学国际关系研究院、华东师范大学非洲研究所等合作单位的积极支持下，清华大学国际与地区研究院顺利主办了第二届清华地区研究论坛。

此次论坛的主题为"世界中的区域和区域中的世界"，旨在强调世界与区域之间的系统性张力——世界由不同区域组成，每个区域都与世界紧密关联，受到世界整体局势的影响；同时，每个区域也在塑造、改变着世界，区域性问题也可能对全球产生影响。在全球化的背景下，"世界"与"区域"不再是简单的整体与局部的关系，它们构成一种有机的统一而不能进行机械性的拆解。在为期三天的会议中，来自国内外三十多所高校的一百余名学者围绕六个地区的不同议题和三个全球公共议题进行了全方位、多角度的深入交流和探讨，分享了一系列极具价值的学术研究，也取得了丰硕的会议成果，本书就是对论坛中部分优秀论文的汇编。

清华大学前校长顾秉林院士为此次论坛做总结时，观察到论坛呈现出以下四个特点。

首先，是立足区域的同时超越区域。在形式上，本届论坛的议题主要依据地区进行设置，但学者们的研究却时刻透露出兼顾局部与全球之关系、兼顾不同区域间相互之关系的旨趣与自觉。同时，论坛还精心筹划了三个公共议题，就不同地区存在显著共性的核心问题进行了深入交流。这些特质很好地呼应了本次论坛的主题，让世界与区域的辩证关系得以完满地展现。

其次，是立足学科的同时跨越学科。无论在研究问题还是研究方法上，学者们在本次论坛中，既展现出作为某一学科专家的坚实学术素养，同时也体现出在追求跨学科研究方面的不懈努力。这不但让我们看到了各位学者对于学科特性的深刻洞见和把握，更凸显出治学和科研中最为宝贵的好奇心和求知欲。

第三，是中国区域国别研究领域老、中、青三代学者的坚实架构正在形成。相较欧美发达国家，我国的地区研究，特别是对于发展中国家进行的地区研究起步较晚，人才储备有限。但是，在此次论坛中，一个传承有序、日益壮大的学术共同体正在生成。其中，老一辈地区研究学人风采依旧，中生代骨干群星闪耀，年轻新势力带着自信与活力迎面而来。

第四，是无问西东的求真情怀。受疫情影响，此次线下参会的以中国学者为主。但是，在他们的研究中，既有与西方思想与理论的深入、精彩对话；也有熠熠生辉的研究对象国的本土智识；更有作为中国学者从自身视角出发，对外界的反思、关照。此外，更加难能可贵的是，这些相互碰撞的思想中，有很大一部分是经过长期田野调研后，经过与发达国家、发展中国家不同学者深入互动后收获的真知灼见。

清华大学校长王希勤（论坛举办时任常务副校长）在论坛开幕式上对区域国别研究的展望同样值得强调，他指出了学科与复杂研究对象之间的张力，并进一步上升到对区域国别研究与现代化进程、发展理念以及全球民众福祉关系的探讨。

如果说顾秉林院士对本届论坛风貌的精彩提炼，是对清华大学国际与地区研究院过去十年工作的莫大褒奖。那么王希勤校长对区域国别学发展的敏锐前瞻，则指明了清华区域国别研究未来努力的方向。无巧不成书，在论坛召开时，区域国别学一级学科的设立尚且是该领域内有识之士用心思考和谋划的事业；而至本书筹划编辑之时，区域国别学已经成为一个国内学界可以明确的工作目标。

因此，本届论坛可以说是中国区域国别研究发展过程中一个承前启后的节点，而本书无疑也希望通过入选的文章来承载节点上丰富的意义。各篇文章中有对空间上互动的探讨，也有对历史纵深的挖掘，有结合研究对象对学科进行的反思，也有借助学科方法对研究对象国最新现象的解读。此外，全书还平衡考虑了文章涉及的地区、文章作者的背景，力争呈现出多元的视角和观点。这样多方面的考量，主要也是源于我们对区域国别研究思考后的一些体会，它们正好呼应了王希勤校长展望学科发展时的一些洞见。

首先，学科与研究对象的张力主要在于研究对象的复杂性与学科领域的单一性之间存在的矛盾。作为研究对象，各个国别和区域的复杂性首先在于它们不只是一个特定空间，而是在历史发展之轴上与其他国别区域互相联系的存在。就此，王希勤校长专门提到了清华大学前校长陈吉宁教授曾经在与清华大学发展中国家研究项目博士生座谈时的寄语：进行区域国别研究既要把时间维度打开，去考察历史、知古鉴今；还要把空间维度打开，由点及面去挖掘不同国家、区域之间的互动与关联。

区域与国别的复杂性，还体现在它们都是由经济、政治、文化、社会和生态五个维度共同构成的综合体，必须以一种整体和复杂性的思维来看待，而这无疑对既有的学科体系构成了挑战。一方面，为了直面研究对象的多层次复杂性，跨学科成为区域国别研究发展的大趋势；但另一方面，区域国别研究不能简单否定既有学科的研究范式，因为成熟的学科在各自的特定领域中都已经取得了无法磨灭的成就，它们在面对区域国别研究中的特定领域问题时，无论是在理论上还是在方法上，依然具有显著的价值。如何探索出新的范式，使区域国别学兼备跨学科的广度和单一学科的精深，并且很好地应对区域国别研究中的实际问题，是一项充满挑战的事业。

除了在学科建构和研究对象的关系方面面临挑战之外，中国的区域国别研究还需要寻找其在当今世界中的位置感，因为这门学科丰富厚重的历史意涵、我国日益提升的综合国力、南北世界与东西格局的纵横交织，都在共同追问区域国别学的价值取向和终极意义。区域国别学是一门需要"走出去"的学科，书斋中的文献、网络上的数据固然能够为了解某一国家和区域提供重要参考，但是区域国别学还需要亲临实地的现场感，从而实现抽象材料和感官经验的相互印证、质疑和再次融合。然而，学者一旦"走出去"，就意味着要与研究对象深度互动，接受当地人群的世界观、知识体系以及价值判断的不断冲击，并借此回看自我的文化特性和知识构成。此时，是抱有一种文化相对主义的态度去顺应他者，还是秉持一种普遍的发展信念去衡量他者，会影响区域国别学研究在学者内心中的位置。

同时，区域国别学本身承载有厚重的历史内涵，它的兴盛整体上伴随着第二次世界大战后世界秩序借助知识生产而进行的重建和维系过程。在此过程中，被称为地区研究（Area Studies）的学科演化无疑体现着国际关系中强弱力量的对比，欧美国家可以有大量的学者前往发展中国家进行深度田野工作，反之却非常困难。因此，20世纪区域国别学的位置感还在于它总体上是欧美的，是发达资本主义国家单向度地了解发展中国家的。与此同时，区域国别学在其价值判断和发展理念上，也无可避免地被打上了西方中心主义的烙印。其中，既有自我价值与理念的输出，比如新自由主义与国际货币基金组织的深度绑定；也有对研究对象的西方化理解，比如阐释非洲、南美社会发展状况时的部落主义偏见。

面对区域国别学的上述特性，清华大学从2011年开始设计"发展中国家研究博士项目"时，就非常重视对于学者位置感的把握。除了在培养方案中兼顾国内课程、发达国家访学和发展中国家田野调查之外，2017年清华大学国际与地区研究院成立后，更是在学术活动设置、学生培养与发展规划上同时予以强调。一方面，我们肯定西方发达国家在区域国别研究领域取得的成果；另一方面，我们也重视来自研究对象国的思想和声音。此外，更重要的是，在获取西方知识、积累发展中国家田野实践的同时，我们不断提醒自己作为中国学者的属性。这样的属性不仅是一种家国情怀，更是中国学术环境熏陶下的独特视角和文化笃定。我们相信，在自我反思和自我坚持的对立统一中，中国的区域国别学可以在汲取西方优秀思想的同时避免重现西方中心主义的错误；也可以避免因为深度的田野融入所导致的极端的文化相对主义，从而偏离对全球民众最大化福祉的追求。

文以载道，尽管这本文集体量有限，其中很多文章也是一种探索性的尝试，但可以看到，作者们使用的方法、采纳的视角以及自身的关切，都承载着一些新的内容与价值，当它们在这个承前启后的特殊时代汇聚在一起，也将延伸出一条可期的前路。

《第二届清华地区研究论坛论文集》编者团队

2022年7月

目 录

001　导　言

第一部分：世界中的区域

015　第一章　移民与跨境民族流动研究
017　中东新地区动态的地区研究与方法对策　　/ 亚当·哈尼耶
037　从哈俄"移民"因素论哈萨克斯坦的民族国家构建
　　　　　　　　　　　　　　　　　　　　　/ 但　杨　潘志平
059　第二章　国家发展道路中的国际因素
061　马达加斯加奴隶贸易中的政权崛起和人文地理格局演化
　　　　　　　　　　　　　　　　　　　　　　　　/ 熊星翰
099　从附庸到自主——巴拿马国家发展模式的百年探索
　　　　　　　　　　　　　　　　　　　　　　　　/ 张　崧

第二部分：区域中的世界

125　第三章　国家治理中的新技术实践
127　国家数字化发展战略及其在印度的实践　/ 张　立　胡大一
171　泰国精准农业的现状与未来　/ 阿帕泰·金特拉维特　河野泰之

185	**第四章　国家建构中的族群问题**
187	民族主义和部落主义双重作用下的吉尔吉斯斯坦民族国家建构　　/王　涛
209	伊拉姆战争创伤：斯里兰卡东北部的信任流失　　/李　佳　伊藤高弘　拉米拉·尤素夫-图菲克　山崎幸治
241	**第五章　国内政治与经济发展**
243	转型中的海湾阿拉伯国家：权力集中、经济改革与新国家主义　　/王霆懿
265	左翼政府与拉美国家的出口实绩　　/程文君
290	南非经济特区发展案例研究：以库哈为例　　/杨崇圣
323	致　谢

导　言

2021年7月5日至7日，清华大学国际与地区研究院（Institute for International and Area Studies，以下简称地区研究院）在北京举办了第二届"清华地区研究论坛"，会议主题为"世界中的区域和区域中的世界"。共有来自世界13个国家、36个大学和研究机构的144名学者参加了会议。由于新冠疫情的影响，本次会议采取线上与线下结合的方式进行，按世界的区域划分设立了六个分论坛和一个公共议题论坛。这是继2019年7月首届地区研究论坛（主题为"开创应对亚非拉共同挑战的新路径"）之后，区域与国别研究国际学者的又一次盛会。笔者有幸受邀参加了这次会议，并作主旨发言"历史学视角下的地区研究"。会议的规模、气势和内容给笔者留下了深刻印象。

这次会议共接收各国学者论文79篇，其中17篇来自地区研究院。论坛结束后，大会组委会选取了其中11篇优秀论文，编成此论文集——《国家与区域：动态中的联结》。论文集分五章，或从全球联动视角和跨区域联动视角来分析区域国别问题（世界中的区域），或以民族国家为分析单位讨论国家治理、民族、经济、内战等内部问题（区域中的世界）。

第一章"移民与跨境民族流动研究"的两篇文章，尝试突破既有以民族国家为分析单位的研究方法，强调移民和跨境民族流动对民族国家建构的意义和影响。

英国埃克塞特大学教授亚当·哈尼耶的论文《中东新地区动态的地区研究与方法对策》指出，现阶段中东问题多变、多元与矛盾等特征，其背后的驱动因素，一方面是出现了新的政治对抗，另一方面是贸易、金融和投资流动的重新配置，而这两个因素之间的关系十分密切。作者认为，理解当前中东问题需要新的方法论，以超越传统的受到竞争性民族主义、地理孤岛主义和学科主义所限制的方法论。在回顾了长期以来对"地区研究"的传统研究方法后，作者提出了有助于理解当前中东地区问题的三个关键方法论议题：(1)加大对各类跨境民族流动现象的关注，因为这些现象不仅打破了以民族国家为中心的分析方法，也颠覆了以往在思考中东社会进程时的思维定式；(2)更加密切地关注中东边界、边境变化与跨界流动的历史进程，这些进程以强有力的方式（通常是出人意料和不易被察觉的方式）促进了国家和地区层面的变化；(3)在研究中要思考中东的地区进程与全球局势相辅相成的关系。

新疆大学讲师但杨和新疆社会科学院研究员潘志平的论文《从哈俄"移民"因素论哈萨克斯坦的民族国家构建》，考察了俄罗斯向哈萨克移民的历史与现实，试图展现俄罗斯移民对哈萨克斯坦民族国家构建的影响。作者指出，哈萨克斯坦作为中亚地区领土面积最大的单一制民族国家，其现代国家构建过程中的"认同建设"一直受制于北部边界地区的"移民问题"，这些"操俄罗斯语"的斯拉夫族裔在历史上对哈萨克草原的经济、文化、生产和生活产生了深刻影响，而早期哈萨克部落的游牧特征使得草原内土著族群对"边界"并未形成实际概念。俄国在向东的地缘政治瞭望中向草原渗透，其所具有的天然地理优势将"属人"与"属地"的边界快速向中亚腹地推进。在整个征服、管辖、改革与发展的过程中，"斯拉夫人"逐渐影响并改变着"突厥人"的身份认同与国家边界。但在农业资本主义与边疆殖民政策推广的过程中，哈萨克草原游牧部族逐渐产生"民族意识"，直到列宁时期参与无产阶级斗争的边疆群众获得"民族自决权"，俄国南部边疆地区的自治要求成为确定哈俄边界的主要推手，受历史因素的影响，直到苏联解体后的几年内，两国边界都未发挥出实际的职能作用。作者认为，从沙俄时期的哈萨克汗国到哈萨克斯坦共和国的国家建设过程中,"移民因素"的影响一直贯穿其内,边界是最直接的表现方式,而认同问题则是最严峻的挑战。哈萨克斯坦的发展道路还或多或少地受到意识形态的影响:沙俄时代是殖民主义"垦荒论"为主导,苏联时代是俄国马克思主义的民族平等和"民族自决"思想的尝试,而当代移民则完全取决于国家的政策方针与政治制度走向。历经苏联解体后的三十年时间,哈萨克斯坦在维持与俄罗斯关系友好发展的前提下,通过不懈努力成功解决了边界问题,但从"认同"角度来看,哈萨克斯坦民族(现代)国家的构建依旧没有完全打破"单一民族国家"名称的桎梏。作为现实的多民族国家,如何在平衡国内少数民族与主体民族之间关系的前提下,继续建设"国族"认同,成为哈萨克斯坦下一阶段面临的问题。

第二章"国家发展道路中的国际因素"的两篇文章,分别探讨了马达加斯加和巴拿马在国家发展进程中国际因素的影响。

地区研究院助理研究员熊星翰的论文《马达加斯加奴隶贸易中的政权崛起和人文地理格局演化》,旨在从人文地理的角度解释马达加斯加国家形成中的两个怪象:(1)通常情况下,奴隶贸易是一种破坏性极强的商业活动,它会造成人口流失、破坏社会信任并加剧群体冲突,而马达加斯加的奴隶贸易过程中却诞生了伊默里纳王国这样强大的地方政权;(2)欧洲主导的奴隶贸易是依赖海洋运输进行的,故伴随而来的是奴隶贸易地区政治经济重心向沿海的转移,而马达加斯加在奴隶贸易中诞生的新兴政权和人文地理格局却是内陆型的。作者的解释是,伊默里纳王国的统治者通过将阿希纳文化体系与奴隶贸易活动有机结合,创造性地将社会危机与族群冲突转变为自身扩张的有利条件,最终完成了对马达加斯加岛内族群在文化上的融合、政治上的统治和军事上的征服。通过对比马达加斯加奴隶贸易中形成的内陆型人文地理格局与跨大西洋奴隶贸易中西非政治经济重心向沿海的转移,作者指出,非洲大陆沿海地区因为跨大西洋奴隶贸易而迅速发展具有其历史和地理的特殊性——大航海时代开启后,美洲地区、非洲地区以及欧洲地区综合的地理、人文、经济、科技等因素共同造成了独一无二的跨大西洋奴隶贸易活动，其巨大体量产生的吸附力将非洲政治经济的中心从内陆吸引到了沿海，而对于马达加斯加这样的小体量奴隶贸易而言，其对岛上既有人文地理格局的影响是从属性的，只能成为伊默里纳王国作为内陆型人文地理空间在形成过程中的助力，却不具备足够的能量去重塑马达加斯加岛的内陆型人文地理格局。

上海大学博士研究生张崧的论文《从附庸到自主——巴拿马国家发展模式的百年探索》，介绍了巴拿马一百多年来经济发展模式的变迁。1914年巴拿马运河建成后，美国完全主导了那里的资金、技术、劳工、物资，巴拿马对美国亦步亦趋，只在名义上享有国家独立，甚至被认为是"运河区的附加品"。在1968—1981年托里霍斯将军主政时期，巴拿马摒弃了美国和国际机构经济学家敦促巴拿马重点发展工农矿业的建议，充分利用其自身的区位优势，以运河为核心打造了一个完全融入全球商贸、制造业、劳动力和金融市场的服务型经济体。巴拿马经济由此开始腾飞，但也成为美国的眼中钉、肉中刺。为了达到推翻诺列加政权的目的，美国一方面从政治、经济、舆论等方面全方位对巴拿马进行制裁，一方面把诺列加描述为一个从事贩毒、洗钱、人口贩卖和军火走私等勾当的恶棍、独裁者，并于1989年末悍然发动战争，入侵巴拿马。20世纪90年代，随着与美国关系的正常化，巴拿马逐步恢复了稳定，并继续以前的发展模式。解除制裁后的经济也随着外国投资和贸易的复苏而迅速反弹，并得到了长期的持续发展，逐步从依附于美国和被迫与美国结盟的"附庸国"成长为全球海事领导者，被认为是"美洲的新加坡"。历史表明，巴拿马利用运河的区位优势设计自身经济发展道路的模式是成功的。

第三章"国家治理中的新技术实践"的两篇文章，分别讲述了印度和泰国如何利用新兴技术进行国家政治和经济治理的经验。

四川大学南亚研究所副研究员张立和硕士研究生胡大一的论文《国家数字化发展战略及其在印度的实践》，通过建构一个供给侧视角下的发展中国家数字发展战略模型,分析了印度数字化战略的制定与成效。作者通过建构模型对政府、私营部门和跨国资本三个行为体进行了分析,并提出:政府是数字化战略的主要引领者,通过出台一系列的政策和法律法规引导私营部门参与数字化战略的建设,并引导国际资本进入本国市场;私营部门为国家的数字化建设提供资金,并积极发挥企业自身优势,进一步刺激国内的数字化需求;跨国资本则进一步满足了政府的融资需求,并积极参与东道国的标准制定,用技术、管理等无形资产优势参与东道国的数字化经济市场建设;跨国公司进入东道国市场必然会与本土企业进行激烈的竞争或者合作,这种竞争与合作的影响可能是有利的,能够促进私营部门和跨国资本的共同发展,但也有可能带来不利的影响,导致寡头市场的形成从而限制本土企业的发展。通过运用上述分析模型,作者关于印度数字化战略的结论是:清晰的数字化战略能够取得积极的效果,具体体现在通过政府主导下的公私合作伙伴关系的建立,数字化基础设施建设得以加强、数字化领域的主导产业能够获得有力支持以及数字化战略的溢出效应能得到重视。但也应该看到,数字化发展战略本身只能加速一个国家的发展,而不能从根本上解决一个国家在经济和社会发展过程中存在的其他内在问题,比如国家财政条件对政府作用发挥的限制、根深蒂固的地区分化状况以及不当的政策制定取向和保守主义心态等,这些因素将使政府、私营资本和跨国资本三者间难以充分发挥协同效用,并制约国家数字化发展战略目标的实现。

泰国清迈大学名誉教授阿帕泰·金特拉维特和日本京都大学教授河野泰之的论文《泰国精准农业的现状与未来》,分析了精准农业作为一种提升农业资源管理效率的范式和技术在泰国的应用、效果及未来前景。作者发现,自 2015 年以来,精准农业在泰国发挥了重要作用:不仅可以帮助政府有关部门做出日益复杂的决策,有助于研究人员处理日益繁多的信息,而且可以推动广大农民开展更为专业化的活动。由于可以为提升农场级资源管理的可持续性奠定基础,精准农业概念已经被广泛推介并得到进一步发展。但是，在泰国目前的实际运作中，精准农业对众多农场级资源管理产生的影响有限，这在土地和劳动力资源方面表现得尤为突出。究其失败原因，可能是项目交付不及时、无法获得技术，以及政府机构的代理人、行为者在工作上存在的不协调、孤立、短视等行为。在2020年底至2021年初，作者及专家组同利益相关者一道举办了一系列关于水果作物的农业论坛。根据社会、技术、经济、环境、政策和价值方面的变化趋势和驱动因素，作者就未来泰国水果作物精准农业的发展制定了四个具有一定可行性的方案，最后得出结论：抱有长期政治远景的政策制定者必须重塑整个制度体系，以利用新兴的模拟和数字技术来满足需求与应对挑战，其途径在于以BCG模型（生物–循环–绿色经济模型）的整体政策和研究框架为依托，将联合企业整合为完整的体制，从而在小农场、各学科学者和政府行为体之间建立联系，这样才能实现长期愿景和目标。

第四章"国家建构中的族群问题"的两篇文章，探讨了部落主义和族群主义遗产对国家建构和国家认同的阻碍作用。

地区研究院博士研究生王涛的论文《民族主义和部落主义双重作用下的吉尔吉斯斯坦民族国家建构》，主要探讨了部落主义和民族主义这对矛盾因素对吉尔吉斯斯坦民族国家建构的影响，并以2005年的权力更替实践作为案例进行了分析。作者发现，受历史、地理等因素的影响，吉尔吉斯斯坦仍然盛行部落主义，部落仍是主要的社会组织方式，有40个基于亲属关系形成的不同部落联盟，而且南北方部落间存在着激烈竞争。2005年议会选举期间发生的游行示威，背后暗含着南部部落对北部部落长期权力垄断的反对。这次游行严重破坏了吉尔吉斯斯坦引以为傲的民主政治，最终，南方部落政治家联合推翻了阿卡耶夫政府，这也被认为是国家建构的失败。基于此，作者得出结论，吉尔吉斯斯坦领导人始终未能削弱部落政治的影响，这导致整合不同族群进而形成共同民族意识与民族认同的努力未能取得显著效果。在此背景下，统一的国家认同也难以形成。吉尔吉斯斯坦领导人推动国家民族主义的举措最终为家族-部落统治做了嫁衣。作者认为，为促进吉尔吉斯斯坦民族国家建构和国家认同的形成，政府需要大力推崇民族主义，并对部落主义进行强力压制。

南京信息工程大学讲师李佳与日本及斯里兰卡学者合作的论文《伊拉姆战争创伤：斯里兰卡东北部的信任流失》，旨在通过分析伊拉姆内战对斯里兰卡社会和政治的影响，研究国内战争与社会治理之间的关系。伊拉姆内战1983年爆发，2009年结束，前后25年有余，是世界上持续时间最长的内战之一。文章指出，这场内战实际上是代表泰米尔族群的泰米尔伊拉姆猛虎解放组织与代表僧伽罗族群的政府军之间的战争。作者利用了1983年至2009年间的原始家庭调查数据，通过区分个人和家庭层面的战争暴露、自愿与强制性兵役经历以及家庭成员作为士兵和平民失去生命的经历，评估了一系列战争经历对于受战争破坏地区人民对国家信任水平的影响。作者发现，内战破坏了民众对政府的政治信任，加剧了僧伽罗人与泰米尔人之间的分歧以及两个族群各自的内部分裂。为治愈战争后遗症，作者建议斯里兰卡政府应采取行动，以重建政治信任。对于因战争导致健康受损的人群、被迫服役的僧伽罗人和自愿加入猛虎组织的泰米尔人来说，这一点尤为迫切。此外，政府还需要在泰米尔人社群内部开展和解工作。

第五章"国内政治与经济发展"的三篇文章，分别以海湾国家、拉美国家和南非为例，讨论了国内政治因素与经济发展之间的关系。

地区研究院助理研究员王霆懿的论文《转型中的海湾阿拉伯国家：权力集中、经济改革与新国家主义》，讨论了海湾阿拉伯国家新国家主义出现的动因、实现的方式及其产生的影响。作者在分析了沙特的权力游戏、阿联酋的国家权力集中以及阿曼和科威特王位的顺利传承后认为，在过去十年里，这些国家出现了权力由老一代向新一代非常稳定的转移。此外，21世纪在世界范围内兴起和传播的新民族主义和新国家主义在海湾阿拉伯国家盛行。这些石油资源丰富的国家，其"社会契约"将在未来几年面临挑战。因此，他们正在尝试新的方法，包括试图灌输自力更生的经济理念，以减少人们对政府和其他形式国家福利的期望，同时避免损伤执政者的合法性。2008年开始的经济危机凸显了这些国家的政治脆弱性，即这些石油君主国的"社会契约"的基础，在于国民通过政治顺从换取政府提供的社会稳定和经济收益回报，而政府能够提供的经济回报和社会稳定却越来越有限。因此，一种根植于爱国主义和国家认同的新国家主义成为统治者重建合法性的基础，其宣传口号从"支持我们，因为我们可以为你提供美好的生活"转变为"支持我们，不是因为我们为你提供福利，而是因为你是这个伟大国家的公民，你爱这个国家，我们是它的领导人"。在这些具有君主政体特质以及传统价值观的传统国家中出现的新国家主义，将会在未来数十年产生巨大的社会和政治影响。作者认为，急剧的社会和经济变化——人口激增、受教育水平和性别平等认知的提升、新媒体的扩张——提升了海湾国家民众的政治意识、经济需求和社会参与。这些变化破坏了传统政治权威的合法性来源和政治制度，让建立兼具合法性和有效性的新社会政治基础和新政治机构变得异常复杂。

复旦大学博士研究生程文君的论文《左翼政府与拉美国家的出口实绩》，旨在讨论拉美国家的左翼政党执政对该国的出口贸易会产生何种影响。一般认为，如果一个国家的土地和资本充裕而劳动力稀缺，那么左右两翼政党就会出现政策分歧，左翼支持保护主义，右翼支持自由贸易，因而相对于左翼政党，右翼政党执政时出口绩效会更好。但是，作者通过分析1995年至2019年间15个拉丁美洲国家的面板数据（panel data）发现，左翼政党执政对外贸影响的作用机制与传统观点的预测相反。自"粉红浪潮"以来，拉丁美洲左翼政府一反进口替代工业化时期的做法，采取了更多符合自由贸易立场的措施，对外出口大量初级产品，在国内制造业表现不佳时，甚至出口更多，而不是进行贸易保护。一般说来，在新自由主义式微后，拉美国家的左翼政府也都采取了有利于出口的政策。作者认为，在其他变量不变的情况下，不同党派执政对出口确有重要影响，但这种影响还取决于国内制造业的情况。与进口替代工业化时期的理念不同，当国内制造业增加值占国内生产总值比重较低时，左翼政府反而更倾向于出口，而非通过建立贸易壁垒来保护国内制造业的发展。

地区研究院助理研究员杨崇圣的论文《南非经济特区发展案例研究：以库哈园区为例》，对南非发展最早、规模最大的工业开发区——库哈园区的主要优势和面临问题进行了分析。通过文献排查，作者发现针对库哈园区的研究较少且研究焦点各异。基于此，作者通过观察南非园区发展建设的三个主要参与者——政府、园区管理方（库哈发展公司）和园区企业——并分析其参与状况，进而明确问题的归属，为解决这些问题提供可参考的思路。通过对库哈园区发展的利弊进行分析，作者发现，南非各级政府对园区的认知和管理会对库哈的发展产生较大影响，而且投资者也确实对此有所顾虑。南非的政治环境特殊，多党制导致各级政府行政体系中党派林立，行政手续和政策实施过程繁冗。劳动法对员工的过度保护、工会势力强大且频频发生的罢工事件，都会降低投资热情。此外，南非根深蒂固的贫困和教育问题也一定程度地减少了人才市场的竞争力。作者建议，南非政府和制定园区发展战略的相关部门应充分了解园区的发展路径，确定自身在园区发展的各个阶段扮演何种角色、发挥何种职能、与园区管委会如何形成互补机制，这样才能更好地服务园区企业，促进园区企业之间、园区企业和管委会之间、园区企业和政府部门之间的良性互动，让园区的核心竞争力和比较优势变得更加显著。

从本次会议论文提交者的身份和职称可以发现，与国外学者相比，中国参与者绝大多数都是青年学者，有些甚至是在读博士生和硕士生。这说明了一个问题：区域与国别研究在中国还是一个刚刚兴起的新学科。实际情况也确实如此，2015年中国教育部才开始布局"国别和区域研究基地"，2021年"区域国别学"才成为国务院学位委员会颁布的"交叉学科"门类下新增的一级学科（尚处于征求意见阶段）。这当然不是说中国以前没有对国外情况的研究和了解，其实在20世纪70年代，从中华人民共和国恢复其在联合国的合法席位时起，党和政府就开始关注对外部世界的研究，研究各地区及国家的机构和部门纷纷设立，有关的研究成果也陆续呈现。不过，总体而言，那时中国对国别和区域的研究还停留在对世界各国国情的一般了解阶段，研究成果也主要体现为《各国概况》一类的初步考察。自实行"改革开放"政策、加入世贸组织，特别是进入21世纪以来，中国的政治影响力、经济实力和国际地位已经得到了极大提升，因而需要比以往更加全面、系统、深入、恰切地理解世界，深度破解周边和世界各国的"历史基因"和"文化密码"，促进中国经济与世界经济、中华文明与世界文明的交融互构，从而为百年变局中的全球治理提供中国智慧，推动人类命运共同体的构建。这既是中国作为负责任大国的时代担当，也是区域国别研究对于中国的时代命题。

在笔者看来，与以往的区域国别研究不同，作为一级学科的区域国别研究，从新学科建设的操作层面看，有两个问题最为重要。

其一，是学科定位的转换。在中国，传统的学科，如语言学、历史学、经济学、政治学、社会学、民族学、宗教学、法学等，都是根据研究领域来划分的，可以称之为"领域学"。而区域国别研究的对象是地理或地缘政治意义上一定地域范围的实体——区域和国家，就每一个具体的区域或国家来说，其语言、经济、政治、社会、民族、宗教和法律，都是区域国别研究的内容，所以它必定是一个交叉学科，可以称之为"区域学"。于是，区域国别研究就有一个从"领域学"向"区域学"的转换问题，也即交叉学科的建立问题。区域国别研究的任务，就是打通原来分属于各独立学科的知识领域，系统探究某个区域、国别的历史和现状，揭示其发展规律和历史走向，形成交叉与统合的知识体系，为中国观察世界、了解世界和融入世界提供学术支撑。这就要求研究者具有多学科的知识积累，或是以某一科学为主、以其他学科为辅的知识积累。唯有如此，才能运用多学科的知识对某一区域或国家进行全方位、多角度、大视野的研究。

其二，是观察和研究角度的转换。以往中国的区域国别研究，是在中国观察对象国（区域），站在中国的立场研究对象国（区域），这种方式对于全面、深入和准确地了解和理解对象国（区域）显然是有缺陷的。俗话说，"不入虎穴，焉得虎子"。任何一个国家和地区都有其特殊性，而要全面、深入和准确地掌握这种特殊性，就必须在对象国（区域）观察对象国（区域），站在对象国（区域）的立场研究对象国（区域）。区域国别研究者的学术使命应该是以获得某一国家和区域的地方性知识为宗旨，把局外人的观察和局内人的观察有机地结合起来，把本国视角的域外知识建构与域外视角的该国知识解说有机地结合起来。这就要求中国的区域国别研究者"入乡随俗""入国问禁"，改"外部观察"为"内部观察"。唯有如此，才能对不同国别区域的地理位置、气候特征、风土人情、宗教信仰、历史传统、社会习俗、文化规范、政治倾向、法律体系、社会关系等有比较全面、深入和准确的理解。

毫无疑问，要实现上述转换，新型人才的培养是第一位的。一般来说，人才培养是设立新学科的核心任务，也是推动该学科持续发展的动力源。特别是对于区域国别这样的交叉学科，尤其如此。自20世纪70年代中国开始区域国别研究以来，特别是2015年教育部推动区域与国别研究以来，中国政府各部门和各大学成立的区域国别研究机构已有数百个，其中不乏具有研究特色者和成果显著者，但总体来说，都是在现有学科基础上的研究，对于新型人才的培养鲜有建树。在这方面，清华大学的"发展中国家研究博士项目"值得介绍和推荐。

2011年，值清华大学百年校庆之际，时任清华大学校长顾秉林和常务副校长陈吉宁共同发起清华大学发展中国家研究博士项目（2017年该项目并入列成立的国际与地区研究院），旨在培养一批具有中国背景、全球视野和当地视角的地区研究学者。自项目创立之日起，清华大学不断探索和创新具有时代特色的区域国别研究人才教育和培养范式，丰富和完善发展中国家研究项目教学和发展的配套资源，在师资配备、教学培养和规范管理等多维度努力实现发展进步。

十年来，该项目秉承并坚持中国区域国别新型人才培养的三个理念：立足基础研究——致力于培养学术型人才，要求并引导研究生深耕基础研究，挖掘所关注国别区域以及专业学科视角的基础性研究议题；深入田野调查——特别强调以田野调查方法和实践为内核的培养模式；掌握跨学科研究方法——毕业生应掌握一个主要学科的基础理论和研究方法，并可以运用跨学科方法研究地区国别问题。

为实现这些理念，该项目对学生提出了四点要求，即要求学生必须熟练掌握英文及一门研究对象国语言，并鼓励和支持学生学习对象国或该地区的其他语言；要求学生根据对象国的特点，每人必须确定两门主学科（国际政治、经济、历史、宗教、民族等），同时尽可能多地选修其他学科的课程；要求学生参加不同地区、不同学科的通识讲座，包括人文、社科、理工等多种议题，以丰富综合知识；要求学生在研究对象国开展不少于两年的田野调查，由项目提供全额资助。

在培养区域国别新型研究人才方面，清华大学发展中国家研究项目经过十年的摸索，的确积累了不少经验。据笔者观察，至少在以下三个方面的具体做法是非常值得借鉴的。

一、导师制度。鉴于传统的"单一导师制"培养模式无法满足区域国别研究对学科交叉融合的需求，对跨区域、跨国别研究对象的需求，对综合性人才培养的需求，该项目与博士生共同探索国内外融合式"1+1+1"导师制度，即国内主导师＋对象国副导师＋发达国家副导师。国内主导师或第一导师，主要承担学生培养方案设计、课程学习指导、科研能力训练、学术水平考核和学位论文撰写等博士生培养全过程指导。同时，项目要求学生在前往发展中国家学习期间，根据自身对学科训练、区域国别研究的需求，在当地高校或科研机构选择一位协助导师或联合导师，参与到个人的学术训练与论文指导中。此外，项目还鼓励学生在发达国家研修期间，结合自己的研究课题和学术发展需要，邀请相关领域的教授或专家指导个人的博士研究推进与论文写作。项目以交叉学科或地区博士生培养为突破口，每年邀请博士生的国外导师来华研讨，尝试在组织机制上有所突破，将来自不同国家、高校或机构的导师融合为博士生指导小组，创建跨学科或跨区域的导师指导模式，目的是促进各种学术思想与观点的融合互补，启发学生形成多元的科研思维与能力。

二、课程设置。该项目初始阶段的课程设置受制于学生分散在各主学科院系的状况，所修课程大部分是主学科覆盖的理论和方法课，缺乏系统性的地区国别研究课程体系。2017年9月，国际与地区研究院作为独立二级单位正式成立，为发展中国家研究项目的进一步发展提供了实体依托。在此基础上，逐步摸索出一种"2+3+6"的培养区域国别综合性研究人才的课程体系，该体系由地区研究基础课、地区研究专业课和地区方向课三类课程组成。两门地区研究基础课目前是必修课程"地区研究：起源、发展与未来"和"发展中国家研究田野调查"；三门地区研究专业课是必修课程"人类学要义""比较政治发展"和"发展经济学"；六门地区方向课是选修课，目前已开设的有欧亚地区的"档案中的冷战国际史"、南亚地区的"印度宗教研究"和西亚北非地区的"二十世纪西亚北非史"，另外三门尚处于准备之中，即将开设。

三、田野调查。"田野生活"的目的是将研究者从"局外人"变成"局内人"，这一点是培养区域国别研究者的基本要求。实地生活和调研，不仅可以使专业研究者有机会收集当地档案文献等一手资料，还可以深入当地社会，结识更多的学界朋友，为今后的研究提供更多便利。实地考察在地区研究中的广泛应用证明了它的实用性。通过数年实践，发展中国家研究项目形成了一种"2+1"的田野调查培养机制。"2"是指博士生在发展中国家从事不少于两年的基础性研究工作和田野调查实践；"1"是指博士生在发达国家的著名大学或科研机构从事不超过一年的学术研究或学术访问，了解发达国家开展国别区域研究的历史、现状，建立区域国别研究的全球性视野和理论知识架构。

自2012年首届博士研究生入学至今，已有68名青年学子在发展中国家研究博士项目中接受培养和训练。经过6到7年的培养期，截至2022年5月，已有25名博士生完成学业，取得博士学位。这批年轻人朝气蓬勃、生龙活虎、刻苦努力、天天向上。截至2021年，项目历届博士生共发表196篇中文期刊论文，其中85篇收入核心期刊；发表25篇英文论文，4篇俄语、西班牙语、越南语等语种的期刊论文。这些学生在读期间积极参加国内外重要学术会议，截至2022年5月，共发表会议论文52篇，反映了项目教学科研的卓越成效，体现了项目的国际学术影响力。此外，他们还积极参与国家招标的科研项目，迄今为止，在读博士生配合地区研究院研究人员参与的科研项目共25项，其中国家级项目11项、省部级项目6项。

笔者希望中国的各区域与国别研究单位在现有研究的基础上，能够就新型人才培养的问题进行沟通和探讨，借助清华大学已有的经验，尽快总结出一套行之有效的培养青年学者的机制和方式。青年学子是中国学术的未来和希望，也是中国区域国别新学科建设和发展的希望，因为他们是"早上八九点钟的太阳"，因为希望的确寄托在他们身上。

本书编辑和出版的宗旨即在于此。

沈志华
2022年6月28日

第一部分
世界中的区域

第一章
移民与跨境民族流动研究

中东新地区动态的地区研究与方法对策[*]

亚当·哈尼耶[**]

一、引言

近年来,中东的政治、社会与经济形势经历了前所未有的变革。叙利亚、伊拉克、利比亚、也门等地发生的破坏性冲突打破了现有的领土划分,致使境内外数百万人流离失所,使该地区成为二战以来最大的被迫流离失所地。导致这些冲突的根本原因是新的政治对抗:此地区内的各国,如沙特阿拉伯、阿拉伯联合酋长国、卡塔尔、伊朗、土耳其和以色列,为了争夺地区霸权,逐渐形成了复杂的国家间竞争及结盟模式。这些地区斗争既调和了诸如美国、欧盟、俄罗斯等大国和组织对这一地区的干涉,也与这类干涉相交叠。另一方面,贸易、金融和投资流动的重新配置与上述政局变化密切相关,中东国家与邻近地区(如东西非、南亚和巴尔干地区)之间正在形成新的关系。上述地区的未来发展趋势孕育于一个日益动荡和脆弱的全球秩序之中,这种国际秩序具有如下特点:伴随着中国和俄罗斯等新兴强国的崛起;美国和欧洲等地的右翼民粹主义、仇外心理和贸易保护主义重新抬头;一系列政治、经济与生态危机不断出现并愈演愈烈,后又在新冠疫情的持续影响下进一步发酵。

鉴于上述世界格局,本文探讨了人们将如何超越竞争性民族主

---

[*] 本文系阿拉伯社会科学委员会"新地区主义"工作组研究报告的缩减版本。如需完整版本,请与作者联系:a.hanieh@exeter.ac.uk。本文译者王聪。

[**] 亚当·哈尼耶(Adam Hanieh),埃克塞特大学与清华大学。

义、地理孤岛和学科边界的限制，并审视中东局势的多变性、矛盾性与多元性等特征。为此，本文的主要目标在于方法论，即尝试概述若干有助于理解中东局势的关键视角。围绕此目标，本文第一部分介绍了一系列长期存在的对"地区研究"的批评，这一学术研究从传统上看与针对特定"区域"（area）或"地区"（region）的深入研究及对世界特定"区域"或"地区"的知识有关。

在本文的第二部分，笔者进而将上述议题置于中东背景之下，作了更为深入的探讨。笔者强调，本文第一部分引出的三个关键方法论议题，可能有助于我们更好地理解当前的地区局势：（1）关注各类跨境流动现象，这些现象既扰乱了以打破国家为中心的分析方法，同时也颠覆了我们在思考中东社会进程时的特定思维定式；（2）更加密切地关注中东的边界、边境与跨界进程，这些进程以强有力的方式（通常以出人意料和未得到辨识的方式）促进了国家和地区层级的形成；（3）我们应当认识到，中东的地区进程理应与全球局势相辅相成。为此，我们需要更加深入地分析更为广泛的世界市场与地区层级之间存在的各类关系。从整体上看，这些视角不仅开启了围绕着中东本身局势的一系列富有成效的提问，而且指明了如何通过对该地区的研究来推动一些为更广泛的社会科学所讨论的有趣路径。

二、对地区研究的批评

在探讨更为具体的当代中东问题之前，有必要对学界的若干主流批评观点加以重点关注，它们对某一特定地区的知识生产（knowledge production）的有效性提出了质疑。[1] 这类批评围绕规范性和工

---

[1] Robert Bates, "Area Studies and the Discipline: A Useful Controversy?", *Political Science and Politics*, Vol. 30, No. 2, 1997, pp. 166-169; David Ludden, "Area Studies in the Age of Globalization", *The Interdisciplinary Journal of Study Abroad*, Vol. 6, No. 1, 2000, pp. 1-22; Masao Miyoshi & Harry Harootunian (eds.), *Learning Places: The Afterlives of Area Studies*, Durham: Duke University Press, 2002; David Szanton (ed.), *The Politics of Knowledge: Area Studies and the Disciplines*, Berkeley: University of California Press, 2004.

具主义两大维度阐释了地区知识（regional knowledge），也包含了如何从宏观上理解、定义和应用地区的理论和方法论问题。截至目前，已有大量论文从不同学科角度出发，专注于探讨上述争论，本文亦无法对此给出全面、公允的评价。但是，在这些争论的基础上做出简明扼要的总结依旧有所裨益，这也将有助于构建与当今中东研究直接相关的核心方法论问题框架。

第一，如众多学者所见，当代地区研究的建制化（institutionalisation）隶属学术范畴，需要被置于战后的特殊情形之下，即需要将地区研究同战后美国外交政策和国家安全的认知需求紧密结合起来。①首先，随着美国各类机构（包括美国企业、军事和情报机构，以及明显倾向于美国利益的新多边组织）在全球范围内的扩张，与"他者"有关的知识对美国有着愈发重要的战略意义。其次，地区研究的肇兴与"国际关系"②的兴起存在异曲同工之处：地区研究者的关注对象需要同美国政策制定者的诉求保持一致，以便更好地解读后者海外利益所染指的对象，这一点在英法殖民体系的瓦解及全球新兴独立国家建国的浪潮中显得尤为突出。最后，冷战的格局也亟需地区研究提供支撑：从事东欧与苏联研究的学者致力于钻研苏联阵营的内部运作，不断提升相关知识水平与技能；从事拉丁美洲与亚洲研究的学者则为抵御苏联对所谓美国"势力范围"的入侵提供智力协助。上述研究活

---

① Bruce Cumings, "Boundary Displacement: Area Studies and International Studies During and After the Cold War", *Bulletin of Concerned Asian Scholars*, Vol. 29, No. 1, 1997, pp. 6-26; Ravi Palat, "Fragmented Visions: Excavating the Future of Area Studies in a Post-American World", *Review*, Vol. 19, No. 3, 1996, pp. 269-315; Vicente L. Rafael, "The Culture of Area Studies in the United States", *Social Text*, Vol. 12, No. 41, 1994, pp. 91-111. 当然，在美国学术界之外，对世界不同地区的详细研究有着更为悠久的历史渊源，这与英国、法国和其他欧洲强国的殖民野心密切相关。在这里，我们看到，对当地语言的精通和对当地特定历史、文化和政治的详细研究，特别是为了培训未来殖民官员而建立的学术机构，均得以制度化。参见 Biray Kolluoglu-Kirli, "From Orientalism to Area Studies", *The New Centennial Review*, Vol. 3, No. 3, 2003, pp. 93-111.
② Robert Vitalis, *White World Order, Black Power Politics: The Birth of American International Relations*, Ithaca: Cornell University Press, 2015.

动均得到了国家基金资助机构和大型私人基金会（如福特基金会）的物质支持。这类机构或是为研究提供赞助，或是直接资助学术机构，推动美国政府与特定地区问题学者之间的合作"达到了令人惊叹的水平"（此语出自东亚学者布鲁斯·康明斯［Bruce Cumings］）。①

我们很有必要强调"美国建立的战后世界霸权体系"②与地区研究的建制史之间存在"亲密无间"的关系，这种关系影响着众多地区研究学者在研究地区知识时的思想和方法取向。但是，我们需要对此类批评观点持宽容态度，需要认识到所有的知识生产机构均受到国家、企业乃至军事利益的左右，地区知识的生产自然也不例外。③更为重要的是，我们不可以忽视各类历史行动者（historical actors）以及那些自相矛盾的行为动机，它们是推动地区研究向专业化学术研究发展的动力。正如扎卡里·洛克曼（Zachary Lockman）在研究美国问题时发表的权威言论所述，从事中东研究的很大一部分动力源于政府之外的力量——学者们致力于促进学科的整合（特别是人文学科与社会科学的整合），一方面积极地推进着中东研究的进展，另一方面呼吁用更为宽容的态度去理解非西方社会，他们的努力最终得到了社会的肯定。④到了20世纪60—70年代，激进的批判美国政府思潮同上述学术研究合流。这一时期，众多地区研究学者倾向于参与反政府运动，有意将他们的学术研究置于反对美国外交政策的大背景之下。如今，若有西方学者公开反对美国或者其他政府在中东的政策，或者

---

① Bruce Cumings, "Boundary Displacement: Area Studies and International Studies During and After the Cold War", *Bulletin of Concerned Asian Scholars*, Vol. 29, No. 1, 1997, p. 262.
② Arif Dirlik, "Asia Pacific Studies in an Age of Global Modernity", in Terence Wesley-Smith & Jon Goss (eds.), *Remaking Area Studies: Teaching and Learning across Asia and the Pacific*, Honolulu: University of Hawai'i Press, 2010, p. 8.
③ 例如，在美国和其他地方，"硬科学"和重点军事研究之间的关系包括新武器技术的开发，在这一点上有着众所周知的过往。政治科学、法律、社会学和经济学等学科的主导基调也长期与国家和企业利益保持一致，从而为社会各领域的专制、种族主义和保守的社会政策提供了学术支撑。
④ Zachary Lockman, *Field Notes: The Making of Middle East Studies in the United States*, California: Stanford University Press, 2016.

有学者明确支持中东地区（特别是巴勒斯坦地区）的斗争活动，他们通常会因言获罪，遭到残酷的压迫与骚扰。

倘若地区研究无法与美国战后扩张主义研究画上等号，那么另一组批评观点则更加专注于一系列方法论与概念问题——这些问题塑造了地区研究领域的主流方法。但是，由于地区研究依赖国家资助，地区研究机构往往受到政治科学家和发展经济学家的主导，这些主导者们深受现代化理论的目的论话语体系的影响。[1] 就此观点而言，诞生于旧殖民体系中的新兴独立国家被迫接受了以美国为首的西方世界指明的发展道路。在此过程中，"西方"一词成为"技术进步与物质繁荣"的代名词。[2] 现代化理论很大程度上形成于美苏争霸的过程中，它提倡中央集权式的发展理念，旨在推动经济的快速增长。戈斯（Goss）和史密斯（Smith）曾指出："知识的产生与应用是为了了解现代社会变革的过程，特别是国家建设和经济发展。归根结底，它们都建立在美国在世界特定地区的经济、政治和战略利益的视角之上。"[3]

与上述"发展"框架密切相关的是，地区学术研究常因其强化了"一套形而上的东方主义世界观"[4]而受到批判。在这套世界观中，"他者"文化被赋予了一种永恒的本质主义，被视为一种不同于西方文化的劣等文化。[5] 这种批判便与知识生产具有的殖民余毒相呼应——将非西方世界视为检验理论的试验田，而非新理论与新方法的

---

[1] Walt Rostow, *The Stages of Economic Growth: A Non-Communist Manifesto*, Cambridge: Cambridge University Press, 1960.
[2] Ali Mirsepassi, Amrita Basu & Frederick S. Weaver (eds.), *Localizing Knowledge in a Globalizing World: Recasting the Area Studies Debate*, Syracuse: Syracuse University Press, 2003.
[3] Jon Goss & Terence Wesley-Smith, "Introduction: Remaking Area Studies", in Terence Wesley-Smith & Jon Goss (eds.), *Remaking Area Studies: Teaching and Learning across Asia and the Pacific*, Honolulu: University of Hawai'i Press. 2010, p. iv.
[4] Natalie Koch, "Is a Critical Area Studies Possible?", *Environment and Planning D: Society and Space*, Vol. 34, No. 5, 2016, p. 809.
[5] Edward Said, *Orientalism*, New York: Pantheon Books, 1978; Harry Harootunian, *History's Disquiet: Modernity, Cultural Practice, and the Question of Everyday Life*, New York: Columbia University Press, 2002.

发源地。① 此观点仅仅将"当地的信息提供者"视作被研究的对象，利用他们从特定地区获取具象的、经验性的原始信息，而非将他们视为知识的主动生产者。正如科赫（Koch）所述，所有这些都表明，立场问题和"代表性问题"仍然是地区研究学术的固有特点和争论焦点。②

尽管事态的发展远比最初复杂，但这类批评仍有很强的合理性。首先，西方学术界之外的一系列重要研究机构和网络都积极参与到地区知识的开发当中；其次，正如"东方主义"概念的批评者所指出的，只聚焦于西方世界将会忽视焦点之外的国家和地区内真实存在的社会差异，继而将这些差异同质化和扁平化，最终诱发"东方主义的逆转"③，或导致非西方世界的精英掌握替"他者"发声的特权。④ 其次，正如金（King）在评价多篇见解深刻的地区研究论文时所强调的，"人们难以清晰区分地区学术研究与非地区学术研究，甚至难以区分'地区研究学者'和'非地区研究学者'的差异"，这在研究拥有多种重叠归属和身份认同的大规模流散社群时显得尤为明显。⑤

另一支批判传统地区研究的重要脉络指出，传统地区研究缺乏理论性的自我反思或学科专注。亚洲研究协会前主席在二十多年前就曾指出，"并不存在所谓的地区研究理论或者特定地区的知识；现存的仅是各自为政的研究机构、个体学者、碎片化的学科、逐利的市场、学者自身的专业兴趣，它们只是在资金的支持下才聚合在一起"。⑥ 地区研究学者从未公开参与具体的社会科学辩论，所以"无法阐明上

---

① Amitav Acharya, "Global International Relations and Regional Worlds", *International Studies Quarterly*, Vol. 58, No. 4, 2014, p. 2.
② Natalie Koch, "Is a Critical Area Studies Possible?", *Environment and Planning D: Society and Space*, Vol. 34, No. 5, 2016, p. 807.
③ Sadik Jalal al-'Azm, "Orientalism and Orientalism in Reverse", *Khamsin*, Vol. 8, No. 8, 1981, pp. 5-26.
④ Aijaz Ahmad, *In Theory: Classes, Nations, Literatures*, London: Verso Books, 1992.
⑤ Victor King, "Review: The Problem with Areas: Asia and Area Studies", *Bijdragen tot de Taal-, Land- en Volkenkunde*, Vol. 168, No. 2/3, 2012, p. 315.
⑥ David Ludden, "Area Studies in the Age of Globalization", *The Interdisciplinary Journal of Study Abroad*, Vol. 6, No. 1, 2000, p. 17.

述特定地区的知识，相关的理论化工作更是无从谈起"。[1] 政治学已转向理性选择和定量方法，地区研究学者被批判为"过度关注定性研究"，同时也表现出缺少严谨的理论与方法论。[2]

阿米塔·阿查亚（Amitav Acharya）将这场"地区研究 vs 学科"之争描述为"美国特有的争论"。[3] 他指出，在世界上的许多其他地区，学者们正在寻求方法，意图将针对特定国家或地区的深刻理解同理论与方法论的构建结合起来。地区研究所提出的跨学科愿望虽然明晰，但很可能弄巧成拙，表现为"言辞刻薄的反理论经验主义"[4] 或者狭隘的实证主义。各个地区研究机构往往将不同历史时期的学者观点聚合在一起，所以很容易出现上述方法论问题。这种立足历史广度的研究方法固然高效，却容易将跨越历史时代但经久不变的特征强加给某个特定地区。在此框架下，该地区独有的政治、经济与文化特征都最终会服务于对长历史时段下经久不变的地区特征的解释。正如米德尔（Middell）和瑙曼（Naumann）在论及学界对"亚洲"的认知时指出的，为学界所研究的特定地区已成为"一位年迈制图师的幻象"，它将"人为的统一强加于高度多样化的民族和地区，扭曲了该地区的内部结构，同时忽视了［世界不同地区］历史脉络与社会关系的统一性"。[5]

---

[1] David Ludden, "Area Studies in the Age of Globalization", *The Interdisciplinary Journal of Study Abroad*, Vol. 6, No. 1, 2000, p. 17.

[2] Robert Bates, "Area Studies and the Discipline: A Useful Controversy?", *Political Science and Politics*, Vol. 30, No. 2, 1997, pp. 166-169; Patrick Köllner, Rudra Sil & Ariel I. Ahram, "Comparative Area Studies: What It Is, What It Can Do", in Ariel I. Ahram, Patrick Köllner & Rudra Sil (eds.), *Comparative Area Studies: Methodological Rationales and Cross-Regional Applications*, New York/Oxford: Oxford University Press, 2018, pp. 3-26.

[3] Amitav Acharya, "Global International Relations and Regional Worlds", *International Studies Quarterly*, Vol. 58, No. 4, 2014, p. 9.

[4] Michael Robert Dutton, "Lead Us Not into Translation: Notes toward a Theoretical Foundation for Asian Studies", *Nepantla: Views from South*, Vol. 3, No. 3, 2002, p. 504.

[5] Matthias Middell & Katja Naumann, "Global History and the Spatial Turn: From the Impact of Area Studies to the Study of Critical Junctures of Globalization", *Journal of Global History*, Vol. 5, No. 1, 2010, p. 158.

到了21世纪初,"地区研究中的认知危机"①体现在两大方面,一是资助地区学术研究项目的资金逐渐枯竭,二是如何从理论上说明"区域"与"地区"两类空间类别已演变为一种概念危机。正如德里克(Dirlik)指出的,学者们开始质疑"将世界划分为各个地区的做法是否切实可行",他们认为"这种做法是东方主义的余毒,并且在二战后的地缘政治假说中得到了强化"。②大量书籍(大部分关注的是亚洲或其子地区)试图"定位"、"反思"上述空间类别或者为上述空间类别"重构概念"。③这在一定程度上呈现为两股大规模的认知论批判思潮:一是针对东方主义("东方主义"一词通常隐藏在字里行间,不会刻意出现),二是反思我们思考特定地区时使用的代表性框架。但是,地区研究的存在危机也与全球秩序的变化存在很大的联系——随着"全球化"时代的到来,无论是学术界还是普通大众,都将目睹一个没有边界的新世界,一个充满流动性的空间,世界市场的基本原则——民族国家也行将消亡。④

对于地区研究学者来说,全球主义浪潮的肇兴与民族国家的式微带来了严峻的论证挑战。哈里·哈如图涅(Harry Harootunian)指出,从地区研究的早期历史来看,地区研究"建立在固定封闭空间的特权之上",其代表"无疑是指……民族国家"。⑤这一路径与学界对战后世界体系现实的认知完全吻合:"近代的帝国主义扩张遗留下支

---

① Victor King, "Review: The Problem with Areas: Asia and Area Studies", *Bijdragen tot de Taal-, Land- en Volkenkunde*, Vol. 168, No. 2/3, 2012, p. 315.
② Arif Dirlik, "Asia Pacific Studies in an Age of Global Modernity", in Terence Wesley-Smith & Jon Goss (eds.), *Remaking Area Studies: Teaching and Learning across Asia and the Pacific*, Honolulu: University of Hawai'i Press, 2010, p. 5.
③ Victor King, "Review: The Problem with Areas: Asia and Area Studies", *Bijdragen tot de Taal-, Land- en Volkenkunde*, Vol. 168, No. 2/3, 2012, p. 315.
④ 当然,这一历史性时刻也标志着重大的政治和经济转变,包括苏联阵营的迅速瓦解、中国融入全球经济,以及由美国作为全球领导力量主导的单极世界秩序的显现。
⑤ Harry Harootunian, *History's Disquiet: Modernity, Cultural Practice, and the Question of Everyday Life*, New York: Columbia University Press, 2002, p. 8.

离破碎的领土，各个领土的境内滋生出错综复杂的社会、经济和文化形态。在战后世界体系下，去殖民化运动将这些零碎的地区拼凑在一起。"① 地区研究学者不仅不加批判地将民族国家作为基本的"学术研究单位"，而且还倾向于专注研究特定地区内少数几个较大的和较有影响力的国家，而非整个地区。② 这种国家中心主义将会把地区研究引向错误的方向：忽视跨境和跨国流动现象，而这两者所体现的关联性如今恰恰被置于全球化进程的中心位置。

在此背景下，一系列有趣的学术尝试根据新的全球进程重新构建区域知识和地区知识的研究。③ 学者们呼吁重新关注"中尺度范围"（meso-scale）④、"区域中的世界"⑤ 和"世界的区域"的研究方法，这类方法不仅有助于认识地区如何"对其经济、政治和文化空间进行自组织"，而且还有助于理解"各地区如何相互发生联系并塑造全球秩

---

① Jon Goss & Terence Wesley-Smith, "Introduction: Remaking Area Studies", in Terence Wesley-Smith & Jon Goss (eds.), *Remaking Area Studies: Teaching and Learning across Asia and the Pacific*, Honolulu: University of Hawai'i Press. 2010, p. xi.

② Arif Dirlik, "Asia Pacific Studies in an Age of Global Modernity", in Terence Wesley-Smith & Jon Goss (eds.), *Remaking Area Studies: Teaching and Learning across Asia and the Pacific*, Honolulu: University of Hawai'i Press, 2010. 此外，正如本尼迪克特·安德森（Benedict Anderson）在其对泰国研究谱系的著名调查中所指出的，这些国家的主要研究对象（以及它们对政治和社会的理解方式）很大程度上受到了不同殖民主义轨迹的影响。Benedict Anderson, "Studies of the Thai State: The State of Thai Studies", in Eliezer B. Ayal (ed.), *The Study of Thailand: Analyses of Knowledge, Approaches, and Prospects in Anthropology, Art History, Economics, History, and Political Science*, Athens: Ohio University Center for International Studies, 1978, pp. 193-233.

③ Ali Mirsepassi, Amrita Basu & Frederick S. Weaver (eds.), *Localizing Knowledge in a Globalizing World: Recasting the Area Studies Debate*, Syracuse: Syracuse University Press, 2003; Matthias Basedau & Patrick P. Koellner, "Area Studies, Comparative Area Studies, and the Study of Politics: Context, Substance, and Methodological Challenges", *Zeitschrift für Vergleichende Politikwissenschaft*, Vol. 1, No. 1, 2007, pp. 105-124; James Sidaway, "Geography, Globalization, and the Problematic of Area Studies", *Annals of the Association of American Geographers*, Vol. 103, No. 4, 2013, pp. 984-1002.

④ Alexander B. Murphy & John O'Loughlin, "New Horizons for Regional Geography", *Eurasian Geography and Economics*, Vol. 50, No. 3, 2009, pp. 241-251.

⑤ University of Chicago, "Regional Worlds at the University of Chicago", http://regionalworlds.uchicago.edu/pub.html.

序"。① 就这些贡献而言，其主要特点在于对跨地区和地区内部互动的关注，强调"错综复杂的政治、经济与社会联系"如何将世界不同地区联结在一起，并试图阐明跨文化的联系以及物资、人员和思想的广泛流通。在历史上，这些要素的流通打破了被视作"铜墙铁壁"的地区边界。② 总而言之，地区研究史上出现了一个显而易见的重大转折——学者试图将"地区"作为全球的组成部分，而非用二分或对立的视角看待"地区"与"全球"。

三、新地区主义与中东研究

鉴于上文提出的更为宽阔的理论框架视角，下文的讨论试图提出一些与地区主义及中东新地区动态研究有关的主题和相关问题。

在绘制新的中东地区动态图时，首先要强调的问题是该地区内不同种类跨境流动的广泛扩散，其中包括各类战争与冲突造成的灾难性人口跨境流散。事实上，作为当今世界上受冲突影响最严重的地区，中东近年来出现了自第二次世界大战以来最大的人口流散，对中东本身的社会进程产生了巨大的影响，而这一事实往往被时下热门的所谓"移民危机"所掩盖，因为后者才是欧洲的关切重点。

除了人员流动，中东也是跨境资本流动的重要地区。本研究探讨了近几十年来中东经济自由化与海湾资本对外扩张及国际化之间的密切关联。③ 海湾资本所有者当前主导着许多邻国的关键经济部门，

---

① Amitav Acharya, "Global International Relations and Regional Worlds", *International Studies Quarterly*, Vol. 58, No. 4, 2014, p. 4.
② Matthias Middell & Katja Naumann, "Global History and the Spatial Turn: From the Impact of Area Studies to the Study of Critical Junctures of Globalization", *Journal of Global History*, Vol. 5, No. 1, 2010, p. 159.
③ Adam Hanieh, *Lineages of Revolt: Issues of Contemporary Capitalism in the Middle East*, Chicago: Haymarket Books, 2013; Adam Hanieh, *Money, Markets, and Monarchies: The Gulf Cooperation Council and the Political Economy of the Contemporary Middle East*, Cambridge: Cambridge University Press, 2018.

包括房地产与城市开发、农业企业、电信、零售、物流以及银行金融。就此而言，20世纪90年代及21世纪初，各种结构调整方案所阐述的新自由主义改革，不仅在全国范围内重新配置了国家和阶级的结构，而且导致了由海湾商业集团主导的新的区域性的积累回路。其后果之一是海湾资本已被内化于众多阿拉伯国家的阶级结构之中，海湾地区的资本积累将会越来越多，从而主导更大地区内的政治经济走向。①

上述跨境流动将如何影响我们对传统社会科学（如阶级、民族、国家、意识形态、经济和政治）的理解？对此，我们需要格物致知，做好理论化工作。例如，将海湾地区置于地区资本积累的轴心地位，将有助于我们关注国家和地区两个层面上的阶级形成过程的交互。鉴于海湾资本在其他阿拉伯国家的阶级结构中的显著内化，"爱国资产阶级"（r'as al mal al watani）等受国家约束的概念在今天是否还有意义？抑或我们如何看待"国有劳动力"这类现象，认识到数百万人（在某些情况下占国家人口的绝大部分）依旧是不享有公民权的临时移民工人，或是在该地区工作但其身份是从他国流落至此的难民？我们应把数目庞大的流散资产阶级（巴勒斯坦、伊拉克、叙利亚、黎巴嫩等）置于何等地位？他们可能与自己祖国的国内政治联系密切，但其资本积累中心完全位于祖国领土之外？伴随着上述地区性跨境流动，可能会出现哪些新型的政治或经济力量？从地区整体的角度思考，我们将如何理解金融化（即个人、家庭、公司和国家的日常再生产活动越来越依赖于金融市场）等概念？上述所有地区性进程如何与整个中东地区的其他层级地区（如城市地区和乡村地区）的发展产生联系？

---

① Adam Hanieh, *Money, Markets, and Monarchies: The Gulf Cooperation Council and the Political Economy of the Contemporary Middle East*, Cambridge: Cambridge University Press, 2018.

（一）边境、边界与边缘地带的政治经济学

在审视地区跨境流动如何干扰基于国家视角的中东研究方法时，我们也应当避免将国家层级的地区笼统地视作单一的空间单元。因此，研究政治经济冲突的学者们突出了"边缘地带政治经济"的重要性，强调国家层级的进程、机构和主导者不应该被视为整个国家地区的代表。[1] 此认识将直接影响到我们在从事研究时采用的方法论，其中包括：进一步强调国家层级以下的差异[2]；更加批判性地使用国家层级的综合数据，因为这些数据往往模糊了国家领土之下的更深层次的地区差异。[3] 以后者为例，我们很可能会采用超越标准行政区划（如城市、市政或地方辖区）的方式重新阐释数据，以更好地感知国家层级的内在不均衡性。

在研究其他地区背景时，一些学者提出，想要进一步分析次国家层级差异，就必须着重关注"边境地区"（borderlands）。"边境地区"指位于至少两个国家交界的边缘地带且横跨国际边界的地区，[4] 特别是在爆发战争冲突时，边境之地往往沦为暴力活动与边缘化势力长期

---

[1] Jonathan Goodhand, "Epilogue: The View from the Border", in Benedikt Korf & Timothy Raeymaekers (eds.), *Violence on the Margins: States, Conflict, and Borderlands*, New York: Palgrave Macmillan, 2013; Jonathan Goodhand, "The Centrality of the Margins: The Political Economy of Conflict and Development in Borderlands", Working Paper 2, ESRC Borderlands, Brokers and Peacebuilding Project, 2018, http://borderlandsasia.org/the-centrality-of-the-margins-brokering-borders-and-borderlands-in-the-age-of-trump-and-brexit.

[2] Thomas Parks, Nat Colletta & Ben Oppenheim, *The Contested Corners of Asia: Subnational Conflict and International Development Assistance*, San Francisco: Asia Foundation, 2013.

[3] Siri C. A. Rustada, Halvard Buhauga, Åshild Falcha & Scott Gates, "All Conflict is Local: Modeling Sub-National Variation in Civil Conflict Risk", *Conflict Management and Peace Science*, Vol. 28, No. 1, 2011, pp. 15-40.

[4] Patrick Meehan & Sharri Plonski, "Brokering The Margins: A Review of Concepts and Methods", Working Paper 1, ESRC Borderlands, Brokers and Peacebuilding Project, 2017; Jeremy Lind & Robin Luckham, "Introduction: Security in the Vernacular and Peacebuilding at the Margins; Rethinking Violence Reduction", *Peacebuilding*, Vol. 5, No. 2, 2017, pp. 89-98; Jonathan Goodhand, "Epilogue: The View from the Border", in Benedikt Korf & Timothy Raeymaekers (eds.), *Violence on the Margins: States, Conflict, and Borderlands*, New York: Palgrave Macmillan, 2013.

活跃的地带，这里的弱势群体需要依附于各类帮派、违法或犯罪分子。① 这类地区的典型特征是：被不同的社会和政治势力分裂，多个国家和非国家势力在此角逐霸权。② 由于经济不对称性多出现在边界地带，边境经济也可能催生经济激励（economic incentives）和风险溢价，进而以更为复杂的方式呼应国家层级的政治解决方案。

边境地区是彼此高度互联的空间，它们对更为宏大的国家形成进程有着至关重要的影响。③ 在中东，边境地区的重要性显而易见。例如，位于叙利亚与土耳其、黎巴嫩和约旦④的各边境地区，耶路撒冷等巴勒斯坦城市和约旦河西岸⑤的各边境地区，也门同沙特阿拉伯及阿曼之间的海陆联系，遍及北非的密切跨境联系，以及在像红海这样的水道中新提出的且相互重叠的主权主张。边境地区的地位如此重要，但学界明显缺乏将此类边境地区置于地区范围（regional scale）之下的基础研究。在上述边境地区以及其他边境地区内，存在怎样的资本积累模式与谋生方式？它们如何与中东其他地区的政治和经济势力产生联系？在新兴的地区金融、商品和援助物资的流通热潮中，作为流通节点的边境地区发挥着怎样的作用，它们又将如何在地区层级内造就新的等级制度？谁会成为新的政治、经济秩序的主导者（研究边境地区的文献通常称之为"代理人"）⑥，谁将在错综复杂的跨境联

---

① Nick Megoran, Gael Raballand & Jerome Bouyjou, "Performance, Representation and the Economics of Border Control in Uzbekistan", *Geopolitics*, Vol. 10, No. 4, 2005, pp. 712-740.
② Nick Megoran, Gael Raballand & Jerome Bouyjou, "Performance, Representation and the Economics of Border Control in Uzbekistan", *Geopolitics*, Vol. 10, No. 4, 2005, pp. 712-740.
③ Benedikt Korf & Timothy Raeymaekers (eds.), *Violence on the Margins: States, Conflict, and Borderlands*, New York: Palgrave Macmillan, 2013.
④ Samer Abboud, "Social Change, Network Formation and Syria's War Economies", *Middle East Policy*, Vol. 24, No. 1, 2017, pp. 92-107.
⑤ Noura Alkhalili, *Between Sumud and Submission: Palestinian Popular Practices on the Land in the Edge Areas of Jerusalem*, Lund: Lund University, 2017.
⑥ Patrick Meehan & Sharri Plonski, "Brokering the Margins: A Review of Concepts and Methods", Working Paper 1, ESRC Borderlands, Brokers and Peacebuilding Project, 2017.

系中发挥调解和桥梁作用？中东地区表面上安全、稳定和繁荣的空间（如迪拜的金融和房地产市场）与边境地区的暴力、动荡和不稳定又存在怎样的联系？

（二）中东，地区社会等级与全球

跨国流动、边界和边境地区的重要性表明，我们需要重新理解中东，不能仅仅视其为国家领土的简单合集。但是如前文所述，针对任何地区空间的理论化研究亦需要被置于更为宏观的整体之下。这里的"整体"指的是资本主义世界市场，其特点表现为：北美和欧洲长期保持的霸权中心地位的日渐式微，世界其他地区随新兴资本积累与增长的崛起。昔日的霸权体系日趋动摇，苦苦支撑它的则是错综复杂却又相互依存的跨境势力与国际竞争对手。与此相伴的是整个世界市场空间结构上的重构，包括更加突显地区层级的重要性，出现了新的地区进程、身份认同和社会阶层等。

上述全球变化对于任何关于中东的研究都有着至关重要的意义。长期以来，中东地区被视为世界层级的"十字路口"，如今更是在调解新兴全球贸易、物流、基础设施和金融网络方面发挥着重要作用。例如，世界最繁忙的国际机场——迪拜国际机场就位于中东，该机场的世界地位在2015年一度超过了伦敦的希思罗机场。[1] 此外，作为世界第四大港口运营商，迪拜环球港务集团（DP World）的足迹遍布非洲、欧洲、亚洲和美洲，成为连接世界不同地区市场的"超级环球枢纽"。总而言之，中东在全球生产和消费链的形成与流通中发挥着关键作用。[2]

中东金融市场与上述流通过程密切相关。从历史上看，该地区（特别是海湾国家）释放出的财政盈余对金融霸权的形成起着至关重要的作用，甚至影响着更为宏观的全球金融体系。例如，20世纪50

---

[1] Rafeef Ziadah, "Transport Infrastructure and Logistics in the Making of Dubai Inc.", International Journal of Urban Regional Research, Vol. 42, No. 4, 2018, pp. 182-197.

[2] Laleh Khalili, *Sinews of War and Trade: Shipping and Capitalism in the Arabian*, London: Verso Books, 2020.

年代末和60年代，所谓的"欧洲市场"兴起①。又如，20世纪后半叶，美元作为"世界货币"崛起。②这两起事件背后的全球联系均通过中东的各类金融市场（如贝鲁特和巴林）得以实现。由此看来，中东地区有望被定位为英美金融机构最终主导全球的一大关键因素。今天，虽然中东与国际金融的主要中心保持着密切联系，但该地区在全球金融体系中的新地位正日益凸显。例如，中东成为中国"一带一路"倡议（BRI）在中亚、非洲和南亚的金融总部所在地；中东离岸金融区在洗钱、逃税和庇护来自附近地区的非法财富方面表现突出；此外，中东（特别是伊斯兰金融）在取代传统金融市场方面也处于全球领先地位。③最后，对于西方金融市场和机构来说，中东有着恒久的重要地位。总而言之，上述新兴全球联系作为当今地区层级重构的一部分，其定位至关重要。

在强制性技术、技法和理论的全球流动中，中东也发挥着关键作用。例如，该地区是世界上最大的武器与军事设备出口市场，在测试新兴安全技术方面（新兴的监视与人口控制方式）居于核心地位。许多学者指出，复杂的跨国流通（如恐怖主义思想、军事技术及人员、培训手册、跨境行动、警察部队以及私人军事和安保公司［PMSCs］的流通）支撑起该地区的武器贸易和监控行业。④所有这些都使中东

---

① 这些金融市场处于国家监管体系之外，允许银行和公司以不同于本国市场的货币计价进行交易。欧洲市场是二战后推动跨国公司进行全球扩张的一个重要因素，海湾石油国家的美元储备为跨国公司在这类市场保持资产流动性做出了重大贡献。
② David Spiro, *The Hidden Hand of American Hegemony Petrodollar Recycling and International Markets*, Ithaca: Cornell University Press, 1999.
③ Adam Hanieh, "Variegated Finance Capital and the Political Economy of Islamic Banking in the Gulf", *New Political Economy*, Vol. 25, No. 4, 2020.
④ Anna Stavrianakis, "When 'Anxious Scrutiny' of Arms Exports Facilitates Humanitarian Disaster", *The Political Quarterly*, Vol. 89, No. 1, 2018, pp. 92-99; Shana R. Marshall, "The New Politics of Patronage: The Arms Trade and Clientelism in the Arab World", PhD Dissertation: University of Maryland, College Park, 2012; Adam Moore, "US Military Logistics Outsourcing and the Everywhere of War", *Territory, Politics, Governance*, Vol. 5, No. 1, 2017, pp. 5-27; Laleh Khalili, "Gendered Practices of Counterinsurgency", *Review of International Studies*, Vol. 37, No. 4, 2011, pp. 1471-1491; Paul Amar, *The Security Archipelago: Human-Security States, Sexuality Politics, and the End of Neoliberalism*, Durham: Duke University Press, 2013.

成为安全化（securitization）和军国主义（militarism）新规范在全球传播的关键节点。与此同时，这些全球联系有力地塑造了该地区自身内部的冲突形态，以及军事在国家和地区层级内被嵌入政治与经济结构的不同方式。① 但真正令人感到惊讶的是，纵览关于监视资本主义（surveillance capitalism）、安全化和国家监控新技术的文献，中东在此领域的地位大多遭到了刻意的遮掩。

显而易见的是，这些全球联系仍然与中东的石油和天然气供应在世界市场中的重要地位紧密相联。近年来，尽管美国与加拿大页岩油田生产的所谓"非传统"石油产量有所增长，② 但中东依旧是世界碳氢化合物市场的轴心。2019 年，该地区石油产量约占全球石油生产总份额的 40%。从历史角度看，中东地区的石油供应为 20 世纪中期世界能源制度的重大转变提供了支撑，此地产出的石油和天然气取代了煤炭，成为全球运输、制造和工业生产的主要燃料。近年来，中国成为全球制造业的中心，中东也在其中扮演着至关重要的角色，满足了前者日益增长的石油和天然气需求。从这个意义上说，过去二十年全球政治经济的重大结构转变是以中东和亚洲之间更为密切（且瞬息万变）的联系为前提的。③ 更重要的是，正因为中东扮演着上述角色，在当前任何关于气候变化的辩论，以及日后任何关于化石燃料转型的讨论中，中东石油生产国均是不可或缺的主角。

若将上述全球变革和流通置于中东背景之下，便有助于理解美国、欧盟、俄罗斯和中国等世界大国和组织在中东地区长期存在的利

---

① Yezid Sayigh, *Owners of the Republic: An Anatomy of Egypt's Military Economy*, Washington D.C.: Carnegie Middle East Center, 2019.
② 与传统的化石燃料相比，这类石油和天然气开采难度更大，成本也高出很多。需要特别指出的是美国的页岩油，这种原油存在于低渗透的页岩或砂岩中，常通过对液体加压以压裂岩石的方式进行提取（因此才有了"水力压裂法"[fracking] 这一术语）。在新千禧年前 20 年的大部分时间里，持续高涨的油价推动大量投资流向页岩油田的开发。
③ Adam Hanieh, *Money, Markets, and Monarchies: The Gulf Cooperation Council and the Political Economy of the Contemporary Middle East*, Cambridge: Cambridge University Press, 2018.

益。在20世纪的大部分时间里，美国一直是主导中东地区的外国势力，其维系霸权的主要方式是同时与以色列和海湾阿拉伯国家建立深厚的政治、经济和军事联系。但近年来，中东国家体制潜在的各类危机日渐显现，其他国家也在向美国的霸权发出挑战，美国长期以来在中东地区的霸权地位因此受到了动摇。外国势力趁机采取了一系列措施渗透此地，其方式包括：直接参与中东地区的战争和冲突，支持诞生于阿拉伯起义后的各类政府、运动和武装民兵组织。我们在评估此类新型国际竞争与干涉形式时，就必须摆脱纯粹的军事思维。就此而言，学界尚未充分加以关注的是，各大国目前正在就大批新的贸易、经济和投资协议展开谈判。这些协议的目的十分明确，就是要将中东国家拉入该地区以外的特定经济集团的轨道，它们同时也与一系列新的双边或多边援助计划联系密切，因而将成为新地区动态的主要驱动力。

除地区内部不计其数的战争与冲突外，中东与"全球"共建关系同样有助于理解过去十年该地区范围内出现的尖锐的内部阶级制度和政治对抗。对地区控制权的争夺正在加剧各国（包括沙特阿拉伯、阿拉伯联合酋长国、卡塔尔、伊朗、土耳其和以色列）之间的对立关系，并催生出新的国家联盟。在这些竞争加剧的同时，新的地区势力投射形式正在出现，这类形式包括：试图通过控制媒体（传统媒体和网络媒体）和相关基础设施来掌控话语权；重构文化生产的地缘政治经济，如先前绘画与音乐中心地带的衰落；战略性地扩大公民权和居住权的主体范围，将公民权和居住权授予外国政治和经济精英。上述形式均与新兴的发展性跨境流动和人道主义援助跨境流动相重叠，这两类流动对新兴的基础设施和物流网络具有极大的依赖性。[①] 需要再次强调的是，所有这些创新举措都具有空间和规模效应，其作用是将该地区定义为"一个地区"。此外，我们需要将此类举措置于以国家

[①] Rafeef Ziadah, "Circulating Power: Humanitarian Logistics, Militarism, and the United Arab Emirates", *Antipode*, Vol. 51, No. 5, 2019, pp. 1684-1702.

为中心的框架之外，然后在此基础上将其概念化。

在构建上述所有联系时，我们不能只关注中东与全球权力核心之间的关系。作为一个流动的和建构的空间，中东的形成是一个动态的过程，此过程基于中东同附近其他地区之间错综复杂的相互作用。近年来，一系列创新的历史研究工作（例如，通过印度洋的网络和关系）印证了通过这一视角思考中东问题的价值。[1] 鉴于中东与中亚、南亚、东非和地中海等其他地区之间关系的深刻而迅速的变化，这种思维方式对当代研究也有着极为重要的意义。我们需要更加关注这类地区间关系[2]（包括那些涉及海洋和水路的关系[3]），并且思考通过比较那些被认为是"无法对比的"[4]地区，我们可以从中学到什么。

四、结论

本文的主旨在于强调关系、联系和流通等要素，它们有助于将地区构建为某种特殊类型的空间代表，我们通过这种特殊的空间类型代表来感知我们的社会和物质存在。由此看来，地区的确具有抽象性，但却是"真实的地理抽象"，因为它们是"由历史和地理上的具体实

---

[1] Edward Alpers, *The Indian Ocean in World History*, Oxford: Oxford University Press, 2014; Matthew Hopper, *Slaves of One Master: Globalization and Slavery in Arabia in the Age of Empire*, New Haven: Yale University Press, 2015; Fahad A. Bishara, "Ships Passing in the Night? Reflections on the Middle East in the Indian Ocean", *International Journal of Middle East Studies*, Vol. 48, No. 4, 2016, pp. 758-762; Johan Mathew, *Margins of the Market Trafficking and Capitalism across the Arabian Sea*, Berkeley: University of California Press, 2016.

[2] Paul Amar, *The Security Archipelago: Human-Security States, Sexuality Politics, and the End of Neoliberalism*, Durham: Duke University Press, 2013.

[3] Engseng Ho, *The Graves of Tarim: Genealogy and Mobility Across the Indian Ocean*, Berkeley: University of California Press, 2006.

[4] Natalie Koch, "Exploring Divergences in Comparative Research: Citizenship Regimes and the Spectacular Cities of Central Asia and the GCC", *Area*, Vol. 47, No. 4, 2015, pp. 436-442.

践造就的"概念类别，功能上追求务实和具体效果。①本文通过关注各个层级空间（城市、国家、地区和全球）之间的关系，强调动态的、矛盾的和过程性的方式。通过此类方式，作为社会现实的"外显形式"的空间标量表征被创造出来。需要补充说明的是，我们将各个层级空间之间的关系视为催生各层级空间的内部因素，而非外部因素。

就中东而言，本文着重强调地区层面的生产内在的不平衡性和深刻的社会经济两极化。这与较早的"阿拉伯联合"叙事或最近的泛地区愿景形成鲜明对比，后者承诺通过更紧密的政治和经济一体化实现互利。这些为市场主导下的"地区主义"提供支撑的规范性预设（normative assumptions）理应遭到摒弃；相反，我们应该认识到，其他地方的财富和权力累积如何催生出中东地区另一些地方的边缘化和剥离模式，以及边缘化和剥离模式如何反过来推动财富和权力的累积。这种不平衡和差异化的现实与"同质化"的描述背道而驰，后者将中东视为一个统一的"没落"或"危机"地区。相反，该地区内一些区域的严重不平等和社会差异现象与其他区域的繁荣、安全、稳定的局面同时存在。根据列斐伏尔（Lefebvre）的观点，支撑上述社会进程的社会关系必然呈现出空间上的曲折变化②，因而绘制社会两极分化在多种不同层级地区的呈现方式，对于理解当代中东地区的发展动态至关重要。

在围绕上述主题制定研究议程时，我们有必要再次重申，具体的"地区研究"知识和对中东等地区的分析可能会引发更为广泛的社会科学辩论。部分辩论的内容已经在本文得以体现，其中包括：对全球进程的理解不再只关注世界经济的"制高点"；边境和边界的作用与性质；种族化进程和公民权的性质；围绕基础设施、物流和全球流通

---

① Alex Loftus, "Violent Geographical Abstractions", *Environment and Planning D: Society and Space*, Vol. 33, No. 2, 2015, p. 367；另参见 Alberto Toscano, "The Open Secret of Real Abstraction", *Rethinking Marxism: A Journal of Economics, Culture & Society*, Vol. 20, No. 2, 2008, pp. 273-287。
② Henri Lefebvre, *The Production of Space*, Malden: Blackwell, 1991.

的辩论。这些辩论在深化金融化等概念时，几乎没有考虑世界市场核心地区以外的空间。

最重要的是，倘若我们能够更加密切地关注地区层级并将其作为世界进程的一个具体实例，那么我们将为思考中东与其他重点"地区"（拉丁美洲、东南亚、南亚等）的关系开辟新途径。而在这方面，对中东的跨地区现象的深入研究相对匮乏，这也许是对该地区采取的传统研究方法遗留下来的最大问题。对这些关系进行更加深入的研究，可能有助于我们形成针对地区特征和地区主义的有趣理论和经验见解——鉴于不同地区的相互依存关系日益跨越东西方和南北方的界限，并且正在以新的、不可预测的方式塑造世界体系，实现这一目标变得尤为迫切。

从哈俄"移民"因素论哈萨克斯坦的民族国家构建

但 杨 潘志平[*]

摘要：哈萨克斯坦是中亚地区唯一与俄罗斯有共同边界的国家，自部落汗国时期，整个草原几乎承载着来自俄罗斯方向"垦殖移民"的压力，而这一源于沙俄时期的殖民记忆也被深植于中亚历史中。苏维埃政权建立后，哈萨克草原被纳入苏联版图之内，斯大林迅速以"语族"将中亚划分为五个部分，历史移民与土著民得到"苏联公民"身份，统一的政治认同弱化了民族意识。1992年，中亚五国作为新国家宣布独立，五个"语族"成为主体民族，走上新的政治发展道路。历经三十年，哈萨克斯坦作为俄罗斯邻邦，"移民"是影响其民族国家构建的不可忽略的因素之一，同时也涉及划界与认同的问题。本文主要针对哈萨克斯坦与俄罗斯的移民之历史与现实进行考察，尝试分析其对哈萨克斯坦民族国家构建产生影响的过程。

关键词：哈萨克斯坦；民族国家；移民

民族国家的构建直指"什么是主体民族"这一问题，其中涉及对民族与民族主义的讨论。当代关于"移民"的讨论基于国际视角下的

---

[*] 但杨，新疆大学政治与公共管理学院讲师，中亚地缘政治研究中心专职研究员，从事哈萨克斯坦、土库曼斯坦、吉尔吉斯斯坦和中亚研究，主要研究方向为国际政治；潘志平，新疆社会科学院，从事中亚研究，主要研究方向为国际政治。

公民迁移活动，其显性影响主要集中在经济领域。实际上，移民活动源起欧洲国家之间，是带有侵略或民族同化性质的行为，是关系领土获得及疆域管理的"属人原则"，这在恩格斯的著作《对波兰的重新瓜分》《法兰克福关于波兰问题的辩论》中均有记载。移民所包含的这种特征，随着德意志化向斯拉夫地区的蔓延，又在沙俄帝国进行对外扩张的过程中被复制。向中亚草原进驻的斯拉夫移民，不仅将帝国的边界线向南推移，又为之后的苏联在中亚的所有活动铺设了有利的"属人"条件，使中亚地区完全依附于"大斯拉夫"民族的管治之下。

哈萨克斯坦是当代中亚民族国家中唯一与俄罗斯接壤的现代国家，既可以称得上是中亚的"领袖国家"，又可被视为中亚的"地缘间隔"。哈萨克斯坦在历史时期内接收了第一批来自斯拉夫的移民，又自民族国家构建之时起便首先面临"主体民族"与"俄罗斯族"矛盾处理的问题。"移民"在哈萨克斯坦境内不仅仅指单纯的公民迁移活动，它内含的语言选择、民族主义、身份认同和政治发展等问题都影响着哈萨克斯坦的民族国家构建过程。有鉴于此，本文将针对"移民"展开论述。

一、哥萨克移民：沙俄时期的军垦殖民

哥萨克人[①]是俄国历史上推进帝国南部边界向中亚扩延的重要移民力量，主要分布在乌拉尔、奥伦堡、西伯利亚、七河四地。可以说，哥萨克移民既发挥着融合与渗透的作用，在迁移过程中通过各种和平或非和平的方式，深刻影响着中亚游牧文明区的人口分布与生产生活方式；同时又作为沙俄非正规军[②]肩负着戍边保疆的军防任务。

---

① 在俄文历史文献与档案中，"哥萨克移民"均被称为"哥萨克部队"（Казачье войско）。
② 1874 年俄国废除征兵制，开始实行普遍义务兵役制，并且有条例证明"俄国所有年龄从 21 岁起至 43 岁的男性居民，都必须在正规军、后备部队或民团中服兵役，中亚细亚、哈萨克斯坦以及西伯利亚、伏尔加河沿岸和极北地区若干民族地区的居民除外。"（恩格斯：《俄国沙皇政府的对外政策》，《马克思恩格斯文集》第 4 卷，人民出版社 2009 年版，第 356—357 页。）

乌拉尔（亚伊茨克）哥萨克是进入哈萨克草原西北部的第一批移民，自14世纪开始成为莫斯科公国派驻在东南边境地区的军事移民。该批移民在积极参与了1773—1775年的农民起义后建立起"哥萨克自治军"，并被官方重新命名为"乌拉尔哥萨克军队"。①20世纪初期乌拉尔哥萨克人数量已达到12.3万，并在草原实行"结义为盟"习俗制，②即在哥萨克与哈萨克家庭之间建立友好、亲密与互利的关系，这一制度帮助哥萨克人快速掌握了哈萨克语，并与当地哈萨克部落建立了紧密的易货关系。③奥伦堡哥萨克军队于1748—1755年成立，相较于乌拉尔哥萨克军队，奥伦堡哥萨克军队的族群成分比较复杂，其中包括乌克兰人、鞑靼人、巴什基尔人、卡尔梅克人等，该军队主要负责护卫奥伦堡省南部和东南部边界。1870年，奥伦堡哥萨克获得"机构自治权"，建立了军事分级管理制度。1916年，奥伦堡已有哥萨克移民近53.3万人，主要以农业、畜牧业和渔业为生，"饥荒时期"④会与周边的哈萨克游民因争夺草场而产生冲突。⑤乌拉尔与奥伦堡的哥萨克移民与哈萨克部落在冲突与交易并存的过程中对哈萨克草原西北、东北地区族群部落的日常生产生活与氏族文化结构产生了很大影响。

西伯利亚哥萨克军队属于沙俄时期的警务编制，是18世纪为抵御准噶尔和哈萨克逃民进入俄罗斯西西伯利亚南部而设置的边境防卫人员。1808年8月19日，西伯利亚南部哥萨克获得官方命名"西伯利亚线哥萨克军"，之后，其迁移范围逐渐从南部扩大至东南部。19

---

① Уральское казачье войско - Бородин Н. А., Уральские Казаки и Их Рыболовства, СПб.: Типо-лит. М. П. Фроловой, 1901.
② Железнов И. И., Уральцы. Очерки Быта Уральских Казаков, Том. 1-3, СПб.: Институт Куначества, 1888.
③ Карпов А. Б., Уральцы. Исторический Очерк. Ч. I., Уральск: Войсковая Тип., 1911.
④ 1894年年初，奥伦堡地区有马匹约15万匹，牛约19.3万头，绵羊和山羊合计超过27.25万只。数据来源：Стариков Ф. М., *Историко-Статистический Очерк Оренбургского Казачьего Войска*, Оренбург: Типо-Литография Б. Бреслина, 1891, c.132-154.
⑤ Алекторов А. Е., История Оренбургской Губернии, Оренбург: Тип. Б. Бреслин а , 1883.

世纪末，根据沙俄政府的行政规划，西伯利亚哥萨克的分布地区被划分为两个草原总督州：阿克莫林斯克与塞米巴拉金斯克，以及比伊斯克区托木斯克省。1894年，西伯利亚哥萨克移民区有170户居民，其中96%信仰基督教，4%信仰伊斯兰教。区内共设立152所教育机构，149所是哥萨克村镇中学。该地区的自然条件相对较好，哥萨克移民区与哈萨克居民区接壤地带基本处于和平状态，果蔬和烟草成为连接哥萨克人与哈萨克人易货活动的主要产品。① 七河哥萨克军队原属于西伯利亚哥萨克军第9团、第10团，于1867年7月13日正式成为哥萨克军队独立分支之一，分别在塞尔吉奥博勒、乌尔扎尔、列普西、萨尔坎、阔帕勒、阔克苏、喀斯克金、格鲁博夫斯克、纳杰日金斯科、苏菲斯克、大阿拉木图、小阿拉木图和尼古拉耶夫斯克② 建立了13个定居点，截至1894年居民总数达32 500人。③ 其主要任务是保卫突厥斯坦的南部边界，同时发挥一部分警卫作用。1869年开始，七河哥萨克开始大规模实行农村殖民，从服装穿着到整个公民社会都宣示着其"地区主人"的身份。④

苏联解体后，俄联邦对南部边疆"哥萨克移民"的界定一直模糊不清，⑤ 同时，位于哈萨克斯坦的七河哥萨克非常活跃地参与"哥萨克复兴"行动。1991年，阿拉木图成立了"七河哥萨克同乡会"，该

---

① Красовский М., Материалы для Географии и Статистики России, Собранные Офицерами Генерального Штаба. Область Сибирских Киргизов. Т. 16. Ч. 3., СПб.: Тип. Траншеля, Реттера и Шнейдера, 1868.
② Сергиопольский, Урджарский, Лепсинский, Сарканский, Копальский, Кок-суйский, Каскетинский, Голубовский, Надеждинский, Софийский, Большой Алматинский, Малоалматинский и Николаевский.
③ Леденев Н., История Семиреченского Казачьего Войска. Верный: Тип. Семиреч. Обл. Правления, 1908.
④ Сулимов И., "Семиреченское Казачье Войско", http://ksovd.ru/ksovd/396-semirechenskoe-kazache-voisko.html.
⑤ 众所周知，"哥萨克"（казаки）是旧俄时代活跃于东欧大草原上的游牧社团，并不指某一个民族，其成员多为俄罗斯人和乌克兰人。哥萨克骑兵作为帝俄向东征伐的先锋来到哈萨克草原，虽是二百年前的事，但他们的子孙仍有不少以"哥萨克人"自居，其祖辈均以俄语为母语，一般都可归于操俄语的群体。

组织在 1992 年 7 月更名为"七河地区哥萨克联盟"；1994 年 11 月，其首领尼古拉·昆金试图联合所有哥萨克人集会，号召"七河回归俄罗斯，赋予俄语国语地位"。实际上，在哈萨克斯坦独立后最初的十年时间里，国内北部曾出现由哥萨克人社团组织的反政府活动，一些俄罗斯民族主义者重新借"哥萨克"名义成立准军事组织，不仅与俄罗斯联邦境内的"哥萨克"组织串联，要求"自治"，甚至提出将北哈萨克斯坦并入俄罗斯联邦的动议。[1]1993 年冬天，哈萨克斯坦北部巴甫洛达尔市的"操俄罗斯语"居民与哈萨克居民发生流血冲突事件。[2]因此，1996 年 4 月 17 日哈萨克斯坦外交部正式照会俄联邦外交部，表明"若莫斯科方面默认将哥萨克纳入非官方军事组织并无视其活动，会严重伤害民众友谊与睦邻友好传统，属于非理智行为。哥萨克加入非军事警卫队，必然导致边境居民之间产生紧张情绪，由此发生冲突造成严重后果"。俄方最终放弃采取非军事边防措施，将哥萨克人纳入正规部队负责边防事务。[3]至此，哈俄两国边境的紧张局势得以化解。

哥萨克移民在哈萨克草原的历史存在证实了帝俄时期采用的"军垦殖民"行动的实际收效非常明显。虽然中亚地区一直属于相对独立的政治文明板块，经历了阿拉伯帝国、蒙古帝国的征服后仍保持着原有的"汗国–部落"结构，但俄帝国哥萨克军事移民进驻哈萨克草原，以及南部要塞线的不断推进，彻底改变了整个中亚的地缘政治格局。同时，这也对"操俄罗斯语"族裔与"操突厥语"族裔之间复杂关系的形成构成了历史铺垫，并成为哈萨克斯坦独立后遗留的边境地区的边界问题之一。

---

[1] 潘志平：《中亚的民族关系：历史、现状与前景》，新疆人民出版社 2003 年版，第 47—49 页。
[2] 赵常庆：《十年巨变·中亚和外高加索卷》，东方出版社 2003 年版，第 124—125 页。
[3] Эчин В. Е. & Тайсенгиров Т. Б., "Становление и Развитие Охраны Государственной Границы Республики Казахстан с Российской Федерацией", Социально-гуменитарные Науки. Вестник КазАТК, № 1(100), 2017, с. 246-247.

二、俄罗斯移民：苏维埃时期的历史遗留

19世纪80年代，俄国中心省份的农业问题激化，帝俄当局决定限制边疆区农民向中心迁移，只有拥有丰厚物资的农户才有权迁移至阿克莫林斯克与塞米巴拉金斯克。1888年，靠近哈俄边界的西面，阿斯特拉罕州的哈萨克布切耶夫部落人口数量快速增长至23.75万。①草原省份与下伏尔加省份农业生产量快速增长的主要原因是改革后草原边疆地区的大片闲地吸引移民大量流入并迅速扩大播种面积，使该地区成为欧俄中部的主要移民区。②这一时期内，哈萨克草原与俄国的边界逐渐向南推进，今哈萨克斯坦北部被全部纳入俄国南部边疆区内，俄国中部州省的哥萨克人、乌克兰人、白俄罗斯人和波兰人开始向南迁移。据学者萨温（Савин И. С.）的研究，1897年，按照哈萨克草原的移民潮及其自然生长规律，"欧洲人"（斯拉夫人）数量占南部边疆区居民人口的11%；从1897年至1916年，俄罗斯人的数量从53.97万增长至143.91万，比重增长至18.9%。③虽然移民④对里海沿岸区域的人口结构并未产生太大影响，但到了19世纪90年代，伴随着帝俄推行的鼓励移民政策，大批俄罗斯与乌克兰农民涌入中亚的现象极大改变了当地的族群结构，尤其是哈萨克草原北部诸州，沿额尔齐斯河地区的俄罗斯人一

---

① Генерал от инфантерии Эссен, "Предписание Оренбургского Генерал-Губернатора П.К. Эссена в Оренбургскую Пограничную Комиссию о Наказании Казахов по Общероссийским Законам за Переход через Границу (№ 116)", в Русско-казахские Отношения в 18-19 Веке: (С б. Документов и материалов), Алма-Ата: Наука, 1964, с. 168-169.
② 列宁：《俄国资本主义的发展》，载列宁：《列宁全集》第3卷，人民出版社1984年版，第225—227页。
③ Савин И. С., "Русские в Современном Казахстане", Социологические Исследования, № 8, 2010, с. 81-89.
④ 当时的尤苏波维家族拥有13.1万英亩土地，别兹波罗德克拥有约200万英亩土地，里海沿岸土地基本全部被移交给俄国地主。

直占绝对多数，而该地区也被视为俄罗斯人历史与文化上的传统聚居地。

1917年11月，布尔什维克党人革命胜利，在从临时政府手中夺取政权的同时，也继承了沙俄时期遗留的种种问题。1919年国内战争取得决定性胜利之后，中亚草原组建民族共和国的问题在莫斯科、奥伦堡、塔什干等地的俄共（布）领导决策机关得到了广泛的研究和讨论。1920年8月，"吉尔吉斯苏维埃社会主义自治共和国"（Киргизская АССР）成立，① 首府为奥伦堡，隶属俄联邦，是中亚第一个民族"共和国"，实际上是苏俄的民族区域自治地方。1924年，关于吉尔吉斯（哈萨克）共和国与俄边疆区的区划问题引发争议，莫斯科最后决定将鄂木斯克、托木斯克、秋明和阿勒泰的部分地区划至吉尔吉斯（哈萨克）共和国的行政管辖范围，但当时整个边疆区东部的62.59万人中，俄罗斯人占绝大部分。苏维埃中央以民族分布（实则是语言界线）为原则组建"共和国"，但实际的哈萨克共和国内仍然以多民族聚居为主。据1926年的首次人口统计，主体民族哈萨克人只占哈萨克共和国总人口的57%。这种情况的产生，主要源于苏维埃政权建立初期，苏俄国内的经济和政治都面临着新一轮重振，而当时苏俄境内的欧洲部分正遭受严重的农业危机，城市内大规模的失业和饥荒导致人口迁移。这些移民主要分为：**计划性农业移民、工业移民和驱逐移民**。其中计划性农业移民是比较关键的一部分，当时，苏俄正值内战时期，在苏维埃人民委员会还未采取移民政策之前，这些居民已自行向西伯利亚和哈萨克斯坦方向迁移。引发迁移的另一个原因是1921年至1922年哈萨克斯坦爆发的大饥荒，1920年至1922年的两年间，乌拉尔和阿克纠宾省的人口数量缩减至21.35万（减少了21.8%），其中有占比将近95.8%的哈萨克农村人口。一方面，随着"集体化"的推行和大饥荒的爆

---

① 虽然名为"吉尔吉斯"，但实际上是"哈萨克人"的"民族共和国"，这是当年苏俄当局对沙俄时代张冠李戴之错误的延续，即不知"哈萨克"，只知"吉尔吉斯"。

发，哈萨克人大批死去或逃亡国外，"主体民族"哈萨克人口丧失惨重。另一方面，来自苏联欧洲地区的新移民（主要是俄罗斯人）大量涌入：一是苏联以"工业化"为目标开始有组织地迁入；二是以"消灭富农"为口号进行的人口清理，有大批"被没收生产手段和土地的富农分子"被强制迁至哈萨克共和国。①20世纪30年代末，哈萨克共和国境内的哈萨克人口占比降至37.84%，比俄罗斯人口占比少2个百分点。这些因素的共同作用致使哈萨克共和国的人口结构发生了很大变化。

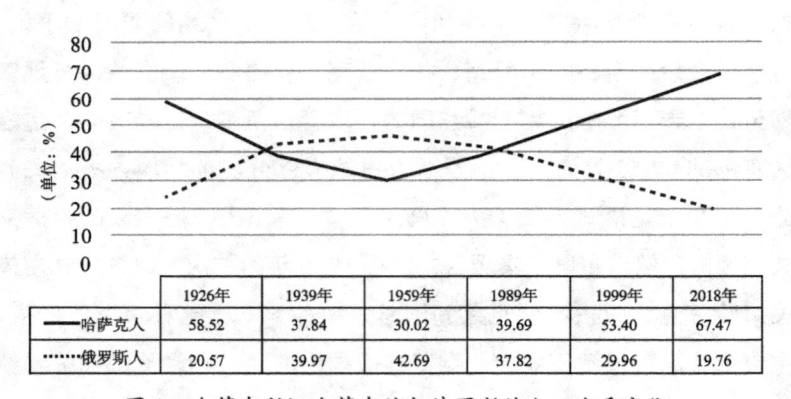

	1926年	1939年	1959年	1989年	1999年	2018年
哈萨克人	58.52	37.84	30.02	39.69	53.40	67.47
俄罗斯人	20.57	39.97	42.69	37.82	29.96	19.76

图1　哈萨克斯坦哈萨克族与俄罗斯族人口比重变化

（图片来源：根据哈萨克斯坦人口统计官网数据绘制，参见http://www.gpedia.com/ru/gpedia/Население_Казахстана。）

20世纪40年代卫国战争时期，整个中亚成为支援前线的大后方，哈萨克斯坦成为接收来自苏联欧洲区域的疏散人口的主要区域。20世纪50年代赫鲁晓夫执政时期，苏联在哈萨克斯坦开展大开荒，又从苏联欧洲地区动员了大批移民。资料显示：从1897年至1961年，

---

① Абильдинов А. А., "Международные Связи Российской Федерации и Республики Казахстан: Историко-Политологический Анализ", Вопросы Национальных и Федеративный Отношений, 2011, с. 232-243.

迁往哈萨克斯坦的俄罗斯居民从 53.97 万人增加至 143.91 万人，[①] 哈萨克人在共和国内的人口占比曾一度降至 30%；而到 1989 年，俄罗斯人在哈萨克斯坦的数量已经达到近 600 万人。[②] 这是苏俄贯彻"边疆地区俄罗斯化"的阶段性结果，这种状态一直持续到哈萨克斯坦独立建国后才得以逆转。

三、哈萨克斯坦的民族比例问题

哈萨克斯坦独立后继承了苏联遗留的 266 万平方公里土地，成为中亚五国中领土面积最大的国家，并且积极参与中国的"一对四"（即中国与后苏联的俄罗斯、哈萨克斯坦、吉尔吉斯斯坦和塔吉克斯坦四国）边界谈判，顺利解决了中苏遗留下的历史旧案。但苏联解体前后，中亚国家内部民族矛盾随着"民族"意识的增强不断激化，在刚独立的哈萨克斯坦，其北部的一些哥萨克移民后裔流露出"回归"俄联邦的民族分离主义情绪，该地区受极端民族主义冲击存在不小的隐患。在此期间，哈萨克斯坦出现了"统一族际和睦运动"的政治主张，主要是反对哈萨克斯坦社会中的俄罗斯族"被哈萨克族化"。由此，尤其要说明的是，在哈萨克斯坦的现代国家构建过程中，如何以平等的主权国身份与俄罗斯联邦划定长达七千公里的边界是一项棘手的难题，其中哈俄边界地带的"移民隐患"尤为突出。

当代哈萨克斯坦国内面临的移民问题主要表现为三个方面：一是哈萨克斯坦境内遗留了六百多万俄罗斯人，成为后苏联空间内"俄罗斯人"遗存数量最大的国家之一；二是国内哈萨克人的人口总数偏少，这对于以哈萨克命名的单一民族国家而言是一项短板，尤其是作

[①] Савин И. С., "Русские в Современном Казахстане", Социологические Исследования, No 8, 2010, c. 81-89.
[②] Алейников М. В. & Боровиков И. Е., "Русское Население Казахстана: Социально-Демографические Трансформации (90-е г.XX века)", https://rusrand.ru/analytics/russkoe-naselenie-kazahstana-socialno-demograficheskie-transformacii-90-e-g-hh-veka.

为主体民族，哈萨克人在政治、社会诸方面并不占据优势地位；三是在哈萨克斯坦独立之初，北部边界出现了两股反向移民潮，这在很大程度上对哈萨克斯坦的族群结构再次产生了影响。

如本文第二部分结尾所述，1989年是哈萨克斯坦境内哈俄人口比重逆转的一个时间节点（见表1）。独立前夕，哈萨克人在额尔齐斯河流域的北哈萨克、阿克莫林斯克、卡拉干达、东哈萨克、巴甫洛达尔和科斯塔奈诸州的人口仅占比20%，居住在此的俄罗斯人将该区域视为其传统生活地区。

表1 1989年哈萨克斯坦北部州俄罗斯族与哈萨克族分布情况

分布地区	人口总数	哈萨克族		俄罗斯族	
		人口	占比（%）	人口	占比（%）
北哈萨克州	599 696	111 631	18.61	372 263	62.08
阿克莫林斯克州	1 002 793	224 809	22.42	447 844	44.66
卡拉干达州	1 347 636	231 782	17.20	703 588	52.21
东哈萨克州	931 267	253 706	27.24	613 846	65.92
巴甫洛达尔州	942 313	268 512	28.50	427 658	45.38

资料来源：Жаркенова А. М., "Полиэтнический Состав Населения Северного Казахстана в Конце XIX — Начале XXI вв.: Исторические Особенности, Современные Тенденции и Перспективы", https://articlekz.com/article/29631?ysclid=l7smmgm4m0358098209。

1989年至1999年十年间，哈萨克斯坦境内的哈萨克人从649.69万人增加至798.5万人（增长幅度为23%），但这种增长并不能弥补移民带来的人口流失，同时，死亡率上升、出生率下降导致人口总数实际减少了60%。[①] 实际上，哈萨克斯坦宣布独立后，国内人口结构发生明显变化的关键因素主要集中在"身份认同"方面：一是俄罗斯人等原籍俄国的"操斯拉夫语"移民及其后裔自认

---

① Тагиев У., "Русские в Казахстане: Прошлое, Настоящее и Перспективы на Будущее", https://www.zakon.kz/102521-russkie-v-kazakhstane-proshloe.html。

为是"二等公民",对回归母国(俄罗斯等欧洲国家)有着强烈意愿。仅1992年,离开哈萨克斯坦的俄罗斯人就达到17.5万,1993年达17万,1994年达25万。① 俄罗斯人数量由1989年的622.5万下降至1997年的510万,减少了112.5万。同一时期,乌克兰人数量由89.6万降至72.03万,减少了17.57万;日耳曼人数量由1989年的95.7万降至1996年初的68万。② 二是苏联解体后的中亚经济体系崩塌迫使大量哈萨克人放弃"身份认同",选择迁出以寻求更好的生存环境。1995年至1999年,移居俄联邦的哈萨克斯坦公民比例占移民总数的60%—75%。2001年至2011年,有近65万哈萨克斯坦移民入籍俄联邦,人数占俄联邦入籍移民总数的40%。③ 因此,独立初期至中期的哈萨克斯坦面临着俄罗斯族与本国主体民族人口同时大规模迁出的现实,在此背景下,哈萨克斯坦开始召唤遗留在新共和国境外的哈萨克人。1992年,哈萨克斯坦成立"世界哈萨克人协会",纳扎尔巴耶夫担任协会主席,并召开首届"世界哈萨克人代表大会",这一举动充分表现出哈萨克斯坦领导人对"民族建设"的强烈诉求。自哈萨克斯坦独立以来,哈萨克族人口占比已经由40%以下提升至66%(2015年),俄罗斯族人口占比则下降至21%(2015年)。④ 哈萨克斯坦卫生发展部就业和移民委员会副主任哈尔焦巴耶夫透露,1992年至2016年,共有逾26万户计955 894名哈萨克人回归,再加上一部分自行迁移人员,回归哈萨克斯坦的哈萨克人总数已突破一百万,大约占哈萨克斯坦总人数的十七分之一,占国内哈萨克族人口的七分之一。⑤ 综上分析,哈萨克斯坦北

---

① 赵常庆:《十年巨变·中亚和外高加索卷》,东方出版社2003年版,第133页。
② 赵常庆:《十年巨变·中亚和外高加索卷》,东方出版社2003年版,第134页。
③ Байгазин М., "Миграционная Ситуация в Казахстане", Центральная Азия и Кавказ, № 5, 2004, с. 195-202.
④ Байгазин М., "Миграционная Ситуация в Казахстане", Центральная Азия и Кавказ, № 5, 2004, с. 195-202.
⑤ 沧溟、张露瑶:《浅谈哈萨克文字母拉丁化改革:不是技术问题而是政治问题》,载哈萨克斯坦《今日丝路报》(中文版),2020年8月23日。

部边界两股反向移民潮的出现在很大程度上填补了历史遗留的"哈萨克族群空缺"现象，并且，哈萨克斯坦政府积极推行鼓励哈萨克族生育与放宽俄罗斯族向外迁移的双向政策，这些都极大改变着哈萨克斯坦国内人口的族群结构。

沙俄在哈萨克草原的殖民史对哈萨克族群人口比例产生的影响一直备受哈萨克斯坦领导人的关注。对于新国家来说，解决"属人"问题的同时，"属地"问题也尤显突出。自中亚国家独立后的近三十年，哈萨克斯坦与俄罗斯学者针对两国领土空间形成的看法分属两种观点：一种是激进派，将部分区域的"归并"解读为"吞并"，认为这是两国的"消极时期"；另一种是温和派，尝试以不同视角分析观察这一过程。但实际上，进入现代国家构建的哈萨克斯坦与俄罗斯之间需要解决的问题不仅仅是沙俄是否"吞并"了哈萨克斯坦这一历史遗留问题，还有更多牵涉历史移民与当代移民现状对国家构建之影响的问题。其中，哈萨克斯坦北部的"移民问题"一直是影响民族认同与划界的重要因素。

1997年，美国前政要布热津斯基警告，"若哈俄关系严重恶化，哈萨克斯坦就会面临领土被肢解的危险"[①]。2002年，哈俄两国边境地区总人口超过2500万人。[②] 哈萨克斯坦境内与俄罗斯接壤州省的居民达580万人，其中超过160万人居住在毗邻俄罗斯的区域内。[③] 现哈萨克斯坦西部的阿特劳、西哈萨克、阿克托别州三个边疆区内基本全为哈萨克人，中部、北部和东部的科斯塔奈、北哈萨克、巴

---

① 兹比格纽·布热津斯基：《大棋局》，中国国际问题研究所译，上海人民出版社1998年版，第171页。
② Федеральная служба государственной статистики, Справочная таблица содержит общую численность населения России по годам (с 1897 по 2022 год), https://infotables.ru/statistika/31-rossijskaya-federatsiya/782-obshchaya-chislennost-naseleniya-rossii
③ Рассчитано по материалам, полученным автором в Федеральной службе государственной статистики РФ и Агентстве Республики Казахстан по статистике.

甫洛达尔、东哈萨克诸州人口主体为俄罗斯人。而俄联邦与哈萨克斯坦相邻边疆区居民基本全为俄罗斯人，哈萨克人仅在阿斯特拉罕州（14.2%）、奥伦堡州（5.8%）占少量比例，阿斯特拉罕、伏尔加格勒、萨拉托夫和奥伦堡诸州边区的哈萨克人总数占俄联邦边疆区总人口的30%。① 总的来看，与俄联邦接壤的北部地区以俄语为母语的人群②比重过大，北哈萨克州甚至高达50%，与乌克兰东部地区情况相仿。

2014年，"克里米亚事件"及随后在俄罗斯人口高度聚居的乌克兰东部地区出现的分离危机，对哈萨克斯坦方面来说是无声的警告。③ 哈萨克斯坦总统基金会世界与政治研究所原副所长阿列姆巴耶夫也提出了"我们与俄罗斯太近了，必须紧紧地抱住'北极熊'，而不被它伤害"④这一观点。虽然哈萨克斯坦独立后一直与俄联邦保持着睦邻友好的双边关系，但族群比重引发的潜在主权威胁，仍然激发了哈萨克斯坦领导人的警觉意识，促使其主动推进与俄联邦在划界方面的实质性谈判。与后者完成国际法意义上的边界划分，成为保障哈萨克斯坦领土与主权完整的首要任务。其实，同国语哈萨克文拉丁化⑤一样，移民"回归"、人口整合，对于以哈萨克族为优先的哈萨克斯坦民族国家建设而言，不是技术问题，而是政治问题。

---

① Рассчитано по материалам, полученным автором в Федеральной службе государственной статистики РФ и Агентстве Республики Казахстан по статистике.
② 苏联中亚学界一般将祖辈一直以俄罗斯语为母语的群体称为操俄语群体，但这仅仅是语言群体，其族属主要是俄罗斯人以及来自俄罗斯本部的一些族群。
③ Вайскопф А., "Казахские комментаторы о событиях в Крыму", http://communitarian.ru/novosti/sng-i-sssr/kazahskie_kommentatory_o_sobytiyah_v_krymu_14032014.
④ 许涛：《中亚地缘政治沿革：历史、现状与未来》，时事出版社2016年版，第197页。
⑤ 苏联解体已二十多年，哈萨克斯坦语仍使用俄罗斯的西里尔字母。2017年4月12日，纳扎尔巴耶夫宣布应从2018年起在全国推广哈萨克语字母拉丁化。哈萨克语拉丁化的改革，一般被认为是"去俄化"。

四、当代哈萨克斯坦：人口比例调整与划界

"移民事务"一直被哈萨克斯坦领导人视为独立建国后的首要任务，一方面是力促境外哈萨克人"回归"；另一方面是放宽境内俄罗斯族等少数民族居民"返回"其历史祖国，同时将哈萨克斯坦境内的南哈州居民向北部州省迁移。前者可谓"外移民"，后者则为"内移民"，其本质是对族群人口比例进行调整，最终目的是重新进行国家认同构建。

（一）国内族群人口结构调整的举措

1997 年，哈萨克斯坦当局作出重大决策，将首都从阿拉木图向北迁至一千公里外的阿斯塔纳，这一做法被认为是有意加强对北部地区的控制，试图平衡俄罗斯人在哈萨克斯坦北部的影响力。①迁都带动了哈萨克族从该国南部向北部移民，改变了哈萨克斯坦"南哈北俄"的民族分布局面。哈萨克族在哈萨克斯坦北部人口占比的上升降低了该地区潜在的分离风险，为北部边境地区的稳定打下了坚实基础。②

2011 年 7 月 22 日，哈萨克斯坦共和国颁布第 477-Ⅳ号《人口迁移法》。2012 年，哈萨克斯坦前总统纳扎尔巴耶夫提出《哈萨克斯坦-2050》国家战略计划，其中将"人口潜力发展"列为政府工作的长期优先方向，文件中指出：一方面，"移民潮"可能引起持续增长的失衡状态，增加社会紧张感或者导致当地劳动市场不稳定；另

---

① 王聪：《哈萨克斯坦迁都：影响了欧亚大陆的地缘政治》，《世界知识》2017 年第 13 期。
② 沧溟、张露瑶：《浅谈哈萨克文字母拉丁化改革：不是技术问题而是政治问题》，载哈萨克斯坦《今日丝路报》（中文版），2020 年 8 月 23 日。

一方面，哈萨克斯坦面临着国内一部分人口数量较少民族的居民无法融入当地社会，从而产生劳动人口外迁数量增加的问题。①官方文件中提出，哈萨克斯坦相关部门必须采取措施制止"向外移民"数量的增长。2013年1月16日，哈萨克斯坦总统颁布第466号令《关于进一步完善哈萨克斯坦国家治理体系》，专门要求经济部针对"移民"制定相关政策，卫生社会发展部、内务部及其分管部门、外交部、国家安全委员会边境事务部，以及阿拉木图与阿斯塔纳市、州移民事务管理与社会规划部等地方执行机构共同参与政策落实工作。2014年至2016年期间，哈萨克斯坦通过为**"高技能劳动资源"优先提供国内市场许可**，降低其流向其他国家的可能性，这项工作被列为哈萨克斯坦政府的长期任务。②同时，哈萨克斯坦政府提出**"2017年至2021年哈萨克斯坦移民政策"**③倡议。目前，哈萨克斯坦政府为调整国内人口结构失衡问题，正在实施有关劳动资源由南向北迁移的政策，即主要针对巴甫洛达尔、东哈萨克、科斯塔奈与北哈萨克居民人口数量下降实行的对策性举措，该四州近五年流失人口数量达16.7万。④而江布尔、南哈萨克、阿拉木图、克孜勒奥尔达和曼

---

① Официальный сайт Президента Республики Казахстан, Астана, Акорда. "Выступление Президента Республики Казахстан, Лидера Нации Н.А. Назарбаева. Стратегия Казахстан-2050: Новый Политический Курс Состоявшегося Государства.", https://www.akorda.kz/ru/events/astana_kazakhstan/participation_in_events/poslanie-prezidenta-respubliki-kazakhstan-lidera-nacii-nursultana-nazarbaeva-narodu-kazakhstana-strategiya-kazakhstan-2050-novyi-politicheskii.
② Международная Организация по Миграции, "Картирование Неурегулированной Миграции в Центральной Азии", Астана: Международная Организация по Миграции, Координационное Бюро по Центральной Азии, 2011, с. 29.
③ Концепция миграционной политики Казахстана на 2017-2021годы.
④ Мосунов И., "Как Переселить Жителей Южных Регионов на Север, Придумали в Правительстве", https://informburo.kz/stati/kak-pereselit-zhiteley-yuzhnyh-regionov-na-sever-pridumali-v-pravitelstve-.html.

格斯套是劳动人口过度密集地区，现暂时有114户家庭（约461人）自迁至北部，政府规划在2018年至2022年五年之内实现59 000户家庭"由南向北迁移"。① 根据专家预测，至2050年，哈南部地区人口数量将上升至520万，其安置密度将远超北部地区同等指数的4倍。②

2019年1—12月，哈萨克斯坦内部迁移人口达110万，和2018年（88.84万人）同期相比增长了25.6%；外移民人口中，迁入人数达12 258人（一年内下降4.12%），迁出人口达45 231人（一年内增加7.38%）（见表2）。**从公民类别来看**，入境移民中有1700名儿童和青少年、9500名劳动适龄居民和1100名退休人员；外迁人口中有11 700名儿童和青少年、31 500名劳务人员和2100名退休人员。**从族群比重来看**，迁入人口中数量占比较大的是哈萨克族（7000人）、俄罗斯族（2650人）和卡拉卡尔帕克族（301人）；迁出人口中，俄罗斯族32 800人、日耳曼族3200人、乌克兰族3000人。**从分布地区来看**，迁入移民的主要定居地是曼格斯套州（2500人）、阿拉木图州（2100人）以及阿拉木图市（1400人）；迁出移民主要来自东哈州（7100人）、卡拉干达州（5800人）和科斯塔奈州（5700人）。**从移民流动国家来看**，独联体国家的所有移民中，大部分迁入哈萨克斯坦的居民来自乌兹别克斯坦（4160人）、俄罗斯联邦（3400人）和土库曼斯坦（874人）；从哈萨克斯坦迁出的移民主要是前往俄罗斯联邦（39 800人）、乌兹别克斯坦（435人）和白俄罗斯（356人）。

---

① Sputniknews.kz, "Семьям Будут Покрывать Часть Расходов на Переезд и Аренду Жилья", 2017, https://ru.sputniknews.kz/society/.
② Давыдова К. Т., "Дуйсенова: Внутри Страны Наметился Демографический Дисбаланс", https://www.zakon.kz.

表2　2019年1—12月哈萨克斯坦迁入与迁出居民数量

	迁入					迁出		
	2019	2018	增长比例（%）			2019	2018	增长比例（%）
	总计		2018			总计		2018
哈萨克	7013	6774	239	3.53	俄罗斯	32 785	30 347	2438	7.44
俄罗斯	2650	2952	-302	-10.23	德意志	3153	3080	73	2.32
卡拉卡尔帕克	301	229	72	31.44	乌克兰	2988	2758	230	7.70
乌兹别克	288	340	-52	-15.30	哈萨克	2171	1865	306	14.09
乌克兰	255	367	-112	-30.52	鞑靼	1058	985	73	6.90
阿塞拜疆	238	332	-94	-28.31	波兰	653	559	94	14.40
德意志	195	203	-8	-3.94	白俄罗斯	557	514	43	7.72
塔吉克	180	208	-28	-13.46	乌兹别克	240	192	48	20
吉尔吉斯	179	225	-46	-20.45	朝鲜	238	242	-4	-1.68
朝鲜	163	200	-37	-18.5	车臣	147	171	-24	-16.33
其他	796	955	-159	-16.65	其他	1241	1181	60	4.83
综合	12 258	12 785	-527	-4.12	综合	45 231	41 894	3337	7.38

资料来源：哈萨克斯坦国家经济部统计委员会数据，https://kaz.zakon.kz/5010952-migratsiya-naseleniya-rk-za-2019-god.html。

（二）划定边界与建立边境体系

哈萨克斯坦与俄罗斯边界划定中的移民问题基本已经解决，关于哈萨克斯坦北部移民是否会影响哈俄划界工作推进的问题，两国领导人基本达成了统一观点：其一，两国国界当属世界上最长的陆路边界，需要长期的谈判与实地勘测；其二，两国原有边界已存在较长时间，迁移居民与当地原居民虽存在文化差异，但地区经济关系紧密，迁移居民也与其原属国一直保持往来，新定边界可能会造成交往障碍，需要国家在原有边界地区改革财政与安全行政制度；① 其三，哈萨克斯坦的社会经济形势仍然有待恢复；其四，双方国家中已识别民族身份的居民在与邻国的关系方面确实一直持有焦虑情绪。在此共识的基础上，两国努力推进解决边界问题与移民问题。1998 年 12 月 12 日，两国签署划界谈判意向备忘录，确定划界现状与方向。自 2000 年至 2005 年，哈俄双方就边界划定的筹备工作进行了 50 轮谈判，其中召开了 26 次代表团全体会议、13 次工作组会面和 11 次闭门会议。至 2019 年 11 月底，俄联邦与哈萨克斯坦联合勘界委员会已举行了上百次会议，两国划界工作已经完成 86.7%，其中包括完成了全部交通主干道的边界迁移工作。② 目前，哈俄边界共设立 50 个过境站点，有 49 个正常运行，其中包括 30 个公路过境站点、18 个铁路过境站点、1 个河流过境站点。③

两国第一阶段的划界谈判历经十年有余，双方联合划界委员会共同着手实际勘界事务。纵观哈萨克斯坦与俄联邦的划界进程，两国经历了相当繁重与漫长的谈判过程，双方在政治、经济、司法、地理、历史、文化、民族等各方面都进行了严格的核算，至 2009 年，关于边界划定的谈判才基本结束。

截至 2019 年，仅有位于哈俄边界的科斯塔奈州的奥戈涅乌波尔村（Огнеупол）仍为遗留争议地段。苏联时期，俄罗斯马格尼托格尔斯克钢铁公司一直在该地区从事波斯库里露天矿床耐火黏土的开采，施工期限至 2023 年。奥戈涅乌波尔村隶属哈萨克斯坦，但俄国人很早就在此定居，矿区内共有 700 户居民，其中 96 户是哈萨克族，但皆为钢铁公司就职的俄罗斯籍工人。矿床施工区内的所有生活服

---

① 维克多·普莱斯考特、吉莉安·D. 崔格斯：《国际边疆与边界：法律、政治与地理》，孔令杰、张帆译，社会科学文献出版社 2017 年版，第 94 页。
② Sputniknews.kz, "Казахстан и Россия Завершили Делимитацию Границы", 2019, https://ru.sputniknews.kz/politics/20191107/11967465/kazakhstan-russiai-delimitatsiya-granitsa-zavershenie.html.
③ РИА Новости, "Материал Подготовлен на Основе Информации РИА Новости и Открытых Источников", https://ria.ru/20200118/1563483787.html.

务、交通与社会经济基础设施大部分由俄罗斯负责。因此，俄罗斯提出用车里雅宾斯克州切斯缅斯基区的293公顷的肥沃可耕地平等交换哈萨克斯坦科斯塔奈州的奥格涅乌波尔村。双方领导就此安排会面，针对波斯库里露天矿床未来的归属权进行商议，哈萨克斯坦方明确表示奥格涅乌波尔村可以交换，但波斯库里矿床仍归哈方所有。考虑到矿产资源的经济重要性，双方都未做出实质性退让，在波斯库里的长期或终身租用权问题上迄今仍未达成一致。①

至2015年2月，哈萨克斯坦与俄罗斯边界的划定工作已经全面完成。哈萨克斯坦共和国外交部部长宣布："在哈萨克斯坦与邻国1.4万公里的边界地图上，现已完成实地勘界和地面标界工作。"② 以上均表明哈俄之间实际已经建立起比较深厚的互信基础，并且俄罗斯也并未在历史移民、划界与领土的问题上有意阻碍哈萨克斯坦的国家构建进程。

五、结论：哈萨克斯坦的"国族"构建

哈萨克斯坦作为中亚领土面积最大的单一制民族国家之一，其现代国家构建过程中的"认同建设"一直受制于北部边界地区的"移民问题"。这些"操俄罗斯语"的斯拉夫族裔在历史上对哈萨克草原的经济、文化与生产生活产生了深刻影响，而早期哈萨克部落的游牧特

---

① Чеботарев А. Е., "Состояние и Проблемы Обеспечения Безопасности Государственной Границы Казахстана и России", Дневник Алтайской Школы Политических Исследований. № 19/20. Региональные Выборы 2004 г.: Волеизъявление Народа или Триумф Технологий? Современная Россия и Мир: Альтернативы Развития (Трансграничное Сотрудничество и Проблемы Национальной Безопасности): Материалы Круглого Стола и Международной Научно-практической Конференции, Барнаул: Изд-во Алтайского ун-та, 2004, "Трансграничное Сотрудничество и Угрозы Национальной Безопасности", с. 267, [2022-09-08], http://ashpi.asu.ru/ic/?p=17370.
② Комитет геодезии и картографии Министерства цифрового развития, инноваций и аэрокосмической промышленности Республики Казахстан, "Демаркация Государственной Границы Республики Казахстан", 2020-01-15[2022-09-08], https://www.gov.kz/memleket/entities/kgk/press/article/details/2328?lang=ru&ysclid=l7soiqzq7x730388715.

征使草原内土著民并没有实际的"边界"概念。俄国在向东的地缘政治瞭望中向草原渗透，其所具有的天然地理优势将"属人"与"属地"的边界快速向中亚腹地推进，在整个征服、收辖、改革与发展的过程中，"斯拉夫人"逐渐影响并改变着"突厥人"的身份认同与国家边界。但在农业资本主义与边疆殖民政策推广的过程中，哈萨克草原游牧部族逐渐产生"民族意识"，直到列宁时期参与无产阶级斗争的边疆群众获得"民族自决权"，俄国南部边疆地区的自治要求成为确定哈俄边界的主要推手。受历史因素的影响，直到苏联解体后的几年中两国的边界职能都未发挥出实际的意义与作用。

实际上，从沙俄时期的哈萨克汗国到哈萨克斯坦共和国，在其国家构建过程中，"移民因素"的影响贯穿始终——边界是最直接的表现方式，而认同问题则是最严峻的挑战。哈萨克斯坦的认同建设在很大程度上受到"移民"的影响，其发展道路则或多或少地带有一定的意识形态色彩：帝俄时代是殖民主义的"垦荒论"主导；苏联时代是俄国马克思主义的民族平等和"民族自决"思想的尝试，民族主义的思想表现为早期"阿拉什党人"的空想；当代移民则完全与国家的政策方针与政治制度走向相一致。经历了苏联解体后的三十年，哈萨克斯坦在维持与俄罗斯友好发展的前提下，通过不懈努力成功解决了边界问题。但从"认同"角度来看，哈萨克斯坦民族（现代）国家的构建依旧没有完全打破"单一民族国家"名称的桎梏。作为现实的多民族国家，如何在平衡国内少数民族与主体民族间关系的前提下，继续建设"国族"认同，成为哈萨克斯坦下一阶段需要面对的问题。

On the Construction of Kazakhstan's National State from the Factor of "Immigration" between Kazakhstan and Russia

Dan Yang   Pan Zhiping

Abstract: Kazakhstan is the only country in Central Asia with a common border with Russia. Since the tribal Khanate period, the whole grassland has almost borne the pressure of "reclamation immigrants" from Russia, and this colonial memory from the Tsarist Russian period has also been deeply embedded in the history of Central Asia. After the establishment of the Soviet regime, the Kazakh grassland was incorporated into the territory of the Soviet Union. Stalin quickly divided Central Asia into five parts by "language family". Historical immigrants and indigenous people obtained the identity of "Soviet citizen", and the unified political identity weakened their national consciousness. In 1992, the five Central Asian countries declared independence as new countries, and the five "language families" became the main ethnic groups and embarked on a new path of political development. After three decades, Kazakhstan, as a neighbor of Russia, "immigration" is one of the factors that cannot be ignored in the construction of its nation-state, and involves the issue of demarcation and identification. This paper mainly investigates the history and reality of immigrants from Kazakhstan and Russia, and tries to analyze its influence on the construction of Kazakhstan's nation-state.

Keywords: Kazakhstan; Nation-state; Immigration

第二章
国家发展道路中的国际因素

马达加斯加奴隶贸易中的政权崛起和人文地理格局演化

熊星翰*

摘要：马达加斯加奴隶贸易是非洲奴隶贸易的组成部分，它与跨大西洋奴隶贸易存在相似性，都是一种产生人口流失、加剧社会动荡和族群冲突的破坏性商业活动。马达加斯加中央高原的伊默里纳王国通过将贸易优势与文化体系相结合的方式，在具有破坏性的奴隶贸易中发展壮大，创造了新的政权。但是，伊默里纳王朝的崛起没有像大多数非洲地区的奴隶贸易那样，带来政治、经济重心向沿海的转移，而是呈现出内陆性的特点。对比马达加斯加与跨大西洋奴隶贸易后可以发现，由奴隶贸易产生的人文地理格局是具有历史和地理特殊性的，不一定必然带来沿海的优先发展。

关键词：奴隶贸易；马达加斯加；跨大西洋；人文地理；伊默里纳

一、研究问题与文献回顾

非洲近代的奴隶贸易活动持续时间长、波及地域广，在世界范围内都以各种形式留下过印记。作为非洲最大的岛国，马达加斯加也曾经历奴隶贸易浪潮的席卷，成为非洲奴隶的输出地之一。

---

* 熊星翰，清华大学国际与地区研究院助理研究员，主要研究马达加斯加和南印度洋非洲岛国。

既有的针对马达加斯加奴隶贸易的研究大多被放置在印度洋和东非区域的奴隶贸易中进行讨论。比如菲利普·波雅尔（Philippe Beaujard）主要考察了16世纪以前马达加斯加西部和北部与东非沿海和阿拉伯地区的贸易联系，以及葡萄牙人早期与马达加斯加建立贸易关系的尝试，认为奴隶在欧洲人到来前已经是马达加斯加对外贸易中一个值得注意的部分。[1] 理查德·艾伦（Richard B. Allen）对马达加斯加与毛里求斯和留尼汪的奴隶贸易进行了梳理，认为学界长期以来重视非洲大陆却忽视了马斯克林群岛的奴隶贸易问题。[2] 他重点介绍了毛里求斯的奴隶和契约劳工，从侧面展现了在英国占领毛里求斯之前，马达加斯加奴隶对于当地发展的贡献。[3] 让·米歇尔·费里奥（J.-M. Filliot）对马斯克林地区18世纪的奴隶贸易进行了比较全面的挖掘，为该时段的一些基本问题——诸如奴隶的贸易量、来源地构成及去向等提供了较为丰富的数据。[4] 德里克·斯卡尔（Deryck Scarr）[5]和爱德华·阿尔佩斯（Edward A. Alpers）[6]都以18世纪初英国在印度洋尝试废奴为研究视角，触及伊默里纳王朝与奴隶制度的依存关系问题。格温·坎贝尔（Gwyn Campbell）更进一步，对马达加斯加奴隶贸易的兴衰与当地政权的消长二者间的关系进行了探讨，但遗憾的

---

[1] Philippe Beaujard, *The Worlds of the Indian Ocean: A Global History, Volume* II, *From the Seventh Century to the Fifteenth Century*, Cambridge: Cambridge University Press, 2019.

[2] Richard B. Allen, "The Mascarene Slave-Trade and Labour Migration in the Indian Ocean during the Eighteenth and Nineteenth Centuries", in Gwyn Campbell (ed.), *The Structure of Slavery in Indian Ocean Africa and Asia*, London: Frank Cass Publisher, 2003.

[3] Richard B. Allen, *Slaves, Freedmen, and Indentured Laborers in Colonial Mauritius*, Cambridge: Cambridge University Press, 1999.

[4] Jean-Michel Filliot, *La Traite des Esclaves vers les Mascareignes au XVIIIe Siècle*, Paris: ORSTOM, 1974.

[5] Deryck Scarr, *Slaving and Slavery in the Indian Ocean*, Basingstoke, London: Macmillan Press; New York: St. Martin's Press, 1998.

[6] Edward A. Alpers, "On Becoming a British Lake: Piracy, Slaving, and British Imperialism in the Indian Ocean during the First Half of the Nineteenth Century", in Robert Harms, Bernard K. Freamon & David W. Blight (eds.), *Indian Ocean Slavery in the Age of Abolition*, New Haven (Conn.) & London: Yale University Press, 2013.

是，其研究更多停留在物质积累层面，而没有更为深入地探讨贸易中权力秩序形成的深层逻辑。① 此外，大卫·格雷伯（David Graeber）还用民族志的方法，探讨了奴隶贸易时期产生的社会阶序对于中央高原贝塔福人（Betafo）的心态与历史认知的影响。② 温蒂·威尔森-法尔（Wendy Wilson-Fall）追溯个体记忆，还原了少数通过跨大西洋贸易网络去往美国的马达加斯加奴隶的生活。③ 国内学界目前仍鲜有专门研究马达加斯加奴隶贸易的文献。

综合研究马达加斯加奴隶贸易的既有文献，对以下两个问题的讨论值得进一步深化：

1. 奴隶贸易是一种破坏性极强的商业活动，它会造成人口流失、破坏社会信任并加剧群体冲突。在如此强大的破坏性力量中，马达加斯加如何能够诞生伊默里纳（Imerina）王国这样强大的新生地方政权？

2. 由于由欧洲主导的奴隶贸易对海洋运输的依赖，伴随而来的应该是奴隶贸易地区的政治经济重心向沿海的转移，但马达加斯加在奴隶贸易中诞生的新兴政权和人文地理格局为什么是内陆型的？奴隶贸易与非洲相关地区的人文地理格局间的关系是怎样的？

本文将通过三个部分尝试回答上述问题。第一部分将先对马达加斯加奴隶贸易的情况作一简介，通过对比非洲大陆其他地区奴隶贸易的数据，展现马达加斯加奴隶贸易体量小且由内陆族群主导的特点。第二部分将介绍伊默里纳王朝从18世纪末到19世纪初的崛起过程，并分析马达加斯加奴隶贸易如何在整体的破坏性中建立新的政权与秩序。第三部分会对在马达加斯加与跨大西洋奴隶贸易中形成的不同人文地理格局进行对比，并论证奴隶贸易并不必然会带来政治、经济重

---

① Gwyn Campbell, "Madagascar and the Slave Trade, 1810-1895", *The Journal of African History*, Vol. 22, No. 2, 1981, pp. 203-227.
② David Graeber, *Lost People: Magic and the Legacy of Slavery in Madagascar*, Bloomington: Indiana University Press, 2007.
③ Wendy Wilson-Fall, *Memories of Madagascar and Slavery in the Black Atlantic*, Athens: Ohio University Press, 2015.

心向沿海的转移，造成沿海迅速发展壮大的跨大西洋奴隶贸易有其独特的历史、地理原因。

二、马达加斯加奴隶贸易简介

对于非洲奴隶贸易的研究按照地域来划分可以分为大西洋区域和东非印度洋区域两个部分，其中大西洋沿岸的奴隶贸易受重视程度更高。虽然东非印度洋区域的奴隶贸易有着更为久远的历史，但其中的很长一段时间涉及的是东非沿海与阿拉伯世界的奴隶贸易往来，与欧洲国家相关的东非奴隶贸易在体量上与大西洋沿岸相比要小很多。作为东非区域中的一个部分，马达加斯加也曾被卷入奴隶贸易中，但是受到的关注更少。

从既有历史研究的统计中可以看到，如果不考虑早期阿拉伯商人在印度洋地区的贩奴活动，那么在1500—1850年的三个半世纪里，大约有57万到73万的奴隶在印度洋地区被交易和贩运。这个贩奴网络包含了从东南部非洲、马达加斯加、马斯克林群岛到波斯湾、南亚、东南亚的一系列区域。[①]

在综合分析各种数据后，目前学界认为，与东非印度洋区域相比，在跨大西洋奴隶贸易中，有超过1100万非洲黑人登船离开非洲，其中高峰时期每年有约10万黑奴遭到贩运（见图1）。在所有离开非洲的黑奴中，约1000万人到达了大西洋对岸的目的地，约150万人命丧中途。[②] 其中，约有40%的奴隶被运往巴西，还有40%的奴隶被运往加勒比群岛，剩下的则被运往包括美国在内的其他美洲地区。[③]

---

① Richard B. Allen, "Ending the History of Silence: Reconstructing European Slave Trading in the Indian Ocean", *Revista Tempo*, Vol. 23, No. 2, 2017, pp. 298-313.
② 徐济明：《大西洋奴隶贸易与西非奴隶制》，《西亚非洲》1994年第4期，第57页。
③ 丽莎·A. 琳赛：《海上囚徒：奴隶贸易四百年》，杨志译，中国人民大学出版社2014年版，第6页。

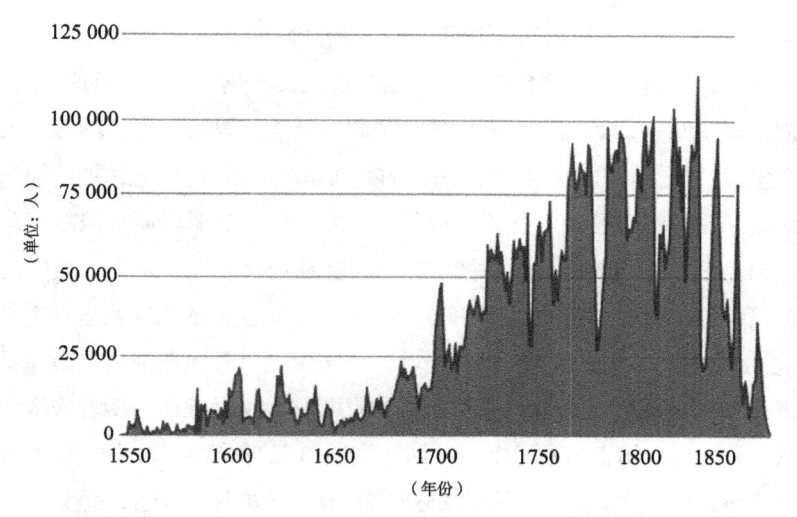

图 1　1550—1850 年跨大西洋奴隶贸易人数变化

（图片来源：Slave Voyages, "Trans-Atlantic Slave Trade – Database", https://www.slavevo-yages.org/voyage/database#timeline。）

马达加斯加的奴隶贸易始于欧洲中世纪晚期，由伊斯兰世界主导的印度洋贸易网络曾经将马达加斯加纳入其中，马达加斯加北部和西部沿海地区与东非的桑给巴尔、马林迪、摩加迪沙等地都曾有贸易往来。有证据显示，阿拉伯商人会用印度出产的布料来马达加斯加交换奴隶以及大米等商品。①

在欧洲人于 16 世纪初发现马达加斯加后，马达加斯加岛西海岸是最早受到欧洲贩奴影响的地区。② 因为首先到来的葡萄牙更关注西海岸，这里有作为重要航道的莫桑比克海峡，并且海峡对面有葡萄牙的殖民地和黄金贸易。葡萄牙人在 1512 年就已经从索法拉（Sofala）沿布齐河（Buzi River）深入内陆，到达今天的津巴布韦地区，与当地盛产黄金的姆维纳穆塔帕王国（the Kingdom of Mutapa）建立了贸易联

---

① Jean-Michel Filliot, *La Traite des Esclaves vers les Mascareignes au 18e Siècle* (*Thèse. 3e cycle*), Paris: ORSTOM, 1970, pp. 141-142.
② Jean-Michel Filliot, *La Traite des Esclaves vers les Mascareignes au 18e Siècle* (*Thèse. 3e cycle*), Paris: ORSTOM, 1970, p. 149.

系。① 葡萄牙人一开始很希望将马达加斯加转化为奴隶供应地，但在发现马达加斯加内陆难以深入，且沿海民众又不热衷于外来贸易之后，就放弃了马达加斯加，将重心放在了非洲大陆。与之相比，随后进入印度洋的荷兰和法国则更关注马达加斯加东海岸地区。② 马达加斯加东海岸海岸线过于平直，优质港湾稀少，并不适于航船停靠。但随着荷兰对毛里求斯岛的开发，试图将后者打造成前往东亚和东南亚途中的补给站点，③ 马达加斯加与毛里求斯距离较近，就此成为向毛里求斯供应大米和牛肉的基地。18世纪中叶，法国殖民者开始在毛里求斯和留尼汪种植甘蔗，因此带来了奴隶需求的提升。19世纪初，随着法国失去加勒比海上的圣多米尼加，南印度洋在法国的蔗糖生产中的重要性日益凸显，从马达加斯加向马斯克林群岛输送奴隶的活动也达到高峰。④

从印度洋奴隶贸易的整体上看，法国是印度洋地区贩卖奴隶人口最多的欧洲国家（见表1），但即便如此，与其在大西洋地区贩卖的黑奴总数相比，其在印度洋地区贩卖黑奴的总数要少很多（见表2），而马达加斯加在法国印度洋奴隶贸易中的比重又更小。

表1 欧洲国家在印度洋地区奴隶贸易中的贩奴数量统计

（单位：人）

英国	10 525—12 539
葡萄牙	41 875—83 750
荷兰	43 965—66 465
法国	334 936—384 040

资料来源：Abdul Sheriff, Vijayalakshmi Teelock et al., *Transition from Slavery in Zanzibar and Mauritius: A Comparative History*, Dakar: Council for the Development of Social Science Research in Africa, 2016, p. 26。

---

① Peter Whitfield, *New Found Lands: Maps in the History of Exploration*, New York: Routledge, 1998, p. 166.
② Jean-Michel Filliot, *La Traite des Esclaves vers les Mascareignes au 18e Siècle* (Thèse. 3e cycle), Paris: ORSTOM, 1970, pp. 144-146.
③ Richard B. Allen, *Slaves, Freedmen, and Indentured Laborers in Colonial Mauritius*, Cambridge: Cambridge University Press, 1999, p. 9.
④ Jean-Michel Filliot, *La Traite des Esclaves vers les Mascareignes au 18e Siècle* (Thèse. 3e cycle), Paris: ORSTOM, 1970, p. 12.

表2　法属北美及加勒比地区奴隶进口人数统计

（单位：人）

圣多米尼加	864 300
马提尼克	365 800
瓜德鲁普	290 800
路易斯安那	28 300
法属圭亚那	51 000
其他	79 300
总计	1 679 500

资料来源：Philip D. Curtin, *The Atlantic Slave Trade, a Census*, Wisconsin: The University of Wisconsin Press, 1969, p. 84。

据估计，在1729—1820年这接近一个世纪的马达加斯加奴隶贸易过程中，从马达加斯加被贩运出海的奴隶总人数约6700人（见表3）。1800年前后的高峰时期，每年约有2000名马达加斯加奴隶经由东部港口塔马塔夫（Tamatave）出口。[①] 由此可见，相比跨大西洋奴隶贸易，马达加斯加的奴隶贸易规模是很小的。此外，考虑到19世纪初马达加斯加的人口约为150万人[②]，可以粗略计算出该地作为奴隶被贩卖的人口比例，相比西非，这一比例其实也是低很多的。因为据估算，1800年非洲总人口约为7000万人[③]，这还是将东非、北非及印度洋岛屿包括在内的数据。如果只考虑与跨大西洋奴隶贸易关系较深的西非和中部非洲沿海及腹地的话，那么可以推测在与其关系最紧密的西部和中部非洲地区，跨大西洋奴隶贸易将当地人口转化为奴隶的比例要高于马达加斯加。

就马达加斯加岛内的奴隶供给区域来看，伊默里纳势力范围内

---

① Philip D. Curtin, *The Atlantic Slave Trade, a Census*, Wisconsin: The University of Wisconsin Press, 1969, p. 204.
② Cohn McEvedy & Richard Jones, *Atlas of World Population History*, Harmondsworth: Penguin Books, 1979, p. 265.
③ Cohn McEvedy & Richard Jones, *Atlas of World Population History*, Harmondsworth: Penguin Books, 1979, p. 206.

表3 18—19世纪马达加斯加奴隶出口数量估计

年份	年平均奴隶输出人数（人）
1729—1768	0
1769—1793	1189
1794—1801	530
1802—1810	1032
1811—1820	2414
总计	67 393

资料来源：Pier M. Larson, *History and Memory in the Age of Enslavement: Becoming Merina in Highland Madagascar, 1770-1822*, Portsmouth, NH: Heinemann, Oxford: James Currey, 2000, p. 134。

的中央高原是马达加斯加提供奴隶数量最多的地区。[1] 据估计，伊默里纳王国在贩奴高峰时期每年从马达加斯加岛内贩卖出海的奴隶在1500—1800人左右。[2] 前文提到，马达加斯加在奴隶贸易高峰时期每年出口奴隶约2000人，从这个数据可以看出，伊默里纳对于当时马达加斯加奴隶贸易的支配达到何种程度。一开始，伊默里纳向沿海的欧洲人输送奴隶时还需要经过一到两次中介，这些中介人大多是生活在中央高原与东部沿海之间的族群。其后，随着伊默里纳建立者梅里纳族群（Merina）[3] 的崛起和扩张，他们垄断了奴隶贸易，直接和欧洲人进行交易。到18世纪末，塔那那利佛（Tananarive）成为马达加斯加当时最重要的奴隶市场。同时，由于梅里纳人的崛起，塔马塔夫港因其与塔那那利佛的距离最近而获得了贸易地位的提升，取代了原来西部和北部的贸易港口，成为马达加斯加最重要的奴隶输出港。[4]

---

[1] Jean-Michel Filliot, *La Traite des Esclaves vers les Mascareignes au 18e Siècle* (*Thèse. 3e cycle*), Paris: ORSTOM, 1970, p. 204.

[2] Gwyn Campbell, "The Structure of Trade in Madagascar, 1750-1810", *The International Journal of African Historical Studies*, Vol. 26, No. 1, 1993, p. 139; Hubert Deschamps, *Histoire de Madagascar*, Paris: Berger Levrault, 1960, p. 126.

[3] 即生活在伊默里纳土地上的人。

[4] Gwyn Campbell, "Madagascar and the Slave Trade, 1810-1895", *The Journal of African History*, Vol. 22, No. 2, 1981, p. 206.

在简要介绍了马达加斯加近代奴隶贸易的情况并与非洲大西洋地区作对比后，可以发现马达加斯加奴隶贸易最直观的两个特点：一是奴隶贸易的体量小；二是奴隶贸易中形成的政治经济中心处于内陆中央高原地区。

三、作为破坏性商业活动的奴隶贸易如何造就马达加斯加的新政权

从上文可以发现，在马达加斯加近代的奴隶贸易中，中央高原是输出奴隶最多的地区，而发轫于此的伊默里纳王国正是凭借奴隶贸易壮大的。众所周知，奴隶贸易会导致人口流失并加剧社会矛盾的激化，那么，在马达加斯加，它是怎样同强大的地方性王国的形成联系起来的呢？

在探讨前殖民时代西非当地政权的兴起和发展机制时，贝希尔·戴维森（Basil Davidson）认为非洲本土政权的兴起可能出于以下三种原因[1]：

一是经济资源禀赋。当一个社会群体在其区域内发现并开发出高价值的资源时，该群体发现可以将这种资源转变为自身的防御和扩张的能力，从而在与敌对群体的竞争中胜出。阿散蒂（Ashanti）就因为在生活的区域发现了金矿，进而通过出售黄金来武装和发展自身，最终成为地方性强权。

二是军事原因。主要是处在经贸战略枢纽的族群，依靠军事手段控制贸易通道后，将地理区位优势转化为自身发展优势。比如北部约鲁巴人（North Yoruba）建立的奥约帝国，就是依靠自身地处北部豪萨人（Hausa）与南部约鲁巴人（South Yoruba）之间的贸易通道之区

---

[1] Basil Davidson, *A History of West Africa: 1000-1800*, London: Longmans, 1969, pp. 65-66.

位优势，积极地利用贸易扩充军备，最终发展成区域性霸权。

三是政治原因。主要是一些既没有经济资源禀赋，又不具备地理区位优势的族群，通过努力推行勇武好斗的政治主张，将人口转化为战斗力、化劣势为优势，最终发展壮大。比如达荷美北部的芳人，在饱受奥约帝国和达荷美沿海小国的侵扰后，参与到对沿海贸易权的争夺之中，并最终在与欧洲商人的贸易中占据了优势地位。

如果仔细检视戴维森描述的上述三种原因，可以发现其内在逻辑上的一致性：它们都强调在商品贸易中尽可能扩大自身回报，并将这些回报转化为扩张能力，最终确立和巩固自己的霸权。三种原因之间的区别更多体现于在贸易中获得回报的媒介和策略方面。

本文认为，就马达加斯加而言，18—19世纪伊默里纳王朝的快速发展壮大在很大程度上也遵循着这种"将贸易回报转化为统治权力"的发展机制，但在这一过程的具体实现层面，马达加斯加又展现出自己的特点。本文将伊默里纳王朝发展壮大的原因总结为如下两点：

1. 在贸易活动中积聚财富和能量。首先，就岛内贸易的地理区位而言，伊默里纳处于岛内贸易的核心节点位置，具有先天优势。其次，就海外贸易而言，伊默里纳结合自身区位特点制定了恰当的经济贸易策略，成为当时马达加斯加最大的奴隶贸易输出者。

2. 通过文化手段整合贸易中积聚的能量，形成新的统治秩序。伊默里纳王朝在依靠奴隶贸易进行的扩张征服中很好地使用了以阿希纳（Hasina）体系为代表的文化身份战略，借助奴隶贸易中的社会危机和族群冲突来吸引其他族群加入，同时又在文化涵化中制造区隔，最终在壮大自身的同时削弱异己。下文将对上述两点逐一进行扩展介绍。

（一）在贸易中积聚财富和能力

这里有必要先对马达加斯加的地理特征作一简要介绍。首先，马达加斯加岛与非洲大陆距其最近的莫桑比克海岸有三百多千米的海洋相隔，并且由于莫桑比克海峡复杂的洋流情况，航海活动在很长一段历史时期内都相当危险。这就给马达加斯加岛带来了极大的封闭性，使得它和外界交流的可能性大大降低。其次，马达加斯加岛有着超过 58 万平方千米的巨大面积，且岛内多山地和高原，整个岛屿中部从北到南一千多公里几乎被山地贯穿。因此，马达加斯加被山脊、河流、密林等切割成一个个离散的次区域。加之岛屿大部分地区每年都有为期数月的雨季，其间，还可能遭遇台风侵袭，所以每到雨季马达加斯加岛上各区域间的交通就会因为洪水和泥石流等原因更为不畅。因此，在欧洲殖民者进入马达加斯加以前，整个岛屿长期以来都处在地广人稀且不同族群间交流程度较低的状态。

这种相互隔绝的破碎性使得不同人群结合自身生存环境和自然资源条件，发展出不同的生产模式，生产有区域差异的产品。随着岛屿内部各个群体间交流的逐渐加强，互通有无的商业网络开始建立起来。在这个网络中，梅里纳人生活的中央高原处于商业通道的十字路口，并且与岛上各个方向都有道路连接，成为当时马达加斯加岛内贸易的核心区域。此外，梅里纳人还因生产最受岛内贸易欢迎的棉布和铁器而闻名。地理位置和出产关键性商品这两个因素综合起来，使得伊默里纳区域从 17 世纪中期开始逐渐成为马达加斯加岛内的贸易枢纽。[1]

除了地处岛屿中心的地理位置因素外，伊默里纳地区的地形也是其成为贸易枢纽的一个重要原因。相对于马达加斯加中部山地的其他区域，伊默里纳的地势比较平缓，与周边区域的海拔落差也不明显。这种得天独厚的地形优势不但赋予了它更好的物流通达性，也与丰沛的季节性降水共同为该地带来了巨大的农业潜力和人口含蓄能力。到马达加斯加取得独立时，塔那那利佛地区用马达加斯加十分之一的土

---

[1] Gwyn Campbell, "The Structure of Trade in Madagascar, 1750-1810", *The Journal of African History*, Vol. 22, No. 2, 1981, p. 125.

地养活了全国接近四分之一的人口。①

但需要强调的是，尽管伊默里纳地区从 17 世纪中期开始成为马达加斯加岛内交易网络的中心，但这一区域的发展程度在 18 世纪末之前并不比沿海地区更高②。既有研究显示：在 18 世纪初期，伊默里纳依然是一个方圆仅数十千米的小国③；甚至到了 18 世纪中期，它的势力依然只停留在塔那那利佛周围非常有限的范围内。相反，在当时的西部沿海地区，由于长期和东非沿海以及中东伊斯兰世界有贸易往来，这一地区的萨卡拉瓦（Sakalava）王国在伊默里纳王朝崛起前曾一度占据过马达加斯加近三分之一的土地。与之相似，在马达加斯加东部沿海受欧洲海盗活动影响密集的地区，当地族群很早就与海盗进行交易、通婚，并通过与海盗的贸易武装自身。18 世纪初期，一个英国海盗与当地女子所生的后代拉齐米拉奥（Ratsimilaho）统一了整个马达加斯加东部沿海，建立起贝奇米拉扎卡（Betsimirazaka）联邦④，成为当时马达加斯加东部势力最强大的政权。

这两个例子除了揭示伊默里纳王国崛起过程中面临的竞争，还展现了与外界的贸易往来对马达加斯加各区域发展可能产生的影响。在伊默里纳王朝崛起的过程中，充分利用对外贸易是非常重要的因素。

自 18 世纪中期开始，马斯克林群岛的种植园迅速发展，种植蔗糖和咖啡等经济作物需要大批劳动力，进而也需要大量的生活补给。此时，马达加斯加作为一个人力资源与食物补给资源蕴含地的意义就体现出来了。特别是在人力资源方面，使用奴隶是解决用工需求的高

---

① 巴斯蒂昂：《马达加斯加：地理及经济研究》，河北师范大学地理系译，商务印书馆 1978 年版，第 202—204 页。
② Hubert Deschamps, *Histoire de Madagascar*, Paris: Berger Levrault, 1960, p. 90.
③ Hubert Deschamps, *Migrations Intérieures Passées et Présentes à Madagascar*, Paris: Berger Levrault, 1959, p. 18.
④ Betsimirazaka 的字面意义就是"不会被分裂的人们"。

效途径。其中，伊默里纳地区的梅里纳人正好是马达加斯加奴隶贸易中出口奴隶数量最多的族群[1]，自然而然地，伊默里纳也就成为奴隶贸易时期从该项贸易中获得物质回报最为丰厚的王国。

前文介绍过，伊默里纳王国在贩奴高峰时期每年从马达加斯加岛内贩卖出海的奴隶数量在1500—1800人左右，占马达加斯加当时年奴隶出口量的绝大部分。除了在岛内的战争中获得战俘以补充奴隶商品储备外，伊默里纳王国还从马达加斯加西海岸的族群甚至阿拉伯商人那里购入奴隶，再把奴隶转卖给东部沿海的法国人；接着，伊默里纳人又用出售奴隶换回的银圆继续前往西部沿海进行采购。[2] 换言之，伊默里纳王国既是岛内奴隶输出的头号供应商，又是跨国区域性奴隶贸易的中间商。这样的双重身份让伊默里纳的商业地位遥遥领先于岛内其他王国，并且在财富积累上也取得了巨大优势。

借助自己在马达加斯加奴隶贸易中的优势地位，伊默里纳王国将奴隶贸易中很可观的一部分利润换成火枪来武装自身。既有研究显示，无论是在非洲大陆还是马达加斯加的奴隶贸易中，奴隶换火枪模式都是一种受到买卖双方认可的重要商业模式。由于火枪作为一种划时代的热兵器，代表了彼时欧洲武器科技和非洲武器科技之间的代际差异，奴隶换火枪模式能够让参与其中的非洲当地族群极大地增强自身的武装实力，进而劫掠更多奴隶，进入到"奴隶贩卖—购买火枪进行武力扩张—获取更多奴隶"的循环中来。因此，奴隶贸易开始以后，欧洲国家向非洲出口了数额庞大的火枪以及配套的燧石、火药等物资。18世纪奴隶贸易最高峰时期，单是英国伯明翰的兵工厂每年

---

[1] 这一点在很多文献中都得到印证，参见 Jean-Michel Filliot, *La Traite des Esclaves vers les Mascareignes au XVIIIe Siècle*, Paris: ORSTOM, 1974, p. 158; Hubert Deschamps, *Histoire de Madagascar*, Paris: Berger Levrault, 1960, p. 126; Gwyn Campbell, "The Structure of Trade in Madagascar, 1750-1810", *The Journal of African History*, Vol. 22, No. 2, 1981, p. 143。

[2] Gwyn Campbell, "The Structure of Trade in Madagascar, 1750-1810", *The Journal of African History*, Vol. 22, No. 2, 1981, p. 138。

就会向非洲地区输送超过10万支火枪。①当时，从塞内加尔向南一直到安哥拉，非洲大西洋海岸的众多族群都和欧洲人进行火枪交易，并且交易量远远大于奴隶贸易开始之前的时期。②18世纪初，达荷美国王在给英王乔治一世的信中甚至表达了要用火枪代替所有王国内旧式武器的意愿，达荷美人也确实在当时的战斗中借助火枪成功击退了来自北方的奥约骑兵的进攻。③

同样，随着奴隶贸易的开展，马达加斯加岛对于火枪的进口量也日趋上涨。18世纪60年代，平均每年仅从法国就有3000支火枪运抵马达加斯加东海岸，④1769年，马达加斯加火枪进口的总量达到约10 000支。⑤作为岛内头号奴隶贸易商，伊默里纳王国自然非常清楚火器的重要意义。传说在16世纪末，早期的伊默里纳国王就开始借助火器进行战斗；18世纪后期，伊默里纳王朝最重要的开创者安德里亚南普伊奈梅里纳（Andrianampoinimerina）在奴隶贸易中将火器视为出售奴隶时优先考虑的交易标的，并借助自身在马达加斯加奴隶贸易中的垄断地位获取了大量火器；安德里亚南普伊奈梅里纳的继任者拉达玛一世（Radama I）也大力通过贩奴来收购军火武装自己的部队，甚至在1817年和英国商谈本国废除奴隶制度的条件时，要求得到的回报里最主要的物品是每年100支燧发枪，10 000支火绳枪，10 000磅的火药以及其余若干军事物资。⑥

综上可见，借助在贸易网络中良好的位置以及在奴隶贸易中的支配地位，伊默里纳王朝顺利将贸易所得转化为国家实力。

---

① Basil Davidson, *A History of West Africa: 1000-1800*, London: Longmans, 1969, p. 213.
② Richard J. Reid, *Warfare in African History*, Cambridge: Cambridge University Press, 2012, p. 89.
③ John K. Thornton, *Warfare in Atlantic Africa: 1500-1800*, London: UCL Press, 1999, p. 82.
④ Gerald M. Berg, "The Sacred Musket. Tactics, Technology, and Power in Eighteenth-Century Madagascar", *Comparative Studies in Society and History*, Vol. 27, No. 2, 1985, p. 269.
⑤ Jean-Michel Filliot, *La Traite des Esclaves vers les Mascareignes au XVIIIe Siècle*, Paris: ORSTOM, 1974, p. 206.
⑥ Thompson Alvin, "The Role of Firearms and the Development of Military Techniques in Merina Warfare, c. 1785-1828", *Revue Française d'Histoire d'Outre-mer*, Vol. 61, No. 224, 1974, pp. 418-424.

(二)外来贸易机制和本土文化的融会

伊默里纳良好的商业地理区位及其在奴隶贸易中同时主导国内、国际市场的特点,有助于理解其在发展壮大的过程中是如何进行物质积累的。但是,这两个原因还无法回答伊默里纳王朝崛起历史中的一个关键疑问:奴隶贸易就其整体而言,对马达加斯加的本地社会是有害的,甚至是具有摧毁性的,伊默里纳王朝又如何能够从这样一种具有极大破坏性的力量中发展成一个几乎统一马达加斯加的强大王国呢?

毫无疑问,奴隶贸易给马达加斯加带来了巨大冲击和伤害。战争、高利贷控制、诱拐和劫掠是当时获得奴隶的主要方式。而无论其中的哪一种,都是在以暴力或者欺骗的手段攫取人口。[1] 这样的奴隶贸易会造成人口流失,加之青壮年和儿童是主要的贩奴目标,这更进一步加剧了劳动力的短缺,在生活和生产上给受到奴隶贸易影响的地区带来沉重打击。

除了人口损失以外,奴隶贸易还摧毁了人际关系,导致社会信任急剧下降,人们正常生活的安全也很难保证,不能独自旅行和夜不出户在当时的马达加斯加是普遍共识。为了获得奴隶,当时在马达加斯加岛上有很多骗局来捕捉和贩卖人口。比如,有老妪在自家门口邀请经过的旅人进屋喝水,一旦后者进屋,就会被预先埋伏好的同伙捕获,然后被当作奴隶贩卖。还有人会在地上做陷阱,陷阱做好之后会放上珍贵的物品(比如食盐)来引诱他人踏上圈套。[2] 由于东部海岸的港口塔马塔夫是当时最重要的奴隶出口港,"我会送你去塔马塔夫"在中央高原的人群之间甚至成了一句最恶毒的诅咒。[3] 在伊默里纳中

---

[1] William Ellis, *History of Madagascar, Vol. 2*, London: Fisher Son & Co, 1838, p. 150.
[2] Pier M. Larson, *History and Memory in the Age of Enslavement: Becoming Merina in Highland Madagascar, 1770-1822*, Portsmouth, NH: Heinemann, Oxford: James Currey, 2000, pp. 105-106.
[3] Pier M. Larson, *History and Memory in the Age of Enslavement: Becoming Merina in Highland Madagascar, 1770-1822*, Portsmouth, NH: Heinemann, Oxford: James Currey, 2000, p. 101.

央高原和塔马塔夫沿海之间的商路上，一个可以看见印度洋的山头也被称为"哭泣之地"，在这里，被铁链拴住的奴隶将第一次看到海洋，也是最后一次能够回望自己的故土。① 讽刺的是，标榜自己代表着开化文明的欧洲人最早来到马达加斯加沿海时，尽管挖空心思希望当地人能向他们出售人口并由他们贩卖到海外，但当地人却因为人口贩卖在直觉上不符合自己的道德标准而拒绝了，欧洲白人是在用尽各种手段以后才使当地人参与到奴隶贸易中来。②

然而，引人深思的是，尽管就整体而言，奴隶贸易对于当地社会是极具破坏力的商业行为，但这种破坏性能力却促成了某些领袖和政权实力的壮大——无法再信任日常社会关系的民众通过依附地方领袖来获得对人身安全和生活生产的保障。这种依附不只是经济上的依附，更是文化认同上的依附，理解这一点对于理解伊默里纳王国的壮大过程是至关重要的。拉尔森（Pier M. Larson）就指出，安德里亚南普伊奈梅里纳和拉达玛一世能在马达加斯加获得前所未见的强大王权与二人在奴隶贸易中使用的文化性身份策略密不可分。③

换言之，奴隶贸易中地方政权崛起的过程不仅仅是将奴隶转化为财富和武力，然后通过武力扩大奴隶贸易额，之后再进一步集聚财富和武力的物质循环累积过程。不可否认，这种物质能力的积累是至关重要的，但实现它的手段在很大程度上却是带有文化和身份特性的。

以与奴隶贸易关系密切的火枪贸易为例，前文介绍了伊默里纳人通过贩奴获得火枪供应并且非常重视火枪在维系王权方面的作用。如同非洲其他地区的地方政权一样，火枪代表了战斗力和征服扩张能力的提升，看起来，伊默里纳将贸易优势通过火枪转化为军事优势应该是一个自然而然的过程，但事实上，这个奴隶换火枪的发展逻辑难以

---

① William Ellis, *History of Madagascar, Vol. 2*, London: Fisher Son & Co, 1838, p. 152.
② William Ellis, *History of Madagascar, Vol. 2*, London: Fisher Son & Co, 1838, p. 145.
③ Pier M. Larson, *History and Memory in the Age of Enslavement: Becoming Merina in Highland Madagascar, 1770-1822*, Portsmouth, NH: Heinemann, Oxford: James Currey, 2000, p. 121.

回答的一个问题是：在奴隶换火枪的贸易中，伊默里纳面临着马达加斯加沿海其他族群和王国的竞争，作为一个内陆王国，伊默里纳人在与欧洲人的火枪贸易中不具备地理区位优势，那它为何能够后来居上击败沿海族群，取得奴隶贸易的主动权？同样，在西非地区，和欧洲人开展奴隶-火枪交易的族群也不在少数，但为什么其中一些发展壮大了而另外一些却没有。比如，定都库玛西的阿散蒂王国早期也是一个内陆政权，但最后却成功击败了沿海的芳蒂部族。这种发展轨迹和伊默里纳存在相似之处，是不能简单用火枪对战斗能力的提升来解释的。

对此，理查德·J. 雷德（Richard J. Reid）认为：用"奴隶-火枪"循环来解释奴隶贸易时期非洲地方政权的政治、军事扩张是对问题的过度简单化。本地人群间对身份和资源的竞争是至关重要的，并且他们会把外来力量和斗争机制与本土竞争机制协调起来。[1] 换言之，一个群体在奴隶贸易时期获得火枪的数量与其在之后的政治军事发展以及领土扩张方面并不是简单的线性相关。

以马达加斯加为例，根据既有研究，当地奴隶贸易早期从欧洲运往马达加斯加的火枪大多在其东部沿海地区就被购买和消耗掉了，只有少数一部分会以很高的价格流入中部的伊默里纳地区。[2] 马达加斯加东部沿海受外来奴隶商人和海盗影响深远，所以无论是在拉齐米拉奥统一贝奇米扎拉卡联盟时期，还是他死后联盟内部族之间互相攻战时期，都大量使用火枪作战。也就是说，在马达加斯加，就接触和使用先进火器的顺序而言，存在其他领先于伊默里纳王国的梅里纳人的部族，如果火枪所带来的武力升级是决定性的，那么有更大概率出现的情况应该是沿海族群向内陆扩张并征服内陆族群。

---

[1] Richard J. Reid, *Warfare in African History*, Cambridge: Cambridge University Press, 2012, p. 89.
[2] Gerald M. Berg, "The Sacred Musket. Tactics, Technology, and Power in Eighteenth-Century Madagascar", *Comparative Studies in Society and History*, Vol. 27, No. 2, 1985, pp. 269-271.

此外，一个值得注意的数据是，马达加斯加当地人之间的火枪战斗伤亡率仅仅为2%，而欧洲在同时期的火器战争伤亡率高达35%—50%。① 从这个数字的差别可以看出，在奴隶贸易时期，火枪在非洲本土族群中的使用方式和杀伤力与在欧洲相比有很大不同。这主要有以下原因：首先，非洲在奴隶贸易时期进口的火枪大多数是已经在欧洲被逐渐淘汰的火绳枪而不是燧发枪，因为前者相比后者而言价格更低，维护成本也更低。其次，火绳枪的操作复杂、报废率高、危险性大，并且容易受天气影响，比如战斗前、战斗中的降雨就可能对火枪手的战斗力造成毁灭性打击。再有，奴隶贸易要求获得的奴隶身体健康完整，因此，以获得奴隶为目的的战斗需要在火器杀伤力与威慑力间进行很好地平衡，以期在损失最小的情况下获得胜利。

所以，在非洲，使用火枪时想要发挥其效用，会受到非常多因素的制约。其中包括一个族群是否有足够发达的手工业来维修甚至仿制火枪；包括军队领袖在战法上是否能扬长避短，最好地发挥火枪优势；包括战斗时偶然的天气因素是否有利；等等。因此，火枪的大规模引入虽然在整体上显著提升了非洲当地人群的军事能力，但一个族群短期内拥有火枪的数量并不能保证该群体的长期军事胜利和政治发展。此外，奴隶贸易以获得对方完好身体为主要目标的商业模式，也决定了在与之相关的冲突和竞争中，对于武器的使用方式会体现出相应的独特性。

相比于火枪的积累，想要理解伊默里纳国王获得奴隶交易主动权的机制，更重要的是把握其中起关键作用的文化因素。在马达加斯加，伊默里纳对于文化要素的最好运用体现在它的阿希纳（Hasina）体系上。阿希纳源于马达加斯加本土信仰，简单而言，它的意思是"祖先庇佑的神圣之流"。② 它的神性发源于先灵，在世间通过一种身份等级关系按照从高到低、从中心向外沿的方向流动。阿希纳在世间

---

① Gerald M. Berg, "The Sacred Musket. Tactics, Technology, and Power in Eighteenth-Century Madagascar", *Comparative Studies in Society and History*, Vol. 27, No. 2, 1985, p. 276.
② Zoe Crossland, *Ancestral Encounters in Highland Madagascar: Material Signs and Traces of the Dead*, New York: Cambridge University Press, 2014, p. 102.

的最高中心是国王,其次是贵族,再往下是自由民。在阿希纳的阶序性流动中,政治权力是对阿希纳流动体系中的位置的反映,政治权力越高说明在阿希纳的流动体系中的位置越重要。国王的地位代表着祖先对世间拥有最高政治权力的领袖赋予的神性,以及对这种神性地位的认可。[1] 与之相应,由于国王在阿希纳的流动体系中占据最高位置,他的身体以及物品上所保有的阿希纳也是最高层次的,而臣民所具有的阿希纳则是低层次的。在这个基础上,国王可以通过言语、视线、护符等形式赐予臣民高层次的阿希纳,而臣民必须通过进贡财富、收入等方式向国王上交他们的一部分低层次阿希纳。当低层次的阿希纳在国王身上被积聚起来以后,国王这种整体财富的增加又被视为祖先灵魂对其庇护与祝福的进一步体现,臣民也因此感受到自己为国王贡献阿希纳所获得的荣光。社会就在这种阶序性流动中联结起来,形成一个具有高度秩序化和共生性的整体。

维系阿希纳体系的关键在于高阶阿希纳和低阶阿希纳的交换,国王的高阶阿希纳往往以祝福的形式,依靠符号等象征性媒介向下传达,而低阶阿希纳则往往以实物和财富形式向上转移。比如,19世纪初英国传教士这样描述过低阶阿希纳的上贡:在所有重要的公共场合,包括节庆、割礼、国王远征归来等,所有臣民都要向国王敬献阿希纳,尽管这些场合中个体进贡的阿希纳往往不多,但它们汇总在一起后的数量则很可观。此外,包括外国人在内的所有人到访王国都城时,都必须向国王敬献阿希纳,以表示对王权的认可。[2] 除了上述节庆性和偶然性的进贡,阿希纳还呈现为什一税一类的税收形式;此外,所有在公共市场销售的物品中,利润的五分之一都要上缴,每一个奴隶其价值的五分之一也需要作为阿希纳敬献给国王。[3] 作为回报,国王的高阶阿希纳会通过象征性手段降临在国土的每一个村庄,甚至

---

[1] Zoe Crossland, *Ancestral Encounters in Highland Madagascar: Material Signs and Traces of the Dead*, New York: Cambridge University Press, 2014, p. 104.
[2] William Ellis, *History of Madagascar, Vol. 1*, London: Fisher Son & Co, 1838, p. 358.
[3] William Ellis, *History of Madagascar, Vol. 1*, London: Fisher Son & Co, 1838, p. 358.

每一个臣民身上。比如在伊默里纳统治的村庄中，会在广场或者专门的场所供奉国王赐予的、承载着高阶阿希纳的护符（见图2）。[1] 甚至马达加斯加当时的一项规定是：如果犯人能够被国王的目光注视到，那么他就可以立刻脱罪，摆脱犯人身份。[2]

图 2 伊默里纳时期承载国王阿希纳的护符（Sampy）

（图片来源：William Ellis, *History of Madagascar, Vol. 2*, London: Fisher Son & Co, 1838, p. 477。）

可以说，这种阿希纳的交换方式将整个社会联结为一个阶序性整体，并且为物质性财富的不平等分配找到了神性的解释。不过值得注意的是，在奴隶贸易到来之前的马达加斯加，高阶阿希纳基本上是纯精神性的，低阶阿希纳是纯实物性的。但在奴隶贸易中，伊默里纳国王安德里亚南普伊奈梅里纳进行了创新，在高阶阿希纳中加入了实

---

[1] Stephen Ellis, *L'insurrection des Menalamba: Une Révolte à Madagascar (1895-1898)*, Leyde-Paris-Fianarantsoa: ASC-Karthala-Ed, Ambozontany, 1998, p. 30.
[2] William Ellis, *History of Madagascar, Vol. 2*, London: Fisher Son & Co, 1838, p. 376.

物。更重要的是，相比自己的竞争者，安德里亚南普伊奈梅里纳把奴隶和火枪也纳入到可以被上贡的低阶实物阿希纳范畴中。今天看来，这似乎是个自然而然的过程，但对于彼时传统力量强大的当地社会来说，在既有文化体系中加入新事物是需要勇气和创意的。特别对于奴隶这样的"物品"而言，前文介绍过，贩卖人口在更早期的马达加斯加是与当地人直觉中的"善"相违背的，而在伊默里纳王朝时期，这样的"物品"可以进入阿希纳体系，说明在这一过程中存在着一种历史性的社会转变与建构。

在把新贸易商品和地方文化运作机制结合以后，伊默里纳国王用三个西班牙银圆就可以购买一个奴隶，而在马达加斯加东部沿海地区，同样一个奴隶的价值可以达到六十个西班牙银圆或者两支火枪，这个差价部分就是国王通过高阶阿希纳赐予卖家的祝福。[1] 此外，伊默里纳国王要求他的盟友和手下必须从自己指定的供应商手中购买武器，否则便不再对其降下高阶阿希纳的祝福。据估计，在安德里亚南普伊奈梅里纳统治时期，其购买的奴隶中有约三分之二的部分远低于当时的市场价。[2]

在上述国王对奴隶和火器的不等价买卖中，还有特别重要的一点是作为交易媒介的西班牙银圆的作用。在马达加斯加刚被欧洲航海家发现的时候，后者发现当地居民对银这种金属是不在乎的，他们更偏爱锡器。[3] 但随着奴隶贸易的深化，银圆开始成为岛上的通用货币，也成为被伊默里纳国王认可的阿希纳[4]。银圆作为类似货币的交换媒

---

[1] Gerald M. Berg, "The Sacred Musket. Tactics, Technology, and Power in Eighteenth-Century Madagascar", *Comparative Studies in Society and History*, Vol. 27, No. 2, 1985, p. 273.

[2] Gerald M. Berg, "The Sacred Musket. Tactics, Technology, and Power in Eighteenth-Century Madagascar", *Comparative Studies in Society and History*, Vol. 27, No. 2, 1985, p. 273.

[3] Alfred Grandidier (ed.), *Collection des Ouvrage Anciens Concernant Madagascar, Tome1, Ouvrages ou Extraits d'Ouvrages Portugais, Hollandais, Anglais, Français, Allemands, Italiens, Espagnols et Latins Relatifs à Madagascar (1500 à 1613)*, Paris: Comité de Madagascar, 1903, p. 459.

[4] Zoe Crossland, *Ancestral Encounters in Highland Madagascar: Material Signs and Traces of the Dead*, New York: Cambridge University Press, 2014, p. 104.

介，具有易于分割、储藏和计数等诸多优点。它促进了商品的流通，自然而然也就促进了在这个流通网络中占据优势地位的国王积聚财富的过程。这也充分体现了外来交易机制如何与本土文化融合，使得阿希纳货币化，从而成为地方创建和维系新政治秩序的手段。

在上述的商品流通领域之外，伊默里纳国王还把对阿希纳的使用扩展到了军事层面。比如国王会向伊默里纳士兵派发护符，并承诺他们如果英勇作战就能获得更多荣誉和更高阶的阿希纳；相反，如果怯懦的话，他们的家小就会沦为奴隶。此外，如果战斗获胜，战俘中的三分之二要以上文介绍过的每个奴隶三银圆的特殊价格出售给国王，战俘以外的战利品中也有三分之二归属国王。①

不过，需要注意的是，不对等交换中体现出的阶序性只是阿希纳文化体系的一个方面的特点，阿希纳体系另一重要特点在于：其存在的前提是社会整体在等级秩序下的和谐统一。换句话说，社会下级阶层出于相信并维护源于祖先和神灵意志的整个群体的善，可以心甘情愿地接受如今看来并不平等的交换形式。与之对应，为了维护这种整体和谐，伊默里纳的上层阶级也要考虑整个群体的利益。作为伊默里纳上层的国王和贵族很多时候会在行动中体现出这种思维方式。比如1785年秋收时节，一场梅里纳族群内部的战争进行时，突然有蝗灾袭来，交战双方约一万六千名士兵此时停止了敌对行动转而共同去驱赶蝗虫。在被问及为什么这样做时，其中一方的领袖说道：蝗灾关乎整体的利益，而战斗只涉及一个小群体的输赢。②除了这个让人印象深刻的故事以外，还有一个方面能体现阿希纳体系的整体性观念：一旦有原本的外族向伊默里纳表示臣服，他们会很快被接纳、涵化进入伊默里纳的阿希纳体系中，获得通过上贡阿希纳来换取国王庇护的

---

① Gerald M. Berg, "The Sacred Musket. Tactics, Technology, and Power in Eighteenth-Century Madagascar", *Comparative Studies in Society and History*, Vol. 27, No. 2, 1985, p. 277.
② Gerald M. Berg, "The Sacred Musket. Tactics, Technology, and Power in Eighteenth-Century Madagascar", *Comparative Studies in Society and History*, Vol. 27, No. 2, 1985, p. 278.

可能性，从而减少因为战败而沦为奴隶的危险。这一点如拉尔森所论述：马达加斯加在19世纪开始前进行的是一个打散既有结构同时重建新结构的过程。①伊默里纳王朝在扩张征服时并不是仅仅注重领土面积的扩大，并且刻意强调敌我分别，而是借助阿希纳体系和自身的强大不断对新归附的民众灌输伊默里纳王庭的"中央位置"以及民众相对于中央的从属地位。这种"中央-地方从属"的位置关系既是地理上的也是心理上的，是一种新的世界观和文化模式。②

此外，阿希纳体系的一些属性透露出它作为一种文化机制却深受地理环境影响的特点。作为一种具有秩序性的流动能量，阿希纳需要一种空间表征为其建构提供一种经验性的素材和依托，伊默里纳王国所在的塔那那利佛地区的地形正具备这样的条件。让-皮埃尔·瑞森（Jean-Pierre Raison）对此进行了很好的归纳：首先，这里的山被认为是接近太阳的地方，是上天与人间的中介；其次，在山上往往可以找到泉水，顺势而下的水流为阿希纳的阶序性流动提供了贴切的隐喻来源；再有，在山顶可以拥有良好的方位感，并且视野清晰，曾经梅里纳人认为塔那那利佛圣山视野所及即是光明之地，而再往外就是林木遮蔽之下的未知领域。③19世纪末20世纪初在马达加斯加中央高原地区传教的牧师拉阿尔斯·维格（Lars Vig）也介绍了当地人对高度的崇拜：很多神圣的墓地都在山顶；当有人觉得自己的力量不如过去时，会到山顶呈递祭品；在基督教传播以后，当地也有牧师向信徒传道时仍坚信山顶比平原离神更近。④伊维特·希拉（Yvette Sylla）

---

① Pier M. Larson, *History and Memory in the Age of Enslavement: Becoming Merina in Highland Madagascar, 1770-1822*, Portsmouth, NH: Heinemann, Oxford: James Currey, 2000, pp. 156-157.

② Pier M. Larson, *History and Memory in the Age of Enslavement: Becoming Merina in Highland Madagascar, 1770-1822*, Portsmouth, NH: Heinemann, Oxford: James Currey, 2000, p. 170.

③ Jean-Pierre Raison, "Pour Une Géographie du Hasina (Imerina, Madagascar)", 1998, https://horizon.documentation.ird.fr/exl-doc/pleins_textes/divers4/010017390.pdf.

④ Lars Vig, *Les Conceptions Religieuse des Anciens Malgaches*, Paris: Karthala, 2001, p. 117.

同样曾指出山与水都可以通过被赋予神圣性而具备阿希纳的载体作用。① 高度差体现的阶序性不止表现在山地和平原的海拔差异上，在伊默里纳国王的寝殿，国王会在一个高床上接待妻子和臣属，以体现身份等级上的卓越（见图3）。

图3　伊默里纳国王寝殿结构的还原

（图片来源：作者摄于塔那那利佛，2018年7月5日。）

由于所有人类都出生在一个特定的地理空间之中，所以在人类初民社会中，依据自己的生存环境进行宇宙观的构建是一种普遍存在的情况，这种构建自然而然也会受到人群所处环境的影响。随着人类社会组织的扩大化和复杂化，出于更强的政治需求，人类对于宇宙观的

---

① Laurence Ink, *Madagascar Fenêtre: Aperçus sur la Culture Malgache Volume 2*, Antananarivo: CITE, 2006, p. 100.

运用也可能产生延展和创新，阿希纳在伊默里纳从一种地方性文化体系转变为奴隶贸易中的身份涵化机制就是一个典型的例子。从前文对阿希纳的阐述中能够发现阿希纳有着鲜明的地理特性，它孕育于中央高原，山丘与周边平原强烈的地形反差经过阿希纳的中介作用，形成了地理层面在社会等级秩序维持和运转上的投射。

综上，阿希纳体系的运作机制对于理解伊默里纳王国整体的崛起有重要的启示意义。结合前文关于阿希纳的介绍能够发现，伊默里纳的文化特点在于社会等级秩序与社会整体和谐的统一，国王和贵族非常清楚自身权势与社会整体相互依存的关系，他们一边利用奴隶贸易以及火枪、布匹贸易与外界进行能量交换，积极地向外扩张征服，加强自己作为新秩序核心的能力；一边又在开疆拓土的过程中建立并不平等但又相对稳定的社会总体安全与繁荣。可以说，这样一种模式在奴隶贸易这一特定时代背景下有着极强的感召力和组织优势，一方面，它能够不断扩张并谋求权力的进一步扩张和持续；另一方面，对于自己的族人，它又能给予整体上的保护。可以说，伊默里纳王国正是依靠这样一种机制，迅速在混乱的时代中寻找到建立自身政权秩序的方式。并且，由于这种秩序能最大化保证其认同者的安全，所以有越来越多的其他部族愿意参与其中。同时，伊默里纳依靠文化与贸易结合进行扩张的特点，也能较好地从岛屿的内部角度解释马达加斯加奴隶贸易为什么在体量小的同时还能推动当地政权的迅速发展。可以说，强大的文化体系在其中功不可没——它利用了社会动荡和道德沦丧带来的危机感，强调外族可以通过归化、顺从、认同免于沦为奴隶，由此迅速吸纳了大批寻求安全感的外族成为自己的族人。同时，将新群体吸纳进自己的文化体系以后，在这个体系中位于最高地位的伊默里纳统治阶层可以持续借助不平等的阿希纳交换，将自己的文化身份优势转化为物质优势，再进一步通过物质财富展示自身文化的优越性，加速吸附过程。

四、奴隶贸易与人文地理格局的形成：马达加斯加与跨大西洋奴隶贸易的对比

马达加斯加地处印度洋西南，隔莫桑比克海峡与非洲大陆相望，它是世界第四大、非洲第一大岛屿，拥有非洲最长的总计 4800 千米的海岸线。然而，它在人文地理格局上却展现出一种作为岛屿国家的反常识性，其中最显著的一点就是作为拥有非洲最长海岸线的大型岛国，马达加斯加迄今为止却没有出现任何大规模的沿海城市（见图 4）。

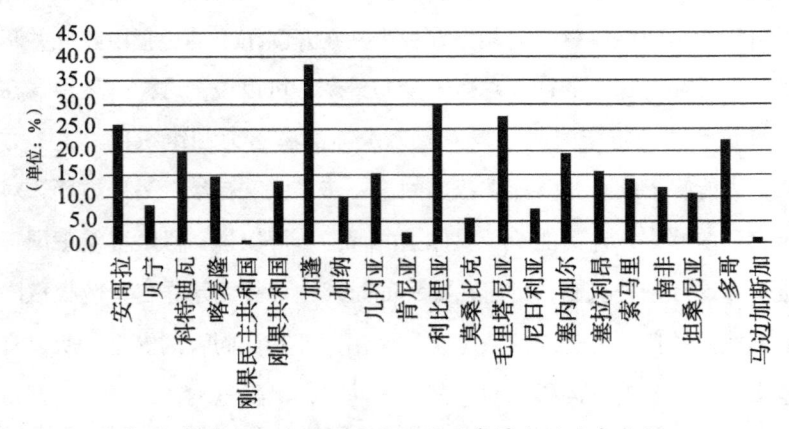

图 4　撒哈拉以南非洲主要沿海国家最大沿海城市人口
在全国总人口中的比重（2018）

（图片来源：作者根据世界银行 2018 年统计制作，来源网址：The World Bank, "Population, Sub-Saharan Africa", https://data.worldbank.org/indicator/SP.POP.TOTL?locations=ZG；The World Bank, "Population, Sub-Saharan Africa", https://data.worldbank.org/indicator/EN.URB.LCTY?locations=ZG；刚果民主共和国、刚果共和国、肯尼亚、南非、马达加斯加最大沿海城市人口数据源自 Thomas Brinkhoff, "City Population", https://www.citypopulation.de。）

通过图 4 中的对比可以发现，在撒哈拉以南大部分非洲国家中，最大沿海城市人口在全国总人口中的占比均超过 10%，而马达加斯加

的这个比例仅略大于1%。2019年，马达加斯加最大沿海城市塔马塔夫的人口只有32万，全国总人口则是2570万。①除人口指标外，马达加斯加沿海城市在经济体量、面积等方面的指标和数值也都很低。以年处理标准集装箱个数这一衡量港口规模和繁忙程度的重要指标为例，2018年马达加斯加的年度标准集装箱处理总数只略多于17万个，与之相比，西非小国贝宁超过33万个，喀麦隆超过40万个；在同处东非印度洋区域的国家中，毛里求斯超过45万个，肯尼亚是130万个，而南非则接近490万个。②

从人文地理的角度来讲，马达加斯加坐拥非洲最长海岸线却没有大型沿海城市这一奇怪现象有悖于人们的常识。在人们的通常印象中，岛屿和沿海国家往往具备优良的海运条件，因此，相比内陆国家，会有更好的对外贸易往来和经济发展。亚当·斯密在其《国富论》中就曾指出，沿海地区的经济往往能够比内陆地区发展得更好，因为沿海地区直接与海洋贸易线路连接，这意味着商品能更好地流通并进入市场。③

杨永春等也认为：由于撒哈拉以南非洲的欧洲外来者最早来自海洋，因此非洲的沿海地区自然而然成为最先被欧洲人探索和开发的区域，这也是非洲近现代城市发展的普遍规律。由此，无论是欧洲与非洲之间航道的开辟与改变，还是非洲沿海区域与欧洲发达地区的区位关系，都会影响到非洲城市的发展情况。并且，由于经济作物和矿物的进出都依赖港口，所以相应的殖民企业和管理部门也都会在港口城市出现。④也就是说，港口是联系非洲广大内陆腹地与世界其他地域的重要通道和端口，其获得优先发展是一种经济逻辑的普遍性。就

---

① Thomas Brinkhoff, "City Population, Madagascar", https://www.citypopulation.de/en/madagascar/cities/.
② UNCTAD Stat, Data Center, https://unctadstat.unctad.org/wds/TableViewer/tableView.aspx.
③ 亚当·斯密：《国富论》，唐日松等译，华夏出版社2005年版，第17—18页。
④ 杨永春编著：《非洲城市的发展与空间结构》，东南大学出版社2016年版，第26页。

此，甄峰等在总结西非港口城市历史发展规律时也指出：在欧洲人超过三百年的奴隶贸易以及随后一个多世纪的殖民活动中，西非海港是作为掠夺财富的基地和货物转运站而兴起的。[①] 换言之，奴隶贸易活动带来的经济重心向沿海转移催生了一大批西非海港的兴起，而地方政权也会相应地将政治、军事活动的重点向沿海地区倾斜。

按照这样的理解，奴隶贸易时期的马达加斯加也应该见证沿海区域城市的迅速崛起和政治经济中心向沿海的转移，并形成沿海主导发展的人文地理格局。然而事实上，马达加斯加从奴隶贸易时代起呈现出的国家发展路径与这一常识完全相反，首都塔那那利佛及其所处的中央高原地区在整个国家中处于中心位置，并在奴隶贸易中随着伊默里纳王朝的壮大而兴盛，而沿海地区则长期处于边缘地位，社会和经济发展程度都非常有限。1828 年，奴隶贸易刚刚结束不久，据估计，当时马达加斯加的 200 万总人口中有 75 万居住在伊默里纳地区，其中塔那那利佛市区有 75 000 人，而马达加斯加奴隶贸易中最重要的港口塔马塔夫还是一个小村子。[②] 除此以外，当时的中央高原地区还集中了马达加斯加最多的教堂和集市，由法国冒险家让·拉波尔德（Jean Laborde）于 19 世纪初主持修建的马达加斯加第一个工业区也出现在塔那那利佛周边。总而言之，相对于非洲大陆，马达加斯加构成了一个反例，它的存在表明奴隶贸易活动不是在所有地方都会造成政治、经济的地理重心向沿海转移。

接下来，本文将通过对比马达加斯加和跨大西洋奴隶贸易地区的情况，讨论奴隶贸易怎样影响一个地区的区位经济地理格局，并借此回答为什么马达加斯加的奴隶贸易并没有促进其沿海地区的优先发展。本文认为，奴隶贸易的体量差别是非洲大陆与马达加斯加在奴隶贸易

[①] 甄峰等编著：《非洲港口经济与城市发展》，南京大学出版社 2014 年版，第 37 页。
[②] Hubert Deschamps, "Tradition and Change in Madagascar, 1790-1870", in John E. Flint (ed.), *The Cambridge History of Africa, Volume 5: c. 1790-c. 1870*, Cambridge: Cambridge University Press, 2004, p. 415.

过程中形成不同人文地理格局的主要原因之一。而造成两个地区奴隶贸易在体量上的巨大差异的原因则主要是两个地区地理因素上的不同。

本文开篇已经对马达加斯加奴隶贸易与跨大西洋奴隶贸易在体量上的差别有过介绍。首先，在总量上，跨大西洋奴隶贸易中登船的黑奴数量超过 1100 万，而马达加斯加的奴隶输出则不到 7 万。如果考虑登船人数背后牵涉到的战争、商品交换、社会人际往来等因素，那么非洲大陆相关地区与马达加斯加在受奴隶贸易影响的程度上的差异可能会更大。

其次，在单个奴隶贸易港口的贩奴数量上，非洲大西洋沿岸出现了奴隶人流巨大的城市。比如玛利亚娜·甘蒂朵（Mariana Candido）在其研究中指出，仅非洲第三大奴隶贸易港口本格拉（Benguela）一地，在跨大西洋奴隶贸易期间就见证了超过 70 万黑奴登船离去。[①] 而马达加斯加奴隶年输出量在最高峰时期也不超过 2000 人，这是一个非常有限的贸易额。按照当时贩奴船的运输装载量，这个贸易额意味着每年只会有五到十艘贩奴船前往马达加斯加海岸贩奴，也就是说平均每月不足一艘，就算它们全部都选择停靠在同一个港口，这个港口的规模也十分有限。此外，马达加斯加远离大西洋区域，奴隶出口的市场主要是马斯克林群岛，但无论是毛里求斯还是留尼汪，其市场容量和需求都非常有限，并且在奴隶供给上，马达加斯加还面临着东非其他地区的竞争。

反观跨大西洋奴隶贸易，当时美洲殖民活动中巨大的劳动力缺口带来极强的用工需求，这种需求促成了人类历史上最大规模的强制性移民。但这里需要进一步提出两个问题：美洲原住民为何不能满足殖民者的劳动力需要？非洲为什么在一开始难以得到大规模开发？

关于第一个问题，很大程度上需要在地理层面寻找答案——南美巨大的劳动力缺口是因为其长期以来与世隔绝的地理位置和稀疏的人

---

① Mariana Candido, *An African Slaving Port and the Atlantic World: Benguela and Its Hinterland*, New York: Cambridge University Press, 2013, p. 5.

口分布使得该地居民在对抗传染病演化的抵抗力方面远远落后于世界其他地区。欧洲侵略者进入美洲不久后，其身上携带的天花病毒就给美洲原住民带来了毁灭性打击。贾雷德·戴蒙德（Jared Diamond）等学者就此进行过大量论述，指出天花病毒造成了美洲本地居民的大量死亡，比如密西西比河流域的原住民在首次接触欧洲人不久以后，有大约95%的人死于天花病毒。①1517年，欧洲人航船上携带的天花病毒导致美洲印第安人约三分之一的人口死亡；1524—1527年，印加帝国600万居民中约20万人死亡。②同时，病毒还杀死了印加帝国和阿兹特克帝国的统治者以及很多王室重要成员，使得帝国统治体系趋于瓦解崩溃。③

关于第二个问题，目前存在多种解释，但其中一个重要的因素同样是地理层面的——非洲一直到19世纪下半叶才开始大规模遭受欧洲殖民的一项重要原因是地理环境导致的疾病问题。虽然欧洲人在16世纪初甚至15世纪末就开始尝试于非洲建立殖民站点定居，但在诸如抗生素等现代医学的革命性成果诞生以前的很长一段时间内，他们的活动都被限制在沿海的少数地区，难以大规模深入内陆。非洲大陆上的各种疾病，诸如热病、痢疾、霍乱、疟疾、肝炎等，在奴隶贸易时期对欧洲人而言都是致命威胁，甚至到19世纪初，这些疾病每年都还会在当地造成约三分之一的白人定居者死亡。④

简言之：美洲拥有的植物、矿产、土地等丰富资源带来了巨大的开发前景和用工需求，而当地大规模的原住民死亡造成了有待填补的劳动力真空；同时，非洲因为恶劣的生存环境等原因难以直接大规模开发，

---

① Jared Diamond, *Guns, Germs, and Steel: The Fates of Human Societies*, New York: W. W. Norton & Company, 1997, p. 78.
② S. L. Kotar & J. E. Gessler, *Smallpox: A History*, Jefferson, North Carolina: McFarland & Company, Inc., 2013, pp. 24-25.
③ Jared Diamond, *Guns, Germs, and Steel: The Fates of Human Societies*, New York: W. W. Norton & Company, 1997, p. 77.
④ James Johnson, *The Influence of Tropical Climates on European Constitutions*, London: Thomas & George Underwood, 1821, p. 338.

此地的人口作为一种资源需要寻求新的使用地点和输出市场。这些因素综合起来，构成了欧洲殖民者进行大规模奴隶贸易的主要动机。①

在贩奴动机存在的同时，欧洲航海技术从16世纪到19世纪的突飞猛进为跨大西洋奴隶贸易带来了运输能力上的可能性，这也是跨大西洋奴隶贸易能够达到千万级人口体量的直接保障。据研究，哥伦布跨越大西洋时驾驶的"圣玛利亚"号帆船载货量仅为165吨，而奴隶贸易结束前英国帆船的载货量已经超过1000吨。船速方面，古罗马舰船的船速最快不超过2.5米每秒，而19世纪中期广泛用于茶叶贸易的飞剪式运输快船速度可以达到9米每秒。根据瓦科拉夫·斯米尔（Vaclav Smil）援引的数据，"海上马车夫"荷兰在其航海鼎盛时期，由风帆为其发展所提供的能量相当于该国所有风车能量的总和。尽管这种估算非常模糊，但风帆航行技术的革新为提升欧洲海上运输能力所做出的贡献毫无疑问是巨大的。② 有赖于此，到奴隶贸易中后期，每船奴隶的装载量普遍可以超过400人，数据记载中的最大单船奴隶输送量甚至达到了1700人。③

欧洲航运送能力的提升对于理解非洲经济重心向沿海的迁移是至关重要的，从一千年前的加纳帝国一直到地理大发现初期的桑海帝国，西部非洲的主要城市在很长一段时间内都集中在内陆的尼日尔河流域，特别是尼日尔河的中游地区。这种城市分布是由黄金产地位置与跨撒哈拉贸易的需求共同决定的，但是黄金在跨撒哈拉贸易中的重要地位往往掩盖了其他商品的存在，奴隶就是其中之一。跨撒哈拉奴隶贸易与阿拉伯帝国的兴起相关，综合既有研究的数据来看，从公元7世纪到16世纪的近一千年里，有300万—500万左右的黑奴通过

---

① 当然，关于欧洲人为什么要在美洲使用非洲奴隶还有其他一些解释，例如非洲奴隶不熟悉美洲环境，不容易逃跑。但是，这些解释不影响奴隶贸易时期跨大西洋区域整体的"哥伦布大交换"系统特性。
② Vaclav Smil, *Energy and Civilization: A History*, Cambridge, MA: The MIT Press, 2017, pp. 195-197.
③ Slave Voyages, "Trans-Atlantic Slave Trade – Database", https://www.slavevoyages.org/voyage/database.

撒哈拉贸易网络从撒哈拉以南被运往北非。①其中，后两个世纪是撒哈拉奴隶贸易的高峰时期，但每年的奴隶输出也只有5000—10 000人左右。②与之相比，跨大西洋奴隶贸易从18世纪初到19世纪中期约150年的高峰时段，平均每年的贩奴数量都在50 000人，约为跨撒哈拉奴隶贸易年均数量的10倍。③从运输媒介上讲，西非地区跨撒哈拉贸易线路的衰落和海运奴隶贸易的兴盛，是新型帆船作为更高效能的运输工具取代低效能驼队的一种体现。

随着跨大西洋奴隶贸易逐渐兴盛，形成了"西非内陆—西非沿海—大西洋—美洲"的贸易输送链条，并且这个输送链条上的贸易量远远超过原来的"西非内陆-撒哈拉-北非"路线，西非经济重心也由此开始从尼日尔河中游转向大西洋沿岸地区。跨大西洋奴隶贸易带来的阿坎族（Akan People）贸易线路分叉可以生动诠释这种经济活动重心的转移机制。自15世纪始，因与黄金相关的生产和贸易崛起的阿坎族人最初主要向北部贩运自己的商品，他们要么把以黄金为主体的商品往北贩售至廷巴克图（Tombouctou），要么向东北寻求与豪萨人的贸易机会，但无论怎样，这些商品最终都会通过跨撒哈拉贸易网络去往中东和北非。随着欧洲人的到来和奴隶贸易的兴起，阿坎族的贸易线路开始向南部分叉④，通往沿海由欧洲人建立的贸易城堡据点——这显然是由于新的优势贸易战胜了旧有的弱势贸易，改变了运输和城市区位。与此同时，阿坎人的贸易主体商品也开始从黄金向奴隶转变，并最终借助奴隶贸易建立了阿散蒂王国。

其实，撒哈拉奴隶贸易网络的存在其本身就能够说明，奴隶贸易作为一种人口贩运的经济活动，并不必然导致其出口地的政治、经济中心向沿海转移。导致政治、经济中心向沿海转移的奴隶贸易，是一

---

① John Wright, *The Trans-Saharan Slave Trade*, London, New York: Routledge, 2007, p. 39.
② John Wright, *The Trans-Saharan Slave Trade*, London, New York: Routledge, 2007, p. 39.
③ Slave Voyages, "Trans-Atlantic Slave Trade – Database", https://www.slavevoyages.org/voyage/database.
④ Basil Davidson, *A History of West Africa: 1000-1800*, London: Longmans, 1969, p. 93.

种处于特殊地理环境和特殊历史时段下的奴隶贸易。所以"跨大西洋"这一前缀显得尤其重要，其内涵包括对美洲的地理大发现、印第安原住人口的大规模死亡、殖民地新兴种植园经济的兴起及其背后欧洲生活方式的转变；还包括欧洲航海技术革新，非洲的疾病、人口储备和贩奴文化；等等。这些因素一道，形成了跨大西洋奴隶贸易，也带来了相关地区人文地理格局的巨大改变。

正是受这种带有历史、地理特殊性的奴隶贸易的影响，非洲大西洋沿岸在这一时期形成了很多沿海城市和据点。自 16 世纪、17 世纪起，先是葡萄牙和荷兰建立了埃尔米纳、卢安达、维德角、戈雷岛、开普敦等要塞和港口；然后法国、英国接踵而至，与葡萄牙、荷兰进行争夺，又建立了诸如圣路易、拉各斯这样的要塞据点。① 据统计，奴隶贸易期间，仅仅在黄金海岸沿线就有超过 40 个欧洲贸易堡垒兴起，② 它们数量多、规模大，并在日后持续主导所在地区的政治、经济活动，这也是巨大数量的人口和商品在某一区域出现长期的海陆转运需求时会表现出的规律。③ 与之相应，对马达加斯加而言，正是因为自身特殊的地理位置，加之奴隶贸易的体量较小，因而形成的港口规模也比较小，海岸地区对政治、经济活动的吸附力也就比较低，难以促成原有人文地理格局的改变。地理无法假设，但假如马达加斯加位于热带大西洋，相信它的人文地理格局在奴隶贸易中很可能会出现不同的演化方式。

在影响马达加斯加和跨大西洋沿岸奴隶贸易形成与发展的地理因素中，地形也是一个重要因素，二者在地形上有着明显的区别。在非

---

① 凯瑟琳·科克里-维德罗维什：《非洲简史》，金海波译，民主与建设出版社 2018 年版，第 165—166 页。
② Bill Freund, *The African City: A History*, Cambridge: Cambridge University Press, 2007, p. 51.
③ John Kwadwo Osei-Tutu & Victoria Ellen Smith, "Introduction: Interpreting West Africa's Forts and Castles", in John Kwadwo Osei-Tutu & Victoria Ellen Smith (eds.), *Shadows of Empire in West Africa: New Perspectives on European Fortifications*, London: Palgrave Macmillan, 2018, p. 3.

洲大陆，受奴隶贸易影响最大的地区，其从沿海到内陆的地势抬升大多相对平缓，比如在西非，除了富塔贾隆（Fouta Djallon）、几内亚高原、乔斯高地等少数地区外，其余地区大多是平原低地。[1]在今天的贝宁以及昔日的达荷美王国，北方来自奥约国的骑兵甚至可以一直行军到达沿海地带。[2]除了地势平缓，非洲大陆还有众多深入内陆的河流水道，使相应区域腹地的可通达性大大提升。前文提到过，葡萄牙人从莫桑比克开始的探索于1512年就已经深入到今天的津巴布韦地区。与之相似，在非洲大陆西岸，葡萄牙于1482年发现刚果河后不久就对其腹地进行过探索，并发现了刚果王国。英国在1618年至1620年间沿冈比亚河上溯，探索了冈比亚河300多英里的内陆沿岸。[3]虽然对于欧洲人来说，由于疾病原因，地理可通达性无法立刻转化为殖民地建设的便利条件，但是对于当地人来说，这种地理可通达性降低了商品物流的难度，使得奴隶和其他货物能更容易地在内陆和沿海间运输，并因此增大奴隶贸易的体量。

与欧洲大陆相较，马达加斯加由于地形和植被等方面的原因，难以深入内陆。由于有山地纵贯整个中部地区，所以虽然河流众多，但大多都有着较大的落差，与印度洋的平均分水岭距离只有约100千米，[4]往往只在沿海有少数可以通航的航段。特别是在奴隶贸易活动最为频繁的东部地区，这里虽然是迎风坡，降水充沛且河流众多，但是由于地形急剧上升，往往在进入陆地数十千米以后就不再具备通航条件。如果从马达加斯加东海岸特别是塔马塔夫一带沿陆路西进

---

[1] Suzanne E. Cotillon & G. Gray Tappan, *Landscapes of West Africa: A Window on a Changing World*, Garretson: U.S. Geological Survey, 2016, pp. 4-5.
[2] John Thornton, "Warfare, Slave Trading and European Influence: Atlantic Africa 1450-1800", in Jeremy Black (ed.), *War in the Early Modern World*, London: Routledge, 1998, p. 131.
[3] Peter Whitfield, *New Found Lands: Maps in the History of Exploration*, pp. 166-167.
[4] The World Bank, *Hydropower Atlas of Madagascar*, Washington, D.C.: World Bank, 2017, p. A5, https://openknowledge.worldbank.org/handle/10986/28431.

的话，很快就会因遇到悬崖陡坡和茂密的植被而难以前行。马达加斯加西边的河流也因为有陆续的花岗岩阶梯以及受到季节性水位差异过大的影响，使得通航里程非常有限。糟糕的交通运输条件导致在马达加斯加沿海和内陆之间的贸易物流十分困难。据统计，一直到19世纪末，塔那那利佛与塔马塔夫之间的年均货运量也只有500吨—600吨。[1]

此外，奴隶贸易时期马达加斯加对外贸易量小的另一重要原因是这里没有出现高附加值矿产（比如黄金）的规模性开采，也没有类似象牙这样易获得的奢侈商品，从而失去了刺激外来者与当地人进行贸易的重要动机。这个原因同样可以被归为地理因素，和西非、南非、东非形成了鲜明对比：在西非，现在的加纳被称为"黄金海岸"，葡萄牙人在加纳修建的最重要据点埃尔米纳其字面意思就是"矿产"，科特迪瓦本意则是"象牙海岸"，这种把象牙、矿产与海岸结合起来的命名方式就是对资源和贸易影响人文地理格局的最好体现。除了西非地区，南非的约翰内斯堡附近曾发现过大量金矿并因此带动了德班和马普托的发展；在东非连接沿海与其腹地的商路上，象牙与奴隶是同样重要的商品，并因此产生过像迪普·提普（Tippu Tip）这样来自桑给巴尔却主要经营东非内陆贸易的传奇商人。由此可见，类似黄金和象牙这样的商品在非洲大陆的很多地方都吸引着欧洲人的航海活动，进而参与塑造了当地的政治、经济地理区位。但是在马达加斯加，类似的机制在前殖民时期并未出现。

综上，考虑到马达加斯加的地理位置及地理环境，如果没有与外部稳定且大规模的贸易交换，伊默里纳王国主导的内陆核心结构就会倾向于维持原有的人文地理格局。由于从东亚、东南亚到南亚、中东甚至东非的印度洋贸易网络早已十分成熟，不像大西洋对

---

[1] Georges Foucart, *De Tamatave à Tananarive*, Lille: Imprimerie L. Danel, 1890, pp. 44-46.

岸的美洲一样是一个新兴生产基地和市场①，因此，在商品与劳动力的迁移上也不会产生如同大西洋区域三角贸易那般规模的新创生体系，本来就在印度洋贸易网络中处于边缘地位的马达加斯加也就很难形成大体量的对外物资和人员出口，沿海地区也就无法得到迅速发展。

五、结语

作为近代非洲奴隶贸易的组成部分，马达加斯加奴隶贸易因其体量较小，长期以来并未受到学界的重视。本文首先讨论了伊默里纳王朝崛起与马达加斯加奴隶贸易的关系，展现了奴隶贸易作为一种总体性的破坏力量，如何经由伊默里纳王国的贸易活动和文化身份战略转化为一种建立新权力体系的媒介。可以说，伊默里纳王国的统治者通过将阿希纳文化体系与奴隶贸易活动有机结合，创造性地将社会危机与族群冲突转变为自身扩张的有利条件，最终达成了对马达加斯加岛内其他群体在文化上的囊括和在政治军事上的征服。接下来，通过对比马达加斯加奴隶贸易中形成的内陆型人文地理格局与跨大西洋奴隶贸易中西非政治、经济重心向沿海转移的情况，本文认为，单一的奴隶贸易活动本身并不是非洲沿海地区兴起的原因。非洲大陆沿海地区因为跨大西洋奴隶贸易而迅速发展具有其历史和地理的特殊性——大航海时代开启后，美洲地区、非洲地区以及欧洲地区综合的地理、人文、经济、科技等因素共同造就了独一无二的跨大西洋奴隶贸易活动，其巨大体量所产生的吸附力将非洲政治、经济的中心从内陆吸引到了沿海。相反，马达加斯加的情况则展现了奴隶贸易活动与地理、

---

① Patrick Manning, "African Connections with American Colonization", in Victor Bulmer-Thomas, John H. Coatsworth & Roberto Cortés Conde (eds.), *The Cambridge Economic History of Latin America, Vol. 1: The Colonial Era and the Short Nineteenth Century*, Cambridge: Cambridge University Press, 2006, p. 55.

文化因素相结合所产生的另外一种地理区位演化形式，一种小体量的奴隶贸易对岛上既有人文地理格局的影响是从属性的，它只能成为伊默里纳王国作为内陆型人文地理空间在形成过程中的助力，却不具备足够的能量去重塑马达加斯加岛的内陆型人文地理格局。

The Rise of Power and the Evolution of Human Geography in the Slave Trade in Madagascar

Xiong Xinghan

Abstract: Being one part of the African slave trade, the slave trade in Madagascar is similar to that of the Transatlantic area. Both are destructive commercial activities that cause population loss and exacerbate social unrest and ethnic conflicts. The Kingdom of Imerina, located at Madagascar's central plateau, thrived in the destructive slave trade by combining its trade dominance with the cultural system and created a new regime. However, different from the slave trade in most African regions, the rise of the Imerina dynasty did not lead to a shift of political and economic center to the coastal area but took on an inland-centered pattern. A comparison between the slave trade in Madagascar and the transatlantic area shows that the human geographical patterns formed by the slave trade have their own unique historical and geographical attributes, and conclusively justify that the slave trade does not necessarily lead to preferential development of coastal areas.

Keywords: Slave trade; Madagascar; Transatlantic; Human geography; Imerina

从附庸到自主
——巴拿马国家发展模式的百年探索

张　崧[*]

摘要： 巴拿马以运河连接两洋，由地峡贯通美洲，兼具战略地位和商贸便利。巴拿马建国源于百年前的运河修建，早期的巴拿马更像是美国管辖下运河区的附庸，国土被一分为二，政治与经济仰美国鼻息。整个20世纪，除去为夺回运河主权付出的卓绝努力外，巴政府亦在不断探索自主发展道路。植根于20世纪70年代托里霍斯时期，并在1999年运河回归后逐步实施的长期规划是巴拿马发展的主线。巴拿马回避了美方青睐的第一、二产业，立足自身特点，重点发展服务业，逐渐形成了运河、免税区、金融、旅游四大经济支柱，并在此基础上于新世纪提出了"美洲枢纽"的概念，其目标是将所有与运河、海事和物流相关的产业融为一体，将巴拿马打造成"美洲的新加坡"。在以上成就得到国际社会广泛认可的同时，巴拿马仍面临贫富悬殊等诸多挑战。能否克服这些挑战决定着巴拿马未来的发展前景。

关键词： 巴拿马；运河；美洲枢纽；海事

---

[*] 张崧，上海大学博士研究生，从事拉丁美洲研究，重点研究中美洲加勒比地区，尤其是巴拿马，主要研究方向为历史学。

一、引言

（一）巴拿马的建国背景

巴拿马地处南北美洲的地峡交汇点，从加勒比海滨的科隆到太平洋畔的巴拿马城仅 80 公里，优越的地理位置决定了巴拿马与商贸活动的不解之缘。从殖民地时期起，巴拿马就是西班牙帝国转运秘鲁白银的必经之地。在经历了一个多世纪的沉寂之后，1855 年建成的地峡铁路再次令巴拿马成为美国淘金者由东海岸奔往加州的梦想之路上的中转站。[1] 随着国力在 19 世纪末的蹿升，有效协调东西海岸间的海运航路对美国而言变得迫在眉睫。最终，美国人的目光聚焦在了法国人于 19 世纪 80 年代半途而废的巴拿马运河上。

1899 年开始的千日战争使当时对巴拿马拥有主权的哥伦比亚陷入了内战带来的混乱之中。美国人凭借美西战争胜利后在国力上的绝对优势，在与哥伦比亚谈判未果的情况下，转而策动了 1903 年巴拿马的独立，并强迫新生的巴拿马接受了完全不平等的《美巴条约》（Hay-Bunau-Varilla Treaty）。[2] 条约规定美国具有修建和永久管理、运营巴拿马运河的权利，并划出运河两侧共 1432 平方公里的区域作为运河区，归美国全权管辖。[3] 运河区相当于巴拿马境内的美国殖民地，巴拿马被分割为东西两片互不相连的区域，第二大城市科隆也在事实上成为一块飞地。

（二）运河与巴拿马的国家发展

历史上，巴拿马缺少强大的传统农业部门，在其他拉美国家发挥

---

[1] 参见 Peter Pyne, *The Panama Railroad*, Bloomington: Indiana University Press, 2021。
[2] 关于美国策动巴拿马独立的政治和经济动机，参见 Noel Maurer & Carlos Yu, *The Big Ditch: How America Took, Built, Ran, and Ultimately Gave Away the Panama Canal*, Princeton: Princeton University Press, 2011。
[3] 这段历史可以参见 Robert C. Harding, *The History of Panama*, Westport: Greenwood Publishing Group, 2006。

巨大影响的奴隶主、教会、大地产主、考迪罗等群体势力微弱，主导国家政治的是弱势的城市商业精英。① 早期的巴拿马政府亦被左派称作商贸寡头傀儡政权，需要依靠美国的翼护方能维系统治。② 一直到 20 世纪 60 年代，巴拿马的经济仍然依赖与转口（entrepot）经济相关的服务业，受制于国际经济的波动，美国全权管辖下的运河并未激活这片土地。③

整个 20 世纪的巴拿马国家历史就是一部围绕运河的斗争史和发展史。巴拿马人民和政府经历了附庸、觉醒、持续抗争、博弈、缔约、战争和合作的多个阶段，最终在 1999 年 12 月 31 日完全收回了运河的主权。在这一长达百年的过程中，巴拿马人逐步确立了民族认同感，也明确了国家发展的方向，即利用自身区位优势重点发展服务业，以运河、自贸区、金融、旅游作为四大支柱，着力打造美洲的"中心港"（centerport）④。其中，20 世纪 70 年代托里霍斯（Omar Torrijos Herrera）军政府时期的一系列举措为巴拿马日后的发展打下了基础：一方面，之前被边缘化的劳工阶层、少数族裔等群体被纳入了国家发展的进程；⑤ 另一方面，该时期制定的长期战略发展规划，其影响一直延续至今。⑥

---

① Omar Jaen Suarez, *La Población del Istmo de Panama del Siglo XVI al Siglo XX*, Panama City: Impresora de la Nacion, 1978. 本书系统地分析了巴拿马不同于其他拉美国家的阶层状况。
② Ricuarte Soler, *Formas Ideologicas de la Nación Panameña*, Panama City: Tareas, 1985.
③ 参见 Andrew Zimbalist & John Weeks, *Panama at the Crossroads: Economic Development and Political Change in the Twentieth Century*, Berkeley: University of California Press, 1991。
④ "中心港"概念首先由 1991 年初上任的巴拿马港务官员提出，参见 United States Congress, House, Committee on Merchant Marine and Fisheries, *Panama Canal Commission Expenditures, Fiscal Year 1991*, Washington D.C.: U.S. Government Printing Office, 1990, p. 51；关于巴拿马作为区域经济中心的设计，参见 Harry G. Johnson, "Panama as a Regional Financial Center: A Preliminary Analysis of Development Contribution", *Economic Development and Cultural Change*, Vol. 24, No. 2, 1976, pp. 261-286。
⑤ Sharon Phillipps Collazos, *Labor and Politics in Panama: The Torrijos Years*, New York: Routledge, 2018, p. 30.
⑥ 参见 Nicolás Ardito Barletta, *Huellas: Contribuciones Públicas Nacionales e Internacionales: Memorias*, Panamá: Sello de Agua, 2016。

进入新世纪，获得运河区完整主权的巴拿马沿着既定的道路持续发展，经济增长速度为同期拉美平均水平的两倍。截至 2019 年，巴拿马的人均 GDP 已经达到 15 731 美元，位列拉美前茅。[①] 对于事关国家经济命脉的运河业和海事业，巴拿马建立了巴拿马运河管理局（Panama Canal Authority，ACP）和巴拿马海事局（Panama Maritime Authority，AMP）等专业机构，通过采用公司化运营的管理模式，从制度上规避政治波动的影响。这一模式也取得了良好的效果，巴拿马人运营的运河非但没有出现预期中的问题，反而通过改革收费模式等方式大幅提高了营收。这进一步增强了巴拿马举国上下对于政企分离模式的共识，巩固了巴拿马各界对国家发展道路的信心。[②] 尽管 20 世纪 90 年代以来的每次大选都会出现政党轮替，但巴拿马历届政府均有效地延续了国家发展的战略方针，即将运河业与海事业整合为一体，囊括经贸、物流、金融和总部经济的陆海空全方位"美洲枢纽"，在西半球打造一个"美洲的新加坡"[③]。

本文将围绕"美洲枢纽"这一主线，分阶段回溯巴拿马百年来对自身发展模式的探索，探寻巴拿马发展模式的成功经验及其可能面对的风险与挑战。

二、小国初建到强人治国：依附下的有限自主

（一）早期的自主努力

1914 年建成的巴拿马运河被视作展现美国昌盛国力、彰显天赋

[①] The World Bank, World Development Indicators.
[②] Michael L. Conniff & Gene E. Bigler, *Modern Panama*, Cambridge: Cambridge University Press, 2019.
[③] 有关巴拿马与新加坡、中国香港等地区发展模式的比较研究，可以参考 Gary Gereffi & Donald L. Wyman (eds.), *Manufacturing Miracles: Paths of Industrialization in Latin America and East Asia*, Princeton: Princeton University Press, 1990.

使命的典范之作。① 美国完全主导了资金、技术、劳工、物料等相关事务，其中，从全世界尤其是加勒比地区大量引入的劳工更是永久地改变了巴拿马的人口结构。② 在运河的建设过程中以及建成后的初期，美国人视巴拿马为热带蛮荒之地，只关心运河事务，但凡巴拿马内部出现美国认为不利于运河的事件，美国都会进行干涉。③ 与此形成鲜明对比的是，巴拿马共和国被排斥在运河事务之外。1903 年建国时，巴拿马的人口只有 30 万左右，国力微弱，传统的由商贸精英和"吃租人"（Rentista）组成的寡头阶层（Oligarchy）受益于美国保护下的"国家独立"以及与运河区有限的经贸往来，在行动上对美国亦步亦趋。④ 以至于时人认为"将巴拿马当作独立国家来讨论是荒诞的，它仅仅是运河区的附加品"⑤。

巴拿马的自主探索始于波拉斯（Porras）担任总统时期（1912—1916，1918—1924）。在其任内，巴拿马开启了修改运河条约的尝试，并着力进行基础建设，设立奖学金以培养人才。1925 年，巴拿马与哥斯达黎加进行了一场虽败犹荣的边境战争，巴拿马最初步的国家体系得以建立。⑥ 结合波拉斯的思想体系，这一系列举动有力地促进

---

① 有大量著作描述美国在巴拿马运河取得的成就，如 David McCullough, *The Path Between the Seas: The Creation of the Panama Canal, 1870-1914*, New York: Simon & Schuster Press, 1977；20 世纪初赞颂美国成就的文献如 Ralph Emmett Avery, *America's Triumph at Panama*, Chicago: The L. W. Walter Company, 1913。
② 巴拿马在地峡铁路建设以及法国、美国的两轮运河建设中均引入了大量劳工，以加勒比黑人劳工为最多。参见 Julie Greene, *The Canal Builders: Making America's Empire at the Panama Canal*, New York: Penguin Press, 2009。
③ 美国在 1936 年前频繁干涉巴拿马内政，包括出兵巴拿马。参见 Michael L. Conniff, *Panama and the United States: The End of the Alliance* (3rd edition), Athens, GA: University of Georgia Press, 2012, p. 76。
④ Marco A. Gandásegui, hijo, Dídimo Castillo Fernández & Azael Carrera Hernández (eds.), *Antología del Pensamiento Crítico Panameño Contemporáneo*, Ciudad Autónoma de Buenos Aires: CLACSO, 2018, pp. 11-18.
⑤ Leslie Bethell (ed.), *The Cambridge History of Latin America, Vol. 7*, Cambridge: Cambridge University Press, 1990, p. 610.
⑥ 科托战争（Coto War）：1921 年 2 月 21 日至 3 月 5 日，哥巴两国在存在争议的科托地区发生边境冲突。巴拿马赢得了军事胜利，但在美国的压力下被迫将科托割让给哥斯达黎加。该战争在两国均激起了极高的民族主义情绪。

了巴拿马内部的国家认同，也提升了巴拿马的国家能力。到20世纪30年代，席卷拉美的民众主义风潮影响到巴拿马。阿里亚斯（Arias）兄弟相继执政，他们出身于小城镇，受益于波拉斯奖学金计划在海外接受了系统教育，本身就是巴拿马追寻自主发展道路的结晶。[①] 弟弟阿努尔福·阿里亚斯执政期间推行了一系列民族主义政策，提出了"巴拿马人的巴拿马"的口号。[②] 此后，对运河权利的明争暗斗成为美巴关系的主旋律，巴拿马也逐步收回了一些运河方面的经济利益。

二战时期，巴拿马的政经局势比较稳定，战时经济及一系列美国军事基地的兴建为巴拿马带来了较为丰厚的经济收益。到20世纪50年代初，巴拿马的人口增长至100余万，寡头阶层依然控制着政权，以转口商贸为主的经济结构与几百年前的殖民时期相差不大。农业方面，除遍布全国的贫穷小农外，仅在西北部有一些种植园作为美国公司在中美洲"香蕉共和国"的延伸。运河依旧是一条美国人的战略通道，巴拿马人获得的仅仅是年费租金以及和运河区配套的些许商业利益。值得一提的是，1948年建立的科隆自由区（Colon Free Zone），尽管在初期仅仅是建立了一些免税仓库并售卖部分免税商品，但仍可谓巴拿马在自主探索经济发展中的标志性举措。

另一方面，巴拿马也尝试拓展与海运相关的服务业，最典型的便是船舶登记业。[③] 二战后，由于欧美发达国家的劳工法等法规日益严苛，寻求低成本的船东们试图将船舶登记在发展中国家，从而规避监

[①] 阿里亚斯兄弟分别是总统任期为1932—1936年的哥哥哈莫迪奥·阿里亚斯（Harmodio Arias Madrid）和三届总统任期分别为1939—1940年、1949—1951年、1968年的弟弟阿努尔福·阿里亚斯（Arnulfo Arias Madrid）。后者先后三次当选巴拿马总统并三次被政变推翻，是巴拿马历史中影响力最大的人物之一。他创建的巴拿马人党至今仍活跃在巴拿马政坛。参见 Thomas L. Pearcy, "Panama's Generation of '31: Patriots, Praetorians, and a Decade of Discord", *The Hispanic American Historical Review*, Vol. 76, No. 4, 1996, pp. 691-719.

[②] Michael L. Conniff (ed.), *Populism in Latin America (2nd Edition)*, Tuscaloosa: University of Alabama Press, 2012, pp. 184-200.

[③] Francisco Piniella, Juan Ignacio Alcaide & Emilio Rodríguez-Díaz, "The Panama Ship Registry: 1917-2017", *Marine Policy*, Vol. 77, 2017, pp. 13-22.

管、降低支出。巴拿马借助自身与美国的特殊关系及在运河方面的便利条件，与利比里亚一同抓住了这个承接"产业转移"的机会。应该说，早期的巴拿马船舶登记业是美国国内利益权衡的产物。巴拿马方面只负责拿钱办证，疏于履行船籍国的管理责任，在相当长的时间内为业界所诟病。但以此为基础，巴拿马船舶登记业在日后的发展中逐渐正规化、专业化，并最终成为巴拿马海事行业的重要组成部分。

1959年的古巴革命为巴拿马带来了新一轮的反美高潮，伴随着教育发展而形成的行业与中产阶层成为了主力军。他们坚信，只有完全拥有运河主权，巴拿马才能成为一个真正独立自主的国家。由教师和学生主导的1964年国旗抗争事件（Flag Protests or Flag Incident，巴拿马称为殉难日，Martyrs' Day）在全球范围内获得了广泛的关注和同情，对内则动摇了寡头商贸阶层的统治根基。[①]

（二）托里霍斯时期的国家发展战略

1968—1981年是托里霍斯将军主政巴拿马的时期。在当下美国的叙事体系中，"军事独裁"是这一时期无法抹去的原罪。而在当时冷战对抗的大背景下，美国在六七十年代对拉丁美洲的军政府抱有一种默许甚至支持的态度。[②] 无论政治领域如何评判，各界通常均认同托里霍斯时期是当代巴拿马经济腾飞的起点。

通过政变上台并巩固政权之后，出身贫苦的托里霍斯仿照秘鲁左翼军政府贝拉斯科政权的风格祭出"新巴拿马"的口号，致力于土地改革、经济发展和劳动人民福利的改善。[③] 身为军人的托里霍斯并不过多地直接参与国家治理，他任命了一批技术官僚，包括日后担任世

[①] Robert C. Harding, *The History of Panama*, Westport, CT: Greenwood Publishing Group, 2006, pp. 77-80.

[②] 徐世澄主编：《美国和拉丁美洲关系史》，社会科学文献出版社1995年版，第180—188页。

[③] George Priestley, *Military Government and Popular Participation in Panama: The Torrijos Regime, 1968-1975*, New York: Avalon Publishin, 1986, pp. 22-30.

界银行副行长和巴拿马总统的规划部部长阿迪托·巴莱塔（Ardito Barletta）。

在巴莱塔的主持下，巴拿马制定了一项名为"1970—1980 国家发展战略"的全面发展规划①。在托里霍斯长期执政预期的保证下，整个政府的经济工作得以放眼长远并围绕规划展开。与20世纪六七十年代几乎流行于整个拉美的进口替代模式不同，巴拿马摒弃了彼时美国和国际机构经济学家敦促巴拿马重点发展工农矿业的建议。②巴莱塔发展战略的核心是充分利用巴拿马自身的区位优势，以运河为核心打造一个完全融入全球商贸、制造业、劳动力和金融市场的服务型经济体。③

要成为商贸和物流中心，仅仅依靠一条运河是不够的，需要将这条通道升级为枢纽。为此，规划中纳入了港口扩建、机场货运、地峡铁路和公路建设等多项计划，体现了方兴未艾的多式联运的思维。在港口建设方面，20世纪70年代正值集装箱运输的初步兴盛阶段，巴莱塔敏锐地捕捉到这一趋势，建议兴建集装箱堆场，以使巴拿马成为整个中美加勒比区域的集装箱转运枢纽。科隆自由区在这一时期得到了扩充，逐步成为区域内最重要的国际商品分销中心，并以保税区的模式发展组装制造业。除此之外，巴拿马的离岸金融业也始于70年代，其初衷是有利于经济的资本化，利用流动的资本为巴拿马的服务型经济的发展服务。人才引进同样是战略规划的重要组成部分，巴莱塔的设想是利用科隆自由区及银行业筑巢引凤，通过吸引企业在巴拿马设立分支机构来吸引人才，因而巴拿马的签证政策在拉美范围内一直都是比较宽松的。

---

① Nicolás Ardito Barletta (ed.), *Estrategia para el Desarrollo Nacional, 1970-1980*, Ciudad de Panamá: Departamento de Planificación de Panamá, 1970.
② Andrew S. Zimbalist & John Weeks, *Panama at the Crossroads: Economic Development and Political Change in the Twentieth Century*, Berkeley: University of California Press, 1991, chs. 2-4.
③ Fundación Omar Torrijos, "Omar Torrijos H. y el Desarrollo Nacional de Panamá", 2021, https://fundacionomartorrijos.com/omar-torrijos-h-y-el-desarrollo-nacional-de-panama/.

这是一份符合巴拿马国情和竞争优势的全面计划，具有高度的前瞻性。这份计划一方面在 20 世纪 70 年代初便预见到了全球化和海运集装箱化的发展趋势，另一方面也坚定地将归期未定的运河区纳入了规划的蓝图。这份前瞻性也为日后巴拿马的顺利发展确定了方向、奠定了基础，体现了巴拿马"美洲枢纽"的民族共识。最难能可贵的是，此后的巴拿马虽然历经 20 世纪年代后期的挫折及多场经济危机的考验，但是国家的发展方向却一直没有脱离这条正确的轨道。在当时运河条约谈判的背景下，这份规划还激发并增进了巴拿马政府和人民争取运河权利的斗志和信心。

托里霍斯对巴拿马民族国家最大的贡献当属 1977 年《托里霍斯-卡特条约》（又称《巴拿马运河条约》）的签订。没有运河区的回归，再怎么富有远见的规划也无从谈起。运河条约是一个小国与大国博弈的经典案例，托里霍斯的实用主义风格发挥了重要作用。在漫长的谈判过程中，巴拿马政府充分利用了联合国等国际多边舞台，广泛动员了广大第三世界和拉美兄弟国家的力量，甚至一度迫使美国不得不动用了否决权。[1]可以说，运河条约的签订与巴拿马人的美洲枢纽愿景相生相成，是巴拿马历史中最为重要的一刻，也是保障巴拿马未来发展的基石。

运河条约规定美国在 1999 年 12 月 31 日前向巴拿马逐步归还运河以及运河区的所有土地和设施，并协助巴拿马完成运河管理的交接。自此之后，巴拿马的发展探索进入了全新的阶段。

三、走出阴郁，擘画蓝图：危中找机，蓄势待发

（一）巴拿马之"失去的十年"

20 世纪 80 年代的拉美遭遇了"失去的十年"。各国普遍债台高

---

[1] Richard Severo, "U.S. in U.N. Council Vetoes Panama Canal Resolution", *The New York Times*, March 22, 1973, p. 1.

筑，六七十年代曾卓有成效的进口替代政策难以为继。对于经济高度外向的巴拿马而言，区域萧条的影响不可避免，巨大的财政赤字让国家陷入了困境。托里霍斯 1981 年意外去世后，实际掌权的诺列加（Manuel Antonio Noriega Moreno）曾经是美国中情局的合作伙伴，在里根政府时期为美国介入尼加拉瓜内战出力颇多。起初，诺列加居于幕后，承诺恢复并尊重民主选举，并邀请巴莱塔作为军政府支持的民主革命党（PRD）①的候选人参加 1984 年大选。在以微弱优势战胜阿努尔福·阿里亚斯后，巴莱塔延续了他在托里霍斯时期的国家发展战略，并进一步提出了以新加坡为范本将巴拿马塑造为全球贸易和服务业之枢纽的愿景。然而，作为一名出色的技术官僚，缺乏政治手腕的巴莱塔将注意力更多地放在了经济建设上。最终，不得民心的紧缩政策以及由一起政治谋杀案引发的与诺列加的矛盾激化，导致巴莱塔被迫于 1985 年底辞职。②

在此之后，巴拿马的政治经济形势急转直下，军政府缺乏制衡的劣势尽显无遗。与托里霍斯相比，诺列加缺乏谋略、刚愎自用，巴拿马政府也变成了腐败的代名词。③雪上加霜的是，20 世纪 80 年代中期以后，美国转变战略，对拉美区域内的军政府持愈发敌视的态度。美国强大的宣传机器不可忽视，为了达到推翻诺列加政权的目的，美国从政治、经济、舆论等方面对巴拿马进行了全方位的攻击与制裁，把诺列加包装为一个从事贩毒、洗钱、人口贩卖和军火走私等勾当的恶棍和独裁者。④在美国对军政府的全面仇视和诺列加政府的一系列

---

① 民主革命党为托里霍斯于 1979 年创立的政党，在军政府时期为巴拿马军队的政治工具。
② Ardito Barletta, "Mi Servicio Público", *La Estrella de Panamá*, 2020, https://www.laestrella.com.pa/nacional/200914/mi-servicio-publico.
③ Steve C. Ropp, "General Noriega's Panama", *Current History*, Vol. 85, No. 515, 1986, pp. 421-432.
④ Ronald D. Sylvia & Constantine P. Danopoulos, "Civil-Military Relations in a Civilianized State: Panama", *Journal of Political & Military Sociology*, Vol. 33, No. 1, 2005, pp. 87-88.

决策失误的双重原因下，最终引发了 1989 年末美国对巴拿马的悍然入侵，即所谓的"正义之师行动"（Operation Just Cause）。

战争不仅导致巴拿马的经济遭受重创，更造成大量生命的消亡，并在巴拿马人民的心中留下了难以抹去的伤疤。[1] 与充分的军事准备相反，美国人忽视了战后重建工作，巴拿马随之陷入了一段混乱时期。美国扶持的新总统恩达拉（Endara）给人一种傀儡和跛脚鸭的形象，连他自己都曾经抱怨各项决策需要向美国军方请示。[2] 一时间，巴拿马仿佛退回到了建国初期的状态，美国政府承诺的战后援助因国会的阻挠变得口惠而实不至，运河条约的履行也充满了变数。

巴拿马这段黑暗的历史暴露了一个商贸型小国的脆弱性。外交，尤其是与美国关系的处理是巴拿马必须面对的永恒课题。托里霍斯与诺列加的应对方式正是一组鲜明的对照。

（二）运河回归前的转型与布局

20 世纪 90 年代初期，随着与美国关系的正常化，巴拿马逐步恢复了稳定，解除制裁后的经济也随着外国投资和贸易的复苏迅速反弹。尽管个人声望不高，恩达拉还是在任期内为巴拿马在制度层面打下了诸多重要基础[3]：一是选举法庭的建立，确保了之后的历次选举均得以在选举法庭的监管下顺利举行；二是废除了诺列加建立的巴拿马国防军（PDF），取而代之的是作为准军事组织的巴拿马公共部队；三是任命巴拿马人吉尔贝托·瓜尔迪亚（Gilberto Guardia）为过渡时期美巴共管的巴拿马运河管理委员会（Panama Canal Commission, PCC）的行政长官，这一岗位当时堪称巴拿马的第二把交椅，其工作完成的优劣决定了运河能否顺利交接[4]；四是成立专门的洋际区域管

---

[1] Robert C. Harding, *The History of Panama*, Westport, CT: Greenwood Publishing Group, 2006, p. 116.
[2] Olmedo Beluche, *La Verdad sobre la Invasion*, *Quinta Edición*, Panamá: Editorial Manfer, S.A., 2004, p. 4.
[3] Steve C. Ropp, "Things Fall Apart: Panama after Noriega", *Current History*, Vol. 92, No. 572, 1993, pp. 102-105.
[4] PCC 的成员构成为 5 名美国人、4 名巴拿马人，巴拿马人出任行政长官。

理局（Interoceanic Regional Authority，ARI）负责接管逐步收回的运河财产，ARI 在 20 世纪 90 年代后期成为运河区商业开发的主管部门。

可以说，巴拿马政府的这一系列决策在很大程度上是由美国人设计并批准的。美国一方面通过媒体的力量竭力营造出"帮助"巴拿马重建的积极形象，另一方面按照自身的偏好搭建巴拿马的制度体系，尤其是其政治制度必须符合美国的要求。

随着下一任绰号"公牛"的巴利亚达雷斯（Balladares）上台执政，巴拿马逐步恢复了自主权。巴利亚达雷斯来自托里霍斯建立的民主革命党（PRD），曾在托里霍斯时期担任财政部部长。他打出"PRD 是托里霍斯的党，不是诺列加的党"的口号成功重建了 PRD，使巴拿马政治光谱中唯一的中左翼政党得以保留。[1] PRD 的重新执政反映了巴拿马人对托里霍斯的认可，巴利亚达雷斯通过大量任命托里霍斯时期的技术官僚，延续了在 20 世纪 80 年代中后期中断的国家发展路线。其中最具代表性和决定性意义的便是任命巴莱塔为洋际区域管理局的行政长官，后者重新为国效力并主导了未来十余年巴拿马主权下的运河区的规划和发展，完成了包括私有化港口、扩建科隆自由区、建立智慧城、恢复地峡铁路运营、启动巴拿马太平洋项目、售卖1600 套运河区住宅、将阿尔布鲁克机场改造为国内机场、在运河区多处兴建酒店和旅游设施、与巴拿马运河管理局合作保护运河水域资源等大批重点项目。[2] 他的开发原则包括创造就业、出口、内需以及对国家和投资者的回报。尽管由于党派所属问题，运河在新世纪回归后，巴莱塔未能继续在 ARI 任职，但政治纷争并未影响施政的延续性，后续运河区的发展遵照了他始于 30 年前的战略规划。

原有港区的私有化和新港区的兴建充分考虑了集装箱化的发展趋

---

[1] Michael L. Conniff & Gene E. Bigler, *Modern Panama*, Cambridge: Cambridge University Press, 2019, p. 99.
[2] Thalia Chantziara, "Panama's Canal: The US Departure and Panama's New Era", *Harvard International Review*, Vol. 20, No. 3, 1998, pp. 14-16.

势。如今，打开巴拿马地图，在太平洋的巴拿马城和大西洋的科隆两翼，几大片港区规模宏大、赫然醒目。科隆自由区早已扩大数倍，成为仅次于香港的世界第二大免税区；智慧城则吸引了大批企业进驻。旅游业也成为巴拿马四大支柱产业之一。

除了 ARI 在运河土地规划方面的成就，1997 年，巴拿马颁布了《巴拿马运河基本法》(Organic Law)，从法律制度的层面对运河回归后的运行进行规范。同时，依照基本法，新成立巴拿马运河管理局（ACP）。经过一段时期的并行过渡，ACP 于 2000 年运河回归后取代了美国时期的巴拿马运河委员会。ACP 采取企业化的专业独立运作模式，从制度设计上避免了政治斗争对运河管理的影响。[①] 回归之后的 20 年，ACP 的模式取得了巨大成功。与美国时期相比，运河的运营不但没有出现严重问题，还在营收方面取得了突破。1998 年，巴拿马政府成立了新的巴拿马海事局（AMP），AMP 整合了巴拿马国内包括港口业务、船舶登记、海上执法、培训发证以及国家海事战略的制定在内的所有与海事相关的部门。[②]

巴利亚达雷斯执政时期（1994—1999）正值新自由主义于美洲盛行的高潮期。除了一系列专业机构的建立和法律的颁布外，他的改革还包含加入关贸总协定以及鼓励建设大量的私有化项目，这些政策为巴拿马更好地融入全球化做好了准备。如果说恩达拉时期巴拿马的主要成就是恢复了秩序，并在美国的偏好下确立了较为稳定的政治体系，那么巴利亚达雷斯时期的巴拿马则是依照本国精英制定的长期战略，为运河回归后的发展做好了准备。以洋际区域管理局（ARI）、巴拿马运河管理局（ACP）和巴拿马海事局（AMP）为代表的专业机构成功地与政治保持了距离，确保了纷杂的政治波动不会过多影响运河及海事行业的运营与发展。这些制度设计的成功对巴拿马提升国

[①] Panama Canal Authority, *Annual Report 2009*, Panama City: Punto Gráfico, 2009, p. 9.
[②] 详细内容参见巴拿马海事局（AMP）官方网站，https://amp.gob.pa/acerca-de-nosotros/funciones/。

家实力、凝聚民心共识起到了促进作用，也让巴拿马离成为美洲枢纽的梦想又近了一步。

四、运河回归，向美洲枢纽迈进

1999年12月31日，巴拿马运河正式移交巴拿马共和国。这是一场美巴双方以及国际社会均认可的交接。站在美国人的角度，与英国从其"殖民地退出"带来的诸多后遗症相比，巴拿马的运河交接非常顺利，美国从巴拿马的退出是高效的、建设性的与和平的（除"正义之师"行动外）。[1] 对运河真正的主人巴拿马人来说，他们的百年梦想得以实现，巴拿马实现了真正的独立，强迫结盟结束了。[2]

巴拿马宪法规定总统任期为五年一届，不得连任。时至今日，运河回归后的巴拿马历经了莫斯科索（Moscoso）、马丁·托里霍斯（Martín Torrijos，托里霍斯将军之子）、马丁内利（Martinelli）、巴雷拉（Varela）与科尔蒂索（Cortizo）五位总统。算上20世纪90年代的两位总统，重新民主化后的巴拿马其总统换届呈现出这样一种规律，即历任新总统都出自上一届政府的反对党，且这一规律至今未仍未被打破。巴拿马的历次大选和政权轮替均相对顺利、平稳，但与其他拉美国家一样，巴拿马的政治也未能摆脱腐败、裙带关系及党争等痼疾，政治乱象丛生。三权分立体系看似完善，但实际运行受政治影响很大，司法系统的腐败和繁冗历经多次改革依然严重。几乎每位总统都会在其任期的末期因腐败问题举步维艰，卸任后往往会遭到下届政府支持下的司法调查。然而，待到自己所在的党派再次执政，官司也就不了了之了。

---

[1] Michael L. Conniff & Gene E. Bigler, *Modern Panama*, Cambridge: Cambridge University Press, 2019, p. 127.
[2] Michael L. Conniff, *Panama and the United States: The End of the Alliance (3rd edition)*, Athens, GA: University of Georgia Press, 2012; Michael L. Conniff, *Panama and the United States: The Forced Alliance (2nd edition)*, Athens, GA: University of Georgia Press, 2001. 可以参考两版书名在副标题上的变化。

与政治上的纷乱和选举运动的周期性起伏不同，在既定战略规划的指导思想下，巴拿马的经济发展呈现出高度的延续性。每一届政府基本是在前一任的基础上继续深化巩固，并根据国际形势的变化对政策作出一定的调整。每届总统都会在其任期初期制定较为雄心勃勃的计划，如马丁内利的《政府战略规划 2010—2014》①。虽然后期通常会出现执行力下降的局面，但经济数据清晰地展示了历届政府逐步积累的过程。巴拿马成功避免了陷入其他拉美国家在左右翼政府的不同政策间大幅摇摆的通病。②

（一）从航道到枢纽——运河管理局与海事局为主线的行业整合

经过美巴共管过渡期的磨合，ACP 在接管运河后运作顺利，确立了效率、安全和盈利的三大原则。③ 在持续升级运河设施的同时，ACP 和巴拿马政府不仅确保了正常运营的延续，更致力于追求提升，并在收费和运河扩建方面作出关键决策。

第一，巴拿马根据自身利益调整了运河收费模式。在美国管理运河的早期，运河的使用率并不高，运河收费以促进美国在大西洋与太平洋之间的交通运输为导向，其收费模式具有一定的"公益"性质。运河当局制定了巴拿马运河通用测量系统（PC/UMS），在早期以散货船为主的情况下，主要以船舶甲板下尺寸为衡量标准，即"一价包一船"原则④。显然，这种计价方式已经不符合世界航运业的发展趋势，也使巴拿马无法获取最大的经济利益。ACP 根据市场化的原

---

① Ministerio de Economía y Finanzas, *Plan Estratégico de Gobierno 2010-2014*, Panama City: Gobierno Nacional, 2010.
② 杨建民：《拉美政治中的"左""右"现象研究——拉美政治发展的周期与政策调整》，《拉丁美洲研究》2018 年第 1 期，第 82 页。
③ Panama Canal Authority, *Annual Report 2019*, Panama City: ACP, 2019, p. 14.
④ The Office of the Federal Register, National Archives and Records Administration, *Code of Federal Regulations (annual edition), Title 35 - Panama Canal*, Washington, D. C.: U.S. Government Publishing Office, Vol.1, 1997, pp. 146-157.

则，推崇"航道价值"，以船舶尺寸、船型和货品类型为指标改革了计费标准，并开通了包含预约和优先通过功能的交通预约系统，便于邮轮等对通行时间高度敏感的船型快速通过①。这种市场化和规范化的改革得到了航运业的认可和接纳，更充实了巴拿马政府的财政收入（见图1）。

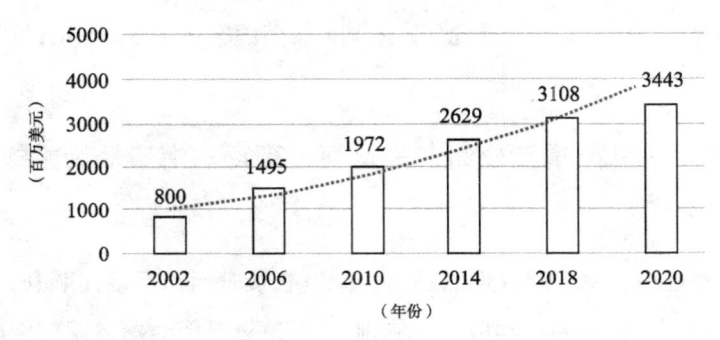

图 1　巴拿马运河管理局的年总收益

（数据来源：巴拿马运河管理局［ACP］官网，https://pancanal.com/。）

第二，尽管库莱布拉水道（Culebra Cut）在20世纪90年代得到了拓宽，但快速增长的船舶通过量仍然使巴拿马运河的通行能力变得愈发无法满足全球化的需要。在马丁·托里霍斯总统正式提出运河扩建提案后，巴拿马在2006年10月通过全民公投批准了该工程，几十年来关于运河升级的各种规划和讨论终于在2007年开始付诸实践。最终，工程于2016年完工，尽管比预期推迟了两年并追加了部分预算，但已殊为不易。扩建工程在巴拿马运河的两端增加了第三套船闸系统，该系统长427米、宽55米、深18.3米，可以通行49米宽、366米长的超巴拿马型（neo-panamax）船只，相应的集装箱船运量可以达到12 600TEU（国际标准箱），为扩建前的3倍。新

---

① Panama Canal Authority, *Proposal for the Expansion of the Panama Canal*, Panama City: Impresionarte, S.A., 2006, p. 36.

船闸一经投入使用，巴拿马运河的收入便迎来井喷，经济效益斐然（见图2）。

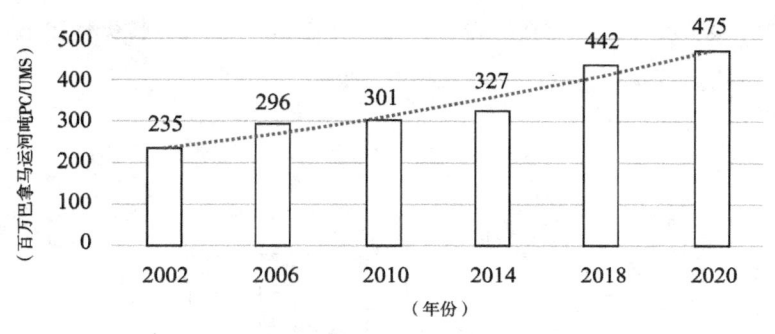

```
(百万巴拿马运河吨PC/UMS)
500 ┤                                    442    475
400 ┤              296    301    327
300 ┤      235
200 ┤
100 ┤
  0 ┤  2002  2006  2010  2014  2018  2020
                                    (年份)
```

图2　巴拿马运河的运量增长

（数据来源：巴拿马运河管理局［ACP］官网，https://pancanal.com/。）

第三，巴拿马注重从组织层面维护运河和海事利益。首先，根据运河基本法成立了运河顾问委员会（Advisory Board），成员包括船舶公司、国际海事机构及利益相关国代表，建立起与客户和业内人士的沟通渠道。其次，巴拿马利用自身的区位和船籍登记大国地位积极参与国际海事组织（IMO）的运作，在修改航运和港口安全法规以应对恐怖主义方面起到了积极作用。另外，从20世纪90年代初起，ACP定期举办巴拿马海事论坛，该论坛逐步成为业内的主要会议之一。

自从运河区回归巴拿马，从莫斯科索政府开始，巴拿马各届政府均致力于利用跨洋区位优势发展全方位的海事与物流经济，目标是打造西半球的新加坡。运河管理局与海事局分工合作，涉及的业务涵盖船舶的补给、保养、维修、加油、保险、光纤通信、注册、海事法律服务、集装箱编组和其他港口服务、多式联运，等等。结合快速成长的航空业，巴拿马早已不再是一个过境通道，而是变成了一站式的服务节点。

随之而来的，是运河两端的集装箱港区吞吐量持续增长。20世纪 90 年代，巴拿马全国的年集装箱吞吐量约为 20 万箱，到 2004 年已经达到 200 万箱，如今更是达到 700 万箱的水平（见图 3）。根据世界银行的物流绩效指数报告，巴拿马在 2018 年拥有拉美地区最优秀的物流行业，其港口规模位列拉美榜首[1]。

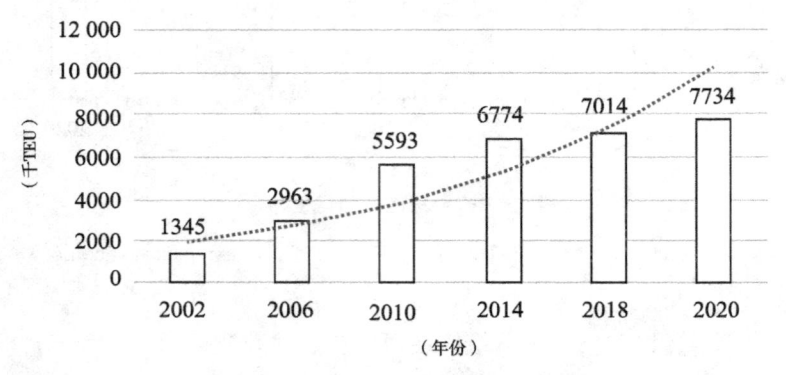

图 3　巴拿马各港区年集装箱总吞吐量

（数据来源：巴拿马海事局［AMP］官网。）

始于 20 世纪 60 年代的巴拿马船舶登记业在 2000 年初已拥有占全世界总吨位 1/4 的海船登记量，但这些船舶绝大多数都是为了节约费用和规避监管才悬挂了巴拿马的"方便旗"[2]。注册在巴拿马的船舶在世界范围内普遍名声不佳，频频被船级社和保险公司列入灰、黑名单。尽管船舶登记业收入不菲，但对国内就业的带动却微乎其微。从马丁·托里霍斯时期开始，巴拿马在法规、培训和安全方面持续发力，与国际海事组织（IMO）及国际劳工组织（ILO）全面合作，逐步扭转了巴拿马船舶登记业的形象，大大提高了巴拿马在 IMO 的话事权。

---

[1] World Bank, The Logistics Performance Index, LPI 2018, https://lpi.worldbank.org/.
[2] Le T. Thuong, "From Flags of Convenience to Captive Ship Registries", *Transportation Journal*, Vol. 27, No. 2, 1987, pp. 22-23.

巴拿马以 AMP 为平台制定的运河-海事-物流整合战略打通了各个子行业，取得了丰硕的成果。海事相关行业的 GDP 占比在 1950 年到 1999 年的近 50 年间仅仅从 6% 增长到了 10%，然而，在 2000 年到 2015 年这短短 15 年间，这一数据就激增到了 33.5%[①]。

（二）自贸区、离岸金融中心与区域总部

作为世界规模第二的免税区，科隆自由区规模持续增大，并与周围的几大港区融为一体。同时，在巴拿马城运河对岸的前美军霍华德空军基地周围，ARI 规划了巴拿马太平洋特别经济区（Panama Pacifico）并交由私人企业集团运营，目的是打造一个与科隆自由区并肩的多模式工业-商业-物流区。2019 年当选的科尔蒂索总统延续了经济政策的一贯性传统，积极推动拓展两个自由区的仓储和配送业务，鼓励企业在巴拿马进行更多的轻型装配、定制服务、维修和更新，以推动巴拿马的经济和就业增长。

与船舶登记业类似，20 世纪 70 年代巴拿马设立国际银行中心时也有服务于美国离岸金融需求的背景[②]。以科隆自由港为基础，巴拿马奉行了开放的自由港政策，以美元为货币，资金、货物和人员的流动都非常便利。但很快，在诺列加时代，巴拿马的金融业成为洗钱和逃税的代名词。进入 21 世纪，随着经济实力的快速提升，洗钱和逃税带给巴拿马的有限收益远不足以抵消其对巴拿马国家形象和投资环境的消极影响，巴拿马也在经济合作与发展组织（OECD）和美国《海外账户税收合规法案》（FATCA）的灰名单和黑名单上几进几出[③]。近 20 年来，巴拿马历届政府均致力于推动金融业的规范化与透

---

① Wilfredo Jordan, "El Peso de la Industria Marítima", Panama: La Prensa, 2015, https://www.prensa.com/economia/peso-industria-maritima_0_4304569630.html.
② Robert Y. Stebbings, "Panama and the Multinational Corporation: Tax Haven and Other Considerations", *The International Lawyer*, Vol. 8, No. 3, 1974, pp. 626-636.
③ Alex Cobham, "How the OECD Had a 'Bad Panama Papers' – and Why It Matters, Blog, Tax Justice Network", 2016, https://taxjustice.net/2016/04/19/oecd-had-bad-panama-papers/.

明化改革，但在治理逃税和洗钱方面收效甚微，因为这些离岸公司的真正操纵者往往只是利用巴拿马宽松的金融制度注册在籍。2016年爆出的"巴拿马文件"丑闻就是一个典型的案例，其业务与巴拿马本地的公司几乎毫不相关，巴拿马政府鞭长莫及，但丑闻却冠以巴拿马的名称①。金融中心的地位是一把双刃剑，在带给巴拿马繁荣的同时，也给巴拿马带来了持续的挑战。

得益于宽松且愈发规范的营商环境及良好的生活条件，从2002年开始，巴拿马吸引了一批国际组织、科技公司和航运公司将区域总部设立于此。最有代表性的包括2006年联合国开发计划署（UNDP）和2007年世界最大航运公司马士基的进驻。联合国还在2007年宣布巴拿马为其区域枢纽。截至2019年底，已有近160家大型跨国企业在巴拿马设立区域总部②。跨国公司与国际机构的入驻帮助巴拿马吸引了大批高素质人才，巴拿马的签证移民政策同样鼓励外国人前来居住和投资。与域内其他国家相比，巴拿马的优势愈发明显。

（三）外交服务于发展战略

在国际舞台上，除了在海事行业发挥较大影响力外，在进入新世纪之后，巴拿马在气候变化领域也非常活跃，在拥有52个成员国的热带森林联盟（Tropical Forest Alliance）中拥有较大影响力。此外，在国际和区域组织中，巴拿马在联合国（UN）、世贸组织（WTO）、世界银行（WB）、国际货币基金组织（IMF）、美洲国家组织（OAS）、拉美和加勒比国家共同体（CELAC）、中美洲一体化组织（SICA）中均扮演着积极角色。

---

① 解析"巴拿马文件"的文献很多，如 Jake Bernstein, *Secrecy World: Inside the Panama Papers Investigation of Illicit Money Networks and the Global Elite*, New York: Henry Holt and Co., 2017.
② Business Panama Group, "Ministerio de Comercio e Industrias de Panama, Listado Vigente de Grupos Empresariales SEM por País e Industria", Ministry of Commerce and Industry of Panama, 2019, https://mici.gob.pa/sem-grupos-empresariales-sem/.

与美国的关系始终是巴拿马外交的重点，巴拿马政府中也有相当比例的官员拥有留美经历。20世纪90年代后的巴拿马历任政府都采取了托里霍斯式的较为务实的外交策略。一方面，巴拿马与美国保持良好的合作关系，不触碰美国人的底线，如与美国在包括缉毒和反恐等方面的安全问题上进行卓有成效的合作。另一方面，巴拿马维护了自身的战略利益，并通过国际多边舞台不断扩大自身的影响。

最能体现巴拿马外交灵活务实特点的便是其于2017年与我国建交。在此之前，运河管理局和巴拿马商界早已督促政府顺应时代的发展，巴拿马政府中的有识之士也对两国的合作持积极态度。在我国外交部门的配合下，巴雷拉总统及其外交团队成功地克服了美国的无形阻挠，顺利完成了建交谈判。中巴两国建交后在经贸合作方面发展迅速，双方签署了多项双边合作文件，目前已有华为、中兴、中远、中建、中铁、中铁建、中交、宝钢等龙头企业将区域总部设立在巴拿马。可以说，与我国建交有利于巴拿马抓住历史的机遇和经济发展的新动能，成为中国拓展拉美市场的桥头堡。两国建交前的2017年3月，ACP理事会与其顾问委员会在上海举行了联席会议，第一届巴拿马-中国海事论坛也于2018年4月16日在上海举行[1]。

（四）成就与挑战

与拉美其他国家相比，巴拿马于近几十年内在经济发展方面取得了不菲的成绩。在新冠疫情暴发前，巴拿马的经济自2004年起保持了拉美历史上持续时间最长的稳定快速增长，几次经济危机亦未对巴拿马产生过多影响。目前，巴拿马人均GDP已高居拉美第一梯队，有望成为世界范围内极少数真正跨入发达国家门槛的发展中国家。此外，巴拿马在人均寿命、教育水平、政治稳定性方面均得到了持续改善。

---

[1] 中远集团官方新闻：《中远海运参加巴拿马-中国海事论坛》，2018年4月17日，http://www.coscoshipping.com/art/2018/4/17/art_6864_75766.html。

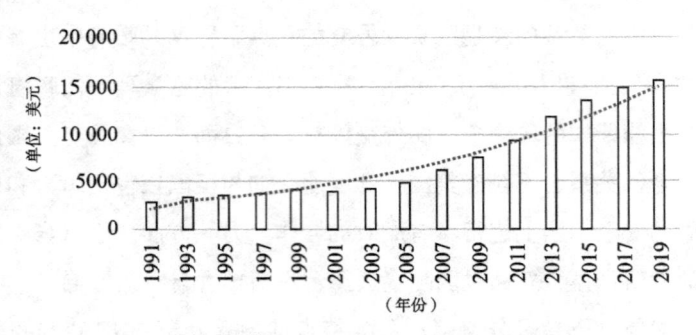

图 4　巴拿马 1991—2019 年人均 GDP

（数据来源：世界银行世界发展指标（World Development Indicators），https://databank.worldbank.org/source/world-development-indicators/preview/on。）

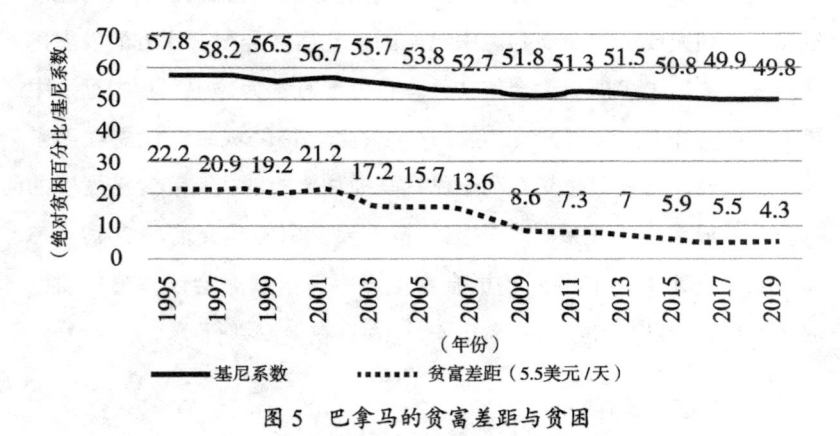

图 5　巴拿马的贫富差距与贫困

（数据来源：世界银行世界发展指标，https://databank.worldbank.org/source/world-development-indicators/preview/on。）

一直以来，贫富差距都是困扰巴拿马的顽症。在美国范德堡大学（Vanderbilt University）对巴拿马的民意调查中，贫富差距、失业等经济问题始终是民众最为不满的焦点[①]。经济的发展只做到了让富

[①] Orlando J. Pérez, Marco A. Gandásegui, Jr., & Mitchell A. Seligson, *The Political Culture of Democracy in Panama, 2004: Public Perceptions about the Political System*, A Study of the Latin American Public Opinion Project (LAPOP), 2004, p. 59, https://www.vanderbilt.edu/lapop/panama/2004-politicalculture.pdf.

人的生活更加美好，民众对经济增长未能惠及自身生活感到失望。巴拿马的历届政府都试图修复和弥补二元经济结构及其所带来的贫富差距问题，如图5所示，巴拿马在消除绝对贫困方面也取得了不小的成就，但在缩小贫富差距方面依旧任重道远。新冠疫情的肆虐令巴拿马的GDP在2020年暴跌17.95%，大批非正规就业的民众首当其冲，再次返贫。

此外，政治腐败是另一个为民众所痛恨的主要问题。在2004年的民意调查中，八成的民众认为政府存在腐败现象[①]。可以说，贫富差距与政治腐败是困扰每一个拉美国家的共同难题。巴拿马能否真正做到脱颖而出，成为美洲的新加坡，其关键就在于能否在治理这两项痼疾方面取得成效。

五、结语

如历史学家迈克尔·康尼夫（Michael L. Conniff）所言，巴拿马已经从依附于美国和被迫与美国结盟成长为全球海事的领导者和美国的安全合作伙伴[②]。如今的巴拿马人已经可以自信地讨论巴拿马的民族性，以和平、海事、民主传统、拥抱多元文化为傲，并珍惜运河与海事产业这份民族和国家的宝贵财富。这份自信本身就是国家发展到一定水准的体现。1977年前，巴拿马人几乎无法参与任何与运河有关的事务；今天，他们已经可以把国家命运掌握在自己手上。

当代巴拿马的发展源于20世纪六七十年代与美国的抗争与谈判。托里霍斯将军执政时期，巴莱塔等经济学家确立的国家发展战略富有

---

① Orlando J. Pérez, Marco A. Gandásegui, Jr., & Mitchell A. Seligson, *The Political Culture of Democracy in Panama, 2004: Public Perceptions about the Political System*, A Study of the Latin American Public Opinion Project (LAPOP), 2004, pp. 97-105, https://www.vanderbilt.edu/lapop/panama/2004-politicalculture.pdf.
② Michael L. Conniff, *Panama and the United States: The End of the Alliance (3rd edition)*, Athens, GA: University of Georgia Press, 2012, p. 203.

远见。拨开美国所推崇的民主政治外衣，巴拿马成功的秘诀在于坚定、长期并灵活地贯彻了这一发展模式，将运河与国民经济逐步融为一体，全方位覆盖了海事、物流、航空、贸易、金融、旅游等诸多方面，从而创造了更多的价值。与新加坡相比，巴拿马存在制度劣势，政治斗争带来混乱的潜在风险始终存在。在巴莱塔主导的 ARI 战略规划基本实现之后，未来巴拿马的发展之路充满了不确定性。在世界极化和巴拿马内部政治斗争均在加剧的背景下，巴拿马政策延续性高的优点能否继续保持存在一定的变数。

此外，对巴拿马这种对外界条件高度敏感的服务型经济体而言，新冠疫情、特朗普执政后全球政治环境的骤变等外部地缘环境的变化是其自身无法掌控的。墨西哥、尼加拉瓜、哥伦比亚的运河计划，加勒比多国推出的自由港项目都是巴拿马的直接竞争对手。

回顾从附庸到自主的百年发展之路，巴拿马在发展模式上获得了成功。利用自身优越的地理位置，巴拿马持续促进投资，成功地将运河、港口、机场、自贸区等元素有机整合为一体，并不断巩固其作为海空连接枢纽、多式联运物流中心和跨国公司拉美总部的地位。巴拿马能否真正发展为美洲枢纽、美洲新加坡，让经济发展的果实惠及所有人民？让我们拭目以待。

From Annex to Autonomy: A Centennial Exploration of Panama's National Development Path

Zhang Song

Abstract: With its strategic position and convenience for trade and commerce, Panama connects two oceans by a Canal and links the Americas via the isthmus. The construction of Panama Canal led to the independence of Panama. In the early days, with its territory divided into two parts and its politics and economy totally dependent on the United States, Panama was more like an annex of the Canal Zone which was under the jurisdiction of the United States. Throughout the 20th century, in addition to the strenuous efforts for the sovereignty over the Canal Zone, Panama has also been exploring its own model of development. A long-term plan, rooted back to the Torrijos era in the 1970s and implemented after the return of the Canal, is the main line of Panama's development. Based on its own characteristics, Panama focuses on the service sector and gradually forms its four pillars on Canal, duty-free zone, finance and tourism. In the new century, the vision of "Hub of the Americas" was proposed to integrate all Canal, maritime and logistics-related industries and make Panama the "Singapore of the America". While these achievements have been widely recognized by the international community, Panama still faces challenges such as the enormous gap between the rich and the poor. Whether these challenges can be overcome will determine the prospects of Panama.

Keywords: Panama; Canal; Hub of the America; Maritime

第二部分
区域中的世界

第三章
国家治理中的新技术实践

国家数字化发展战略及其在印度的实践*

张　立　胡大一**

摘要： 全球化产生了广泛的趋同效应，流行于发达国家的数字化战略，也受到发展中国家的追捧和效仿，成为其发展重点。这也是由数字化战略对国家经济增长和政治治理所具备的巨大推动作用决定的。但与发达国家主要基于市场自发成长的数字化发展道路不同，发展中国家通常面临着更为严重的市场失灵问题，需要更多地借助政府的力量进行干预；同时，还需要发挥开放格局下的跨国资本作用。因此，一个基于供给侧视角的有关发展中国家的数字发展战略模型的构建，至少应当包含政府、国内私营资本和跨国资本三类行为体及其互动状况因素在内。本文还基于这一粗浅框架，分析了数字化战略在印度的制定与实施表现。印度数字战略的进展表明，清晰的数字化战略能够取得积极的效果，具体体现在通过政府主导下的公私合作伙伴关系的建立，数字基础设施建设能得到加强、数字领域的主导产业能够获得有力支持以及数字战略的溢出效应能得到重视。但与此同时，也应看到硬币的另一面，那就是数字发展战略本身只能加速一个国家的发展，而不能从根本上解决一个国家在经济和社会发展上存在的其他内在问题，比如国家财政条件可能会限制政府作用的发挥、根深蒂

---

* 感谢清华大学国际与地区研究院对作者提供的会议资助，同时感谢论文的评审专家对本文提出的宝贵修改意见。

** 张立，四川大学南亚研究所副研究员，经济学博士、国际政治博士，从事印度和南亚地区研究，研究方向为国际战略、中印关系、全球经济治理；胡大一，四川大学南亚研究所 2020 级硕士研究生，研究地区为印度和南亚，研究方向为国际经济关系。

固的地区分化状况以及不当的政策制定取向和保守主义心态等，这些因素将使得政府、私营资本和跨国资本三者间难以充分发挥协同作用，制约国家数字发展战略目标的实现。

关键词：数字战略；印度；发展特点

一、引言

数字技术是推动全球进入工业革命 4.0 时代的主要驱动力，也是数字经济和数字战略发展的基石。早期有关数字技术对国家经济的促进作用的研究，主要聚焦在信息通信技术（ICT）行业。根据经典经济增长理论，劳动力、资本投资和技术进步是经济增长的关键驱动力，[1] 而 ICT 的引入，则有利于提高资本和劳动力生产率、深化社会分工、简化生产流程，进而推动国家和行业的经济增长。因此，ICT 行业的发展与经济增长之间存在着正相关的循环关系。[2] 基于 ICT 行业对经济增长的作用，各国纷纷制定和出台了促进本国 ICT 产业发展的战略和相关政策。Yoon 等发现，无论是发达国家还是发展中国家，均将"政治领导"和"信息和通信基础设施"视作决定国家数字战略发展的两个最重要因素，且发展中国家在制定其数字战略时，往往会参考发达国家的发展模式，尽管其实际取得的效果甚微。[3] 其部分原因在于各国在经济状况、社会背景、文化习俗等方面的不同，因而各国发展其 ICT 产业的"战略优先事项"或者确保该战略成功的决定

---

[1] John Hicks & Samuel Hollander, "Mr. Ricardo and the Moderns", *Quarterly Journal of Economics*, Vol. 91, No. 3, 1997, pp. 351-369; Paul A. Samuelson, "The Canonical Classical Model of Political Economy", *Journal of Economic Literature*, Vol. 16, No. 4, 1978, pp. 1415-1434.

[2] Gerry Johnson, "Managing Strategic Change — Strategy, Culture and Action", *Long Range Planning*, Vol. 25, No. 1, 1992, pp. 28-36.

[3] Jeongwon Yoon & Myungsin Chae, "Varying Criticality of Key Success Factors of National E-Strategy Along the Status of Economic Development of Nations", *Government Information Quarterly*, Vol. 26, No. 1, 2009, pp. 25-34.

性因素也不尽相同。①

　　随着 ICT 行业不断成长和数字化进程提速，新一轮数字化发展模式登上历史舞台。新模式下的数字经济不断地与传统行业相互渗透、融合发展，成为各国经济增长的新引擎②，数字驱动型的经济发展战略也由此受到了广泛关注。③有研究报告将新兴数字经济划分为数字产业化和产业数字化两大板块，前者包括软件业、电信业、电子信息制造业和互联网行业等，后者则指数字技术赋能传统产业带来的产业转型及其生产效率的提高，具体包括 5G、大数字、人工智能、智能制造等相关领域。④传统数字模式近似于数字产业化，而新数字经济模式则更强调产业的数字化转型，如数字新基建、电子商务、电子媒体等都是数字技术与传统行业融合发展的结果。尽管新一轮数字化进程看似势不可挡，但仍面临着一定的阻力。如 Harald 对欧洲制造业的研究发现，为了防止破坏欧洲福利社会模式的可持续性，某些工业部门并不愿意采用数字技术并调整其生产流程，⑤有些发展中国家也担心原有的基于人力和土地资源的比较优势将会被智能生产和智能制造所取代。⑥但无论如何，数字战略仍在国家层面得到了普遍重视。⑦

---

① Michael Kyobe, "Investigating the Key Factors Influencing ICT Adoption in South Africa", *Journal of Systems and Information Technology*, Vol. 13, No. 3, 2011, pp. 255-267.
② Valentina Amuso, Giuliano Poletti & Donato Montibello, "The Digital Economy: Opportunities and Challenges", *Global Policy*, Vol. 11, No. 1, 2020, pp. 124-127.
③ Tooran Alizadeha & Neil Sipe, "Brisbane's Digital Strategy: An Economic Strategy for the Digital Age?", *Australian Planner*, Vol. 52, No. 1, 2015, p. 35.
④ 中国信息通信研究院，《中国数字经济发展与就业白皮书》，2019 年 4 月，第 20 页，http://www.caict.ac.cn/kxyj/qwfb/bps/201904/P020190417344468720243.pdf。
⑤ Harald Gruber, "Innovation, Skills and Investment: A Digital Industrial Policy for Europe", *Economia e Politica Industrial*, Vol. 44, No. 3, 2017, pp. 327-343.
⑥ Jörg Mayer, "Digitalization and Industrialization: Friends or Foes?", *UNCTAD Research Paper*, No. 25, October 7, 2018, pp. 1-30.
⑦ James F. Larson, "Network-Centric Digital Development in Korea: Origins, Growth and Prospects", *Telecommunications Policy*, Vol. 41, No. 10, 2017, pp. 916-930; Roger Atsa Etoundi, Flavien Serge Mani Onana, Georges D. Olle et al., "Development of the Digital Economy in Cameroon: Challenges and Perspectives", *The Electronic Journal of Information Systems in Developing Countries*, Vol. 76, No. 1, 2016, pp. 1-24.

尤其是从比较视角看，各国在数字经济发展上仍存在着较为突出的数字鸿沟和发展不均衡问题，这种不均衡性也反映在一国内部的地区和城乡之间。① 总体而言，发达国家是 ICT 行业和数字经济的领导者，发展中国家则处于跟随且相对落后的状态。② 因此，研究发展中国家如何在数字领域学习、借鉴发达国家的经验进而奋起直追，对于理解未来数字经济在全球的推进态势，以及预测未来国际经济和政治格局的发展和演变等，具有重要意义。本文旨在结合印度的实际，探究印度推进数字经济发展的实践经验与不足，从中管窥发展中国家在推进数字战略上的普遍特点。

二、分析框架

在开放格局下，作为新兴产业的数字经济的发展，从供给端看主要受到政府、国内投资者和国外投资者的影响。这三个部门间的制度、政策、策略与行为互动，决定着数字经济领域的激励约束机制的变迁与运行状况。

（一）发展数字经济的政府战略主导和政策推动

政府是国家战略的制定者，也是政策的引导者和推动者。在数字经济的发展过程中，国家的任务是制定数字战略的新政策，将数字计划与国家发展战略综合起来。③ 数字产品本身带有一定的公共产品属性，而公共产品是市场失灵的原因之一，数字产品的耐用性和非竞争

---

① Shing H. Doong & Shu-Chun Ho, "The Impact of ICT Development on the Global Digital Divide", *Electronic Commerce Research and Applications*, Vol. 11, No. 5, 2012, pp. 518-533.
② Christopher Foster & Shamel Azmeh, "Latecomer Economies and National Digital Policy: An Industrial Policy Perspective", *The Journal of Development Studies*, Vol. 56, No. 7, 2020, pp. 1247-1262.
③ Nagy Hanna, "A Role for the State in the Digital Age", *Journal of Innovation and Entrepreneurship*, Vol. 7, No. 5, 2018, pp. 3-5.

性足以将其价格推到不可持续的水平从而造成市场失灵。① 此外，数字经济的发展需要在前期进行大量投资，从而获得足够的流量以实现规模效应。根据梅特卡夫定律（Metcalfe's Law），随着技术的发展，当网络中的用户数越来越多时，该网络的价值也就越来越大。② 因此，规模经济、范围经济和网络外部性交互作用将导致行业内寡头垄断企业的出现。数字产业作为新兴产业，在产业发展初期，正的外部性导致私人投资不足，从而需要公共投资进行补给。③ 寡头垄断企业的出现和私人领域的投资不足都将导致市场失灵，从而延缓整个数字经济的形成。正是由于数字经济会导致市场失灵，因此需要政府这一数字战略的提出者介入市场进行干预，制定相应的数字产业发展政策以确保国家数字战略的顺利推行。

产业政策是实现国家数字战略的政策工具。政府可以利用产业政策缩小数字鸿沟，协调国内区域之间数字发展的不平衡，促进数字化应用。基于各国的不同国情，主要形成了两种产业政策的制定模式。一是适用于互联网和数字行业较为发达的国家的模式，这些国家大多具备相对成熟的数字产业市场，其数字政策的制定过程往往是自下而上推动的。如 Foster 等对中国数字产业政策所作的研究发现，中国数字经济的发展是由私人部门推动的，这些公司是在专注于国内市场的情况下出现的，并在私人资本的支持下得以扩张。④ 二是适用于互联网和数字行业较为落后的大多数发展中国家的自上而下的推动模式。

---

① Thierry Rayna, "Understanding the Challenges of the Digital Economy: The Nature of Digital Goods", *Communications & Strategies*, Vol. 71, No. 3, 2008, pp. 13-16.
② 梅特卡夫定律是一个关于网络价值与网络技术的发展的定律，由乔治·吉尔德于 1993 年提出，但以计算机网络先驱、3Com 创始人罗伯特·梅特卡夫的姓氏命名，以表彰他对以太网的贡献。其内容是：一个网络的价值等于该网络内的节点数的平方，且该网络的价值与联网的用户数的平方成正比。
③ Dan Ciuriak, "Rethinking Industrial Policy for the Data-Driven Economy," *CIGI Papers*, No. 192, 2018, pp. 1-22.
④ Christopher Foster & Shamel Azmeh, "Latecomer Economies and National Digital Policy: An Industrial Policy Perspective", *The Journal of Development Studies*, Vol. 56, No. 7, 2020, pp. 1253-1255.

这种模式以政府为主导，优先发展国内市场。政府的主导角色同时体现在数字经济的供给侧和需求侧两个方面：[1] 既强调政府在数字战略供给端的政策输出，如鼓励数字基础设施建设；也强调政府在数字战略需求端的政策推动，如鼓励国民对数字经济的使用等。

（二）私营部门扩大融资，释放数字经济需求

私营部门被普遍认为在支持可持续增长方面具有重要的促进作用，扩大私营部门所发挥的作用已成为国家发展的中心主题。[2] 因为蓬勃发展的私营部门能够广泛参与到各项经济议程当中，具有较强的竞争活跃度，还可通过纳税、制定国际标准以及与政府合作扩大基础设施建设等方式，为政府的发展战略和发展目标做出贡献。[3] 同时，私营部门往往还具有优秀的执行能力。[4] 因此，除了政府在战略和政策两方面的推动外，还应当关注其国内私营部门在数字经济发展方面的作用，进而获得发展数字经济的后发优势。

私营部门助力国家数字战略存在两种协作路径，一是利用私营部门的资金优势扩大数字领域的融资；二是通过私营部门的广泛参与刺激国内数字经济发展的需求侧，释放数字活力。数字战略的实施需要完善的数字基础设施作为发展前提，而数字基础设施的建设则需要大量的资金支持，特别是在农村地区等数字化发展程度较为落后的地区，资金缺口巨大。[5] 引入私营部门可以扩大产业发展的融资来源，同时，

---

[1] Sangki Jin & Cheong Moon Cho, "Is ICT a New Essential for National Economic Growth in an Information Society?", *Government Information Quarterly*, Vol. 32, No. 3, 2015, pp. 253-260.
[2] Julien Barbara, "Nation Building and the Role of the Private Sector as a Political Peace-Builder", *Conflict, Security & Development*, Vol. 6, No. 4, 2006, pp. 581-594.
[3] Geethanjali Nataraj, "Infrastructure Challenges in South Asia: The Role of Public-Private Partnerships", *ADBI Discussion Paper*, No. 80, 2007, pp. 2-32.
[4] Michael E. Porter, "Location, Competition, and Economic Development: Local Clusters in a Global Economy", *Economic Development Quarterly*, Vol. 14, No. 1, 2000, pp. 15-34.
[5] Harald Gruber, J. Hätönen & Pantelis Koutroumpis, "Broadband Access in the EU: an Assessment of Future Economic Benefits", *Telecommunications Policy*, Vol. 38, No. 11, 2014, pp. 1046-1058.

私营部门的投资行为具有较强的盈利性，因而在进行投资活动时还需考虑其风险偏好。另外，中小型私营企业更加专注于内部流程、网站和电子商务等方面的数字化，以提高其竞争力，通过将数字技术与相关的商业模式及流程相结合，可以在需求侧激发市场潜力。[1]

（三）跨国资本参与国家数字战略

当前，跨国资本流动愈加成为助力全球化和世界经济增长的原动力之一，尤其是源自发达国家的资本流入（FDI），成为不少发展中国家实现经济腾飞的关键。数字领域也是如此。但是，FDI的流向分布并不均衡，吸收FDI较多的国家，无疑更具发展优势。因此，发展中国家的数字战略往往也包括了对外资的吸引战略，并将吸引外资视为整体战略中至关重要的组成部分。Pires在研究发展中国家ICT行业外商直接投资的影响因素时发现，技术、政策和法规以及社会经济是影响FDI流向东道国ICT产业的关键因素。一般而言，跨国公司等机构更愿意把资金投向经济水平较高的国家，因为这些国家的技术更为领先，并且有着良好的基础设施条件。[2]而政策和法律法规则能够反映东道国政府为吸引外资而提供的营商环境，其中，市场的开放程度是能否吸引外国直接投资的一个决定因素。[3]此外，外国资本进入东道国市场还涉及标准的制定，外国的投资经营模式与当地的法律法规是否匹配也会在一定程度上影响外国资本的进入。还需重视的是，由于数字化具有网络经济和规模经济效应，其引发的国际资本转移可能会导致生产性投资更多地集中在少数区域，这凸显了城市群和

---

[1] Harald Gruber, "Proposals for a Digital Industrial Policy for Europe", *Telecommunications Policy*, Vol. 43, No. 2, 2019, pp. 116-127.
[2] Guilherme D. Pires, "The Interaction of Foreign Direct Investment with Electronic Commerce in Less Developed Countries", *Forum for Social Economics*, Vol. 39, No. 2, 2010, pp. 127-143.
[3] Erdal Demirhan & Mahmut Masca, "Determinants of Foreign Direct Investment Flows to Developing Countries: A Cross-Sectional Analysis", *Prague Economic Papers*, Vol. 4, No. 4, 2008, p. 366.

产业集群的重要性，不重视产业集群的外国直接投资吸引政策将是低效的。

对于大多数发展中国家而言，由于其在基础设施的投资和建设以及数字发展水平等方面的落后，[1]在吸引 FDI 上往往处于不利位置。这就需要提高经济管理水平，以弥补其他方面的不足，比如不仅要解决技术和科学研究等方面的问题，还要解决数字转型所面临的社会、经济、区域甚至是国际层面的问题。[2]外国投资能够为东道国带来两种典型的资产，首先是资本等有形资产[3]，其次是先进的技术、管理手段等大量的无形资产[4]。但是，由于外国资本的先发优势，有可能会导致行业内形成寡头垄断企业，因此也需要政府加以防范。

（四）政府政策、私营部门和跨国资本的交互作用

美国学者迈克尔·波特（Michael E. Porter）在研究国家的竞争优势中指出，一个国家的产业之所以能够兴旺发达，在于以下四个因素的共同作用，这些因素构成了关于国家竞争优势的钻石模型：一是国家的要素条件，即人力资本、技术资本、基础设施建设等基本要素；二是国家的需求条件，主要受到国家宏观经济政策调控的影响；三是企业战略即企业竞争的后果，即国内企业的激烈竞争对产业造成的影响；四是主导产业以及与之相关的支持性产业。[5]但英国学者苏

---

[1] Tony Addison & Almas Heshmati, "Democratization and New Communication Technologies as Determinants of Foreign Direct Investment in Developing Countries", *Paper Presented at the Conference on the New Economy in Development*, 2002, pp. 10-11.

[2] Jacques Bughin, Jeongmin Seong, James Manyika et al., "Notes from the AI Frontier: Modeling the Impact of AI on the World Economy", September 4, 2018, https://www.mckinsey.com/featured-insights/artificial-intelligence/notes-from-the-ai-frontier-modeling-the-impact-of-ai-on-the-world-economy.

[3] Georgios Zekos, "Foreign Direct Investment in a Digital Economy", *European Business Review*, Vol. 17, No. 1, 2005, pp. 52-68.

[4] Catherine L. Mann, "Electronic Commerce in Developing Countries", 2000, https://www.piie.com/publications/wp/00-3.pdf.

[5] Michael E. Porter, "The Competitive Advantage of Nations", *Harvard Business Review*, Vol. 68, No. 2, 1990, p. 78.

珊·斯特兰奇（Susasn Strange）认为波特的分析仅涉及国内因素，忽视了国外和国际体系的变化，尤其是忽略了跨国投资在塑造特定国家或特定产业竞争优势中所起到的巨大作用。[①]因此，本文尝试基于政府、私营部门和跨国资本这三个主要行为体，建立一个初步的国家数字经济战略分析框架，具体如下图所示。

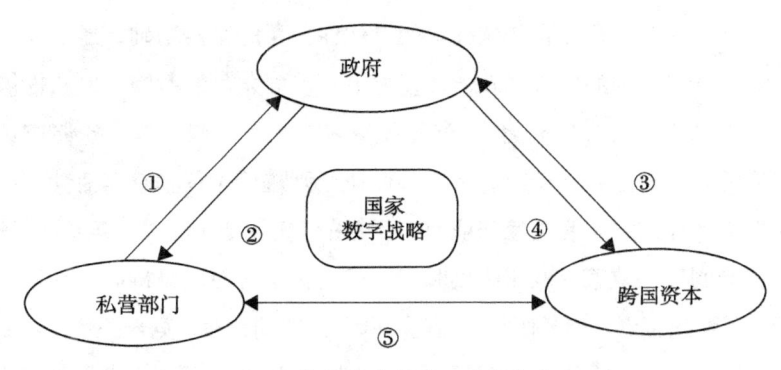

图1 国家数字战略的分析框架

在上图中，政府、私营部门和跨国资本是国家发展数字经济战略的主要参与者。其中，政府是数字战略的主要引领者，通过出台一系列的政策和法律法规引导私营部门参与数字战略的建设（路径②），并引导外国直接投资等国际资本进入本国市场（路径④）；私营部门为国家的数字建设提供资金，并积极发挥企业自身优势，进一步刺激国内的数字需求（路径①）；跨国资本则进一步满足了政府的融资需求，并积极参与东道国的标准制定，用技术、管理等无形资产优势参与东道国国内的数字经济市场建设（路径③）；跨国公司进入国内市场必然会与本国企业产生激烈的竞争或者合作，这种竞争与合作的影响可能是有利的，能够促进私营部门和跨国资本的共同发展；但也有

---

① 约翰·斯托普福德、苏珊·斯特兰奇：《竞争的国家竞争的公司》，查立友等译，社会科学文献出版社2003年版，第11页。

可能带来不利的影响，导致寡头市场的形成，从而限制本国企业的发展（路径⑤）。

政府和私营部门、外国投资者的交互作用的核心，在于建立一个良好的公私合营伙伴关系。政府等公共部门如果进行大量投资，则有可能挤占私营部门的发展所需要的稀缺物质和财政资源，从而抑制私营部门的投资活动，[①] 因而，政府应鼓励而非替代私营部门，使之成为国家数字战略的积极合作伙伴。两者伙伴关系的坚实基础，建立在互补的目标和有利的监管和政治环境之上，政府角色的范围可以从提供者扩展到推动者和监管者。[②] 外国投资者与私营部门一样，扮演市场主体的角色，主要基于市场需求和商业原则进行投资和营销活动，以此促进产业的成长和国家产业政策目标的实现。政府在数字经济领域推行的制度和政策有利于激励私营部门的，也可在国民待遇原则下适用于外国投资者；但外国投资者与私营部门之间也存在竞合关系，需要政府进行有效干预以确保竞争不会趋于恶性或出现共谋式垄断局面。这样，大型跨国数字公司就有可能更好地融入发展中国家的数字经济市场，以其雄厚的资本投入、技术输入和先进的商业模式等充分发挥示范引领作用，最终促成东道国数字市场的增长和数字发展战略的推进。

三、印度数字发展战略的背景与内容

（一）印度数字发展战略的背景

印度数字发展战略由来已久，该战略的形成与发展，主要是不断发展、变化的国际和国内形势综合作用的结果。

[①] Mohsin S. Khan & Carmen M. Reinhart, "Private Investment and Economic Growth in Developing Countries", *World Development*, Vol. 18, No. 1, 1990, pp. 19-27.
[②] Christian M. Rogerson, "In Search of Public Sector-Private Sector Partnerships for Local Economic Development in South Africa", *Urban Forum*, Vol. 21, No. 4, 2010, pp. 441-456.

从国际层面看，21世纪全球经济发展已经由劳动密集型驱动转向资本密集型和智能密集型驱动。高新技术成为国家经济增长的新引擎，创新作为助推器成为社会转型和国家经济发展的关键因素，国家发展的数字化转型正是在此背景下提出的。就发达国家而言，其数字化发展程度普遍较高，为了保持在世界经济发展中的领先优势，包括美国、英国、澳大利亚等在内的发达国家，先后出台了与发展数字经济相关的政策，例如美国在 2012 年出台了数字政府战略，英国分别于 2015 年和 2017 年出台了数字经济战略和数字战略，澳大利亚也在 2011 年提出了国家数字经济战略。[1] 发达国家对数字经济的重视，不可避免地会引起发展中国家的关注，并可能唤起其危机感。因为发展中国家在数字化领域的发展本就落后于发达国家，如果不适时地采取行动制定国家经济转型的数字战略，与发达国家之间的数字鸿沟将会越来越大，经济增长的可持续性也将受到限制。对于像印度这种具有"大国抱负"的新兴发展中大国来讲，更是如此。

从印度国内看，其以软件外包为特色的信息服务产业享誉全球，数字经济发展具有较好基础。但即便如此，印度与发达国家之间的数字鸿沟仍然巨大，其国内各地区间的数字化发展水平也是参差不齐。除高度发达的 IT 外包服务业外，印度在其他产业领域的发展水平仍较为落后，不但落后于西方发达国家，也大大逊色于被印度视为竞争对手之一的中国。[2] 印度亟须通过数字产业和产业的数字化发展，提高其经济增长速度和效率；同时，数字战略对提高印度的国家治理能力和公共服务效能也有积极作用。印度的数字化战略最早可以追溯到 20 世纪 80 年代的拉吉夫·甘地（Rajiv Gandhi）执政时期，此后印度对数字产业的重视也一直是有增无减。到 2014 年莫迪（Narendra Damodardas

---

[1] 刘淑春：《中国数字经济高质量发展的靶向路径与政策供给》，《经济学家》2019 年第 6 期。

[2] Arvind Panagariya, "Why India Lags Behind China and How it Can Bridge the Gap", *World Economy*, Vol. 30, No. 2, 2007, p. 7.

Modi）总理上任后，由于数字化潮流已经蔚为可观，印度政府将数字发展战略摆在了更加重要的位置，明确提出了"数字印度"以及"智慧城市"等国家级旗舰计划。①2015年7月，随着同年3月中国"互联网+"战略的提出，印度政府发展数字战略的决心更加坚定，"数字印度"作为莫迪政府的旗舰计划已上升为印度的国家战略。②

（二）"数字印度"战略的内容

"数字印度"战略作为印度政府的旗舰计划，旨在将印度转变为一个数字化赋权的知识经济型社会，改善民众的生活水平，提升国家治理能力。该战略包含三大愿景：首先是完善数字基础设施建设，这是一项服务于每个公民的公共事业；其次是提高国家治理能力并满足及时服务的需求；最后是实现公民的数字赋权。③"数字印度"战略也被视为印度数字革命的开端，它要求通过改善通信基础设施和增加各地区之间的互联互通，实现政府事务向电子政务转型，实现国家发展的数字化和现代化。

为了实现上述三大愿景，印度政府提出了实现"数字印度"计划的九大支柱，分别是：建设宽带、接通电话、公共互联网接入计划（Wi-Fi）、电子政务计划、电子交付计划、信息公开计划、发展电子制造业、发展IT产业和早期收获计划等。④在组织实施上，"数字印度"计划由印度电子和信息技术部牵头，包括通信与IT部门、农村发展部、人力资源部和卫生部等多部门参与推进，为电子政务的实施

---

① Duncan McDuie-Ra & Lauren Lai, "Smart Cities, Backward Frontiers: Digital Urbanism in India's North-East", *Contemporary South Asia*, Vol. 27, No. 3, 2019, p. 358.
② Ministry of Electronics and Information Technology of India, "India's Trillion-Dollar Digital Opportunity", 2019, p. 5, https://www.meity.gov.in/writereaddata/files/india_trillion-dollar_digital_opportunity.pdf.
③ Ministry of Electronics and Information Technology of India, "Vision and Vision Areas", 2019, https://www.digitalindia.gov.in/content/vision-and-vision-areas.
④ Ministry of Electronics and Information Technology of India, "How Digital India will Be Realized: Pillars of Digital India", 2019, https://digitalindia.gov.in/content/programme-pillars.

提供强大动力，并涵盖电子服务、产品、设备、制造和就业等多个领域，从而促进印度实现包容性增长。

"数字印度"计划的最终目的是实现上述三大愿景，其中，数字基础设施建设是实现数字治理及商品和服务数字化、公民的数字赋权的基石。电信业是大力发展数字基础设施建设的支柱产业，通过大量建设光纤通信设施，不断增加移动蜂窝数据和Wi-Fi的覆盖面积，进而促进各地区的通信连接，尤其是让部分发展较为落后的农村地区实现网络覆盖。国家数字治理能力的提升不光着眼于政府机构治理能力的提升，更重要的是实现数字治理在印度国内的全覆盖，因而通过大力发展数字基础设施可以实现各地区之间的互联互通，进一步缩小数字鸿沟，这也是实现公民数字赋权的重要保障。例如，为了实现数字化治理和提升公民的数字素养，印度政府建立了全球最大的生物特征数据库，为每个公民创建了数字身份信息（Aadhaar项目）[①]。同时，数字基础设施的修建和改造也是实现商品和服务的数字化转型的有力支撑。例如，电子商务行业是印度零售业实现数字化转型的典型代表，尤其在新冠疫情的冲击下，印度实体商店的在线订货量较往常有了很大的提升，大量的实体零售商店和服务开始向线上发展。[②]

（三）"数字印度"战略的实施路径

一是政府引领"数字印度"战略。印度政府在发展国家数字战略过程中占据主导地位。首先，政府是"数字印度"战略的提出者和设计师。总的来说，"数字印度"战略分为三个等级，层层递进，以宏观愿景为指导，并在此基础上提出了九大发展支柱，最后进一步细化，在操作层面上提出了智能医疗、智慧城市、电信网络等十大执行

---

① Telecom Regulatory Authority of India, "Digital Infrastructure in India", 2017, https://trai.gov.in/sites/default/files/presentations_&_cv/Day-3_25Aug2017/Session2_Digital%20world/Digital%20Infra_Rajesh%20Sharma.pdf.
② 张亚东：《疫情推动印度路边小店走向数字化》，2020年9月5日，http://www.xinhuanet.com/world/2020-09/05/c_1126456337.htm。

措施。其次，政府具备调控市场和产业的手段和能力。印度政府通过一系列的政策供给，引导国内电信企业、互联网企业等数字型企业参与数字化建设，引导社会资源流向支柱企业。

二是私营部门和跨国资本的共同参与。在执行和实践"数字印度"战略的过程中，政府的力量有限，需要私营部门和跨国资本的共同参与。实施"数字印度"计划需要庞大的资金支持，这需要印度的政府与私营部门展开积极的公私合作，并积极吸引外国资本的进入。

（四）发展数字基础设施建设是实现印度"数字愿景"的基石

如前所述，发展数字基础设施是实现"数字印度"计划的基石，根据麦肯锡（McKinsey）的研究报告，数字经济对印度 GDP 的贡献将高达 1 万亿美元。[1] 基础设施投资对 GDP 的增长通常具有 2 倍的乘数效应，而数字基础设施的投资对 GDP 的增长具有 4 倍的乘数效应。[2] 发展数字基础设施，其关键在于发展本国的电信业。英国、德国、日本和美国等发达国家每年将 GDP 总值的 1% 至 1.5% 用于数字基础设施建设，例如英国和法国每年在数字基础设施的投入超过 350 亿美元，日本约为 620 亿美元，美国则高达 1600 亿美元。与此相较，印度在电信领域的公共支出严重不足，印度在电信领域的投资约为 130 亿美元，其中政府支出仅 20 亿美元。政府公共支出中的 80% 都被用于在公路、电力、铁路、石油等领域进行投资，而在电信领域的投资还不到政府总投资的 2%。[3]

---

[1] Financial Express, "Will the Union Budget 2021 Catalyse India's Digital Economy?", February 1, 2021, https://www.financialexpress.com/budget/will-the-union-budget-2021-catalyse-indias-digital-economy/2183774/.

[2] Jaspreet Bindra, "National Broadband Infrastructure Could Leapfrog India to a $5 Trillion Economy", December 3, 2020, https://telecom.economictimes.indiatimes.com/tele-talk/national-broadband-infrastructure-could-leapfrog-india-to-a-5-trillion-economy/4660.

[3] Jaspreet Bindra, "National Broadband Infrastructure Could Leapfrog India to a $5 Trillion Economy", December 3, 2020, https://telecom.economictimes.indiatimes.com/tele-talk/national-broadband-infrastructure-could-leapfrog-india-to-a-5-trillion-economy/4660.

虽然印度政府高度重视数字基础设施建设，但相较于其他发达国家，印度在该领域的投资仍然较少，尤其是在数字基础设施领域的投资大多来自私营部门，政府支出严重不足。虽然私营部门在电信领域的投资能够得到政府的政策支持，但要实现"数字印度"愿景，所需的投入仍将是巨大的。同时，"数字印度"愿景强调公民的数字赋权，旨在让每一位公民平等地享有数字权利，这还需要加大对农村等欠发达地区的数字基础设施建设，而由于企业经营的"逐利性"，很难吸引私营部门资金参与农村地区的数字基础设施建设。

为了解决上述问题，实现数字平等，让农村地区的公民也能负担得起通信费用，打通农村地区实现数字互联的"最后一公里"，印度政府发起了全球最大的农村宽带连接计划——巴拉特网计划（BharatNet）。① 巴拉特网计划作为印度政府的一个旗舰项目由巴拉特宽频网络有限公司（Bharat Broadband Network Limited，简称 BBNL）执行，该公司由印度政府在通信和信息技术管理部（Administrative Ministry of Communication & IT）、电信部（Department of Telecommunications）共同设立，用于建立、管理和运营国家光纤网络（NONF），在莫迪政府提出"数字印度"计划后，NONF 更名为 BharatNet 项目。② BharatNet 项目是一个央地合作项目，印度各邦为建立网线网络提供免费的通行权。该项目第一阶段计划在 2017 年连接 10 万个 GP 的目标已经实现。③ 目前，BharatNet 共计铺设光纤网络（OFC）549 115 公里，已有 178 317 个 GP 实现了光纤网络连接。光纤网络设

---

① Bharat Broadband Network Limited, "About BBNL", August 4, 2015, http://www.bbnl.nic.in/index1.aspx?lsid=47&lev=2&lid=44&langid=1.
② Bharat Broadband Network Limited, "About BBNL", August 4, 2015, http://www.bbnl.nic.in/index1.aspx?lsid=47&lev=2&lid=44&langid=1.
③ GP 是 Gram Panchayat 的缩写，GP 表示的是印度的基本乡村机构，是印度基层的一种民主和正式的政治机构。参见 Toppr, "Panchayati Raj System in India", 2020, https://www.toppr.com/ask/content/concept/panchayati-raj-system-in-india-204086/；有关 BharaNet 项目完成情况参见 Bharat Broadband Network Limited, "BharatNet Status", October 8, 2021, http://www.bbnl.nic.in/BharatNet.pdf。

施的建设是印度数字基础设施建设中的重要项目，同时也是实现"数字印度"计划的重要支撑。该项目的推进主要由印度政府主导，也包括塔塔通信（Tata Communications）在内的私营企业的共同参与，但后者的主要任务是提供与光纤网络等硬件设施相连接的通信服务。

印度工业联合会（CII）和毕马威（KPMG）联合发布的报告显示，印度至少需要对数字基础设施建设进行7万亿卢比的投资，才能满足其雄心勃勃的"数字计划"。然而，如前所述，由于收入下降并面临各种挑战，例如频谱采购等成本居高不下、破坏性的定价策略以及激烈的市场竞争，印度政府对电信业的投资严重不足。同时，私营部门的投资也面临资金短缺问题，原因在于私营部门对网络相关费用的投资占比较低，而监管成本、关税等非网络相关费用却有增无减，这就导致私营部门的投入产出比较高，包括运营商在内的私营部门的整体财务状况持续恶化，因而私营部门在网络和数字基础设施建设方面的投资与资本支出是不可持续的。[1]

私营部门在数字经济中最大的作用在于提供平台化的服务，例如数字媒介、电子商务等以获取利润，因而越来越多的数字企业开始在数字基础设施建设方面进行投资，以实现数字平台和基础设施之间的连接，从而为用户提供更好的服务。[2]例如，塔塔集团（Tata Gruop）在帮助企业数字化转型中起到了重要的作用。塔塔集团是一家全球性企业，总部位于印度，其业务涉及数十大行业，由30家子公司组成。[3]塔塔通信是塔塔集团的子公司之一，主要经营海底电缆，在印度的数字战略中，塔塔通信将自身定位为数字生态系统的推动者，帮

---

[1] Confederation of India Industry (CII), "Digital Infrastructure: Backbone of a Digital Economy," February 5, 2020, https://www.cii.in/Publicationform.aspx?PubID=65249&ty=pub.

[2] Jean-Christophe Plantin, Carl Lagoze, Paul N Edwards, et al., "Infrastructure Studies Meet Platform Studies in the Age of Google and Facebook", *New Media & Society*, Vol. 20, No. 1, 2018, pp. 293-310.

[3] TATA, "Tata Group Business Overview", https://www.tata.com/business/overview.

助全球企业进行数字化转型。① 塔塔通信拥有的海底电缆系统是全球最为先进同时也是最大的海底光缆网络之一，共享全球约 30% 的互联网路由，能够将企业连接到全球 80% 的云系统，其网络系统覆盖全球 190 多个国家和地区。② 然而，同印度政府一样，塔塔通信所做的努力仍然停留在通信基础设施建设的层面，虽然在一定程度上促进了企业的数字化转型，但这种贡献主要集中于企业管理层面，对于电子商务、在线支付、智慧城市、智慧医疗等商品和服务的数字化转型贡献较小，在印度公民整体的数字赋权方面起到的推动作用也相对不足。

此外，Reliance Jio 在 2016 年强势进军印度电信业，③ 使得印度电信行业的"先入者"们原本占有的市场份额不断下降。为了与其竞争，其他电信企业也加大了在数字基础设施领域的投资，例如 Bharti Aritel 在塔楼等基础设施方面进行了大量投资，宣称将建立 7 万个蜂窝塔基站，并计划投资约 120 亿美元用于网络扩建。④

就外国直接投资而言，在 2000—2020 财年的时间段内，印度电信业共吸引外商直接投资超过 300 亿美元，就金额而言，在印度吸引外商直接投资的行业中位列第三。⑤ 外国资本的流入与印度政府的政策导向息息相关，2013 年，印度政府将电信业的外国直接投资上限由 74% 提高至 100%，这赋予了外国资本完全拥有并控制其在印度电信企业的权力，使外国资本能够不受当地合作伙伴融资能力的限制，

---

① Tata Communications, "Reimagining Tomorrow", 2021, https://gamma.tatacommunications.com/assets/wp-content/uploads/2021/06/AR_2020-21.pdf.
② Tata Communications, "Reimagining Tomorrow", 2021, https://gamma.tatacommunications.com/assets/wp-content/uploads/2021/06/AR_2020-21.pdf.
③ Swati A. Kulkarni & K. Prakash Ve, "Reliance Jio—Late, But the Latest and Later?", in Arijit Sikdar & Vijay Pereira (eds.), *Business and Management Practices in South Asia*, Singapore: Palgrave Macmillan Press, 2019, p. 10.
④ Rahul Mukherjee, "Jio Sparks Disruption 2.0: Infrastructural Imaginaries and Platform Ecosystems in 'Digital India'", *Culture & Society*, Vol. 41, No. 2, 2019, p. 184.
⑤ Department for Promotion of Industry and Internal Trade, "Statement on Sector-Wise/Year-Wise FDI Equity Inflows", October., 2020, https://dpiit.gov.in/sites/default/files/Table_No_4_SEPT_20.pdf.

从而推动电信部门的快速增长。但是，2015年以后，即使是在"数字印度"计划的推动下，印度电信业的外国资本流入较之前仍下降了54%。造成外国资本流入下降的原因主要来自于以下几个方面[①]：一是企业的所得税税率过高，印度的公司税税率在G20国家中是最高的，如此高的税率给企业的现金流带来了巨大的财务压力，从而令外国投资者望而却步；二是印度的电信频谱成本过高，印度的电信频谱价格大约是美国、法国、新加坡等国家的25倍，政府政策迫使运营商承担了沉重的网络铺设成本，这也进一步加深了印度城乡之间的数字鸿沟；三是在印度本土私营部门的激烈竞争之下，形成了多寡头的垄断市场，因而外国投资者难以在该行业获得竞争优势。[②]

由此可见，印度电信业的发展是推动印度数字基础设施建设的关键，同时也对实现公民数字赋权、商品和服务的数字化转型以及政府的数字化治理起到了桥梁作用。印度政府在数字基础设施建设方面扮演着重要角色，政府是农村地区实现数字互联的关键保障，但在相关方面也存在着投资不足等问题。私营部门的努力则主要在于提供连接数字基础设施的数字化服务，但该行业竞争激烈，且对数字基础设施的投资也较为疲软。虽然印度政府提高了外国直接投资的上限，利用政策导向吸引外国资本进入，但由于其国内税收政策、服务成本和电信行业发展等结构性问题的存在，外国资本的流入变得更加艰难。

（五）推动商品和服务的数字化转型

为了推动商品和服务的数字化转型，使商品和服务的在线交易更加便捷，莫迪政府在2016年发起了"废钞"运动。其主要意图之一

[①] Hansikaa Chauhan & Shabana Shabnam, "Regulatory Framework for Foreign Direct Investment in the Indian Telecom Sector and Its Impact on the Telecom Economy", *Dehradun Law Review*, Vol. 10, No. 1, 2018, pp. 63-78.

[②] Hansikaa Chauhan & Shabana Shabnam, "Regulatory Framework for Foreign Direct Investment in the Indian Telecom Sector and Its Impact on the Telecom Economy", *Dehradun Law Review*, Vol. 10, No. 1, 2018, pp. 63-78.

就在于将社会经济引向无现金交易或较少的现金交易。①数字支付在一定程度上能够助力印度数字经济的发展，尤其是印度电子商务的发展。印度蓬勃发展的电子商务市场吸引了大量投资者，但印度政府对流入电子商务行业的外国资本有着严格的限制，并严格规定外国投资者的经营活动内容。

根据印度政府在外国直接投资方面的相关规定，允许外国投资者以100%的股权形式投资电子商务，但只能从事B2B业务（Business to Business），不得从事B2C业务（Business to Customer），也就是说外国投资者只能从事企业对企业的相关经营业务，并禁止外国资本直接向消费者销售商品和服务。②印度政府的这一举措目的在于保护本地的零售企业，因为如沃尔玛和亚马逊等国际大型电商企业有着雄厚的资金实力和商品储存能力，势必会挤压印度本土企业的生存空间。然而，这一规定本身就带有一定的偏向性，能够反映出印度政府对外资电商企业的歧视，因为此类规定仅仅针对外国电商投资者，而国内电商企业则不受此类要求的约束。从表面上看，限制外国投资者的经营模式是出于保护传统实体商店免受财力雄厚的外国电商的影响，但财力雄厚的国内电商企业同样有可能对传统实体商店造成同等伤害，因而该规定在一定程度上反映了印度政府通过政策约束手段对本国企业的保护。③

在推动印度商品和服务数字化转型的进程中，起主要驱动作用的是本国的私营部门和外国直接投资。然而，由于印度国内经济监管的

---

① Budheshwar Prasad Singhraul & Yogita Satish Garwal, "Cashless Economy–Challenges and Opportunities in India", *Pacific Business Review International*, Vol. 10, No. 9, 2018, pp. 54-63.
② Rahul Choudhury, "The Risk Associated with Private Equity Funding in Indian E-Commerce Sector", May, 2018, http://www.unescap.org/sites/default/files/APB54_rev.pdf.
③ Pooja Patel & Siddharth Anand, "India's Foreign Investment Policy on E-commerce Retail: Is the Time Ripe for a Reworking?", February 13, 2020, https://corporate.cyrilamarchandblogs.com/2020/02/indias-foreign-investment-policy-on-e-commerce-retail/.

结构性因素，保护主义倾向驱使印度对外国资本在其国内的投资进行严格限制。

（六）发展电子制造业作为数字经济的支柱产业

电子制造业是印度发展数字经济战略的支柱性产业，为此，印度通信和信息技术部成立了电子发展专项基金（EDF）。[①] 电子发展基金的目的是支持电子制造业的发展，以实现净进口为零的目标，同时，它还包括许多风险资金、天使资金和子资金项目以支持初创企业的发展。对于私营部门而言，其对"数字印度"战略的资金支持同样重要。"数字印度"政府的网站显示，在政府公布该战略计划后，很快就获得了来自业界共计4.5万亿卢比的投资，并承诺提供18万个就业岗位，主要的投资企业见表1。[②]

表1 "数字印度"计划主要投资者

企业	投资金额（千万卢比）	主要投资领域
Reliance Industries	250 000	无线网络、云计算、数据中心
Bharti Airtel Group	100 000	基础设施、卫生、教育、电子制造
Tata Group	/	聘用6万名IT专业人员
Aditya Birla Group	42 000	基础设施、无线网络、教育、医疗
Vedanta Group	40 000	电子制造、农村医疗和教育
Reliance Group	10 000	电信、云计算

资料来源：https://www.cmai.asia/digitalindia/pdf/indutry_commitment.pdf。

[①] Ministry Electronics and Information Technology of India, "Notification of Policy for Setting up of Electronics Development Fund", January 6, 2015, https://www.meity.gov.in/writereaddata/files/Notification%20of%20Policy%20for%20EDF_English.pdf.

[②] Ministry Electronics and Information Technology of India, "Industry Commitment to Supports Towards the Digital India on 1st July 2015", July 1, 2015, https://www.cmai.asia/digitalindia/pdf/indutry_commitment.pdf.

(七）理论分析框架下的印度数字战略发展逻辑

基于前述理论框架，从整体来看，印度国家数字战略主要由印度政府、国内私营部门和外国投资者三大主体共同推动。为了实现"数字印度"战略的三大愿景，这三大主体在其中所起的作用也有所不同。首先，印度政府是国家数字战略的提出者和推动者，除了制定宏观政策外，印度政府的农村宽带连接计划（巴拉特网计划）便是直接推动印度数字基础设施建设的旗舰项目，且能够在一定程度上促进公民的数字赋权，为农村地区人口连接网络提供基础性设施保障。①

其次，印度国内财团是促使印度实现数字飞跃的关键，也是助力印度实现国家数字化转型的主要推手。印度政府和塔塔通信等私营部门所推动的数字基础设施建设只是发展数字经济和实现"数字印度"三大宏观愿景的基础。然而，商品和服务的数字化转型不光依赖硬件设施的完善，更是一种全民参与的行为，产业的数字化转型是集基础设施、服务对象和大众参与的共同转型。因此，只有实现公民的数字赋权，为每一位公民提供稳定的、快捷的和负担得起的数据服务，才能赋予公民参与商品和服务数字化转型的能力，从而实现产业的数字化转型。正是基于这一基本的发展逻辑，在莫迪总理于 2015 年提出"数字印度"战略后，印度信实工业（Reliance Industries）旗下的 Reliance Jio 于 2016 年横空出世，可以说，Reliance Jio 的出现直接将印度带上了发展数字经济的快车道。

Reliance Jio 推出移动 4G 网络是印度数字经济由低速向高速发展的转折点。信实集团董事长穆克什·安巴尼（Mukesh Ambani）2016 年 9 月在年度股东大会上宣布从 2016 年 9 月 5 日到 2016 年年底，将 Jio 的数据、语音、视频以及全套的 Jio 应用程序向公众免费开放，并正式推出 4G 网络。在此之前，印度所有电信服务商所提供的服务

---

① Bharat Broadband Network Limited, "About BBNL", August 4, 2015, http://www.bbnl.nic.in/index1.aspx?lsid=47&lev=2&lid=44&langid=1.

均为 2G 或者 3G，因而 Reliance Jio 推出的 4G 网络标志着印度正式进入 4G 时代。正如穆克什·安巴尼所说，信实集团可以说是"印度制造"和"数字印度"战略的最大贡献者。[①] 得益于信实工业几十年来建立输油管道和炼油厂的丰富经验，为了迅速抢占 4G 网络市场并满足大量用户连接数据网络的需求，信实集团采用"兵马未动，粮草先行"的市场战略，在正式发布 4G 网络之前就已在印度各地建造了 22 万座移动通信塔并覆盖了印度 80% 的地区，共耗资逾 300 亿美元。[②] Reliance Jio 凭借极低的价格迅速搅动了印度市场，很快就吸引了超过 1 亿的新用户，以低价换取市场占有率的策略获得了成功。[③] 诺基亚关于移动用户的一份报告显示，在 Reliance Jio 推出 4G 业务后，印度全国 4G 数据使用量由 2015 年的 46PB 增长到了 2016 年的 823PB；2020 年，印度全国 4G 数据流量使用接近 1000PB，占全国移动数据总流量的近 99%（见图 2）。并且，截至 2020 年，印度移动通信用户总数已经接近 12 亿人，其中 Reliance Jio 拥有超 4 亿的 4G 用户数。[④] 由此可见，信实集团的子公司 Reliance Jio 在印度全面向 4G 通信迈进的道路上起到了显著的推动作用，同时也是印度移动 4G 通信的引领者和开拓者。值得注意的是，Reliance Jio 的进入，使印度电信行业重新洗牌，印度电信业供应商由原来的"百花齐放"逐步发展为由多寡头垄断，Reliance Jio 在印度的市场份额也在不断扩大，截至 2020 年 12 月，Reliance Jio 在印度的电信行业的市场占有率高达 35.06%，并逐步成长为印度电信业的头部企业。

[①] Financial Express, "Reliance Jio 4G Launch: Mukesh Ambani's Full Speech at RIL AGM", September 1, 2016, https://www.financialexpress.com/industry/reliance-jio-4g-launch-mukesh-ambanis-full-speech-at-ril-agm/364196/.
[②] Vivienne Walt, "Google's Hope and Dreams in India", February 2, 2019, https://fortune.com/longform/googles-hope-and-dreams-in-india/.
[③] Selectra, "The Secret Behind Reliance Jio's Success", 2022, https://selectra.in/mobile/operators/jio.
[④] 1 PB=1024 TB，1 TB=1024 GB；数据的分析参见 Statista, "Number of Wireless Subscribers Across India Between June 2010 and September 2020", January, 2021, https://www.statista.com/statistics/328003/wireless-subscribers-in-india/。

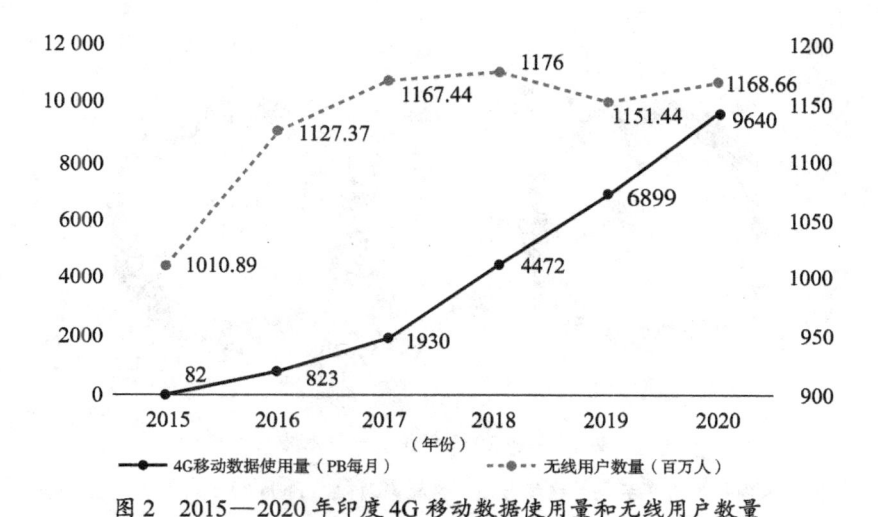

图 2　2015—2020 年印度 4G 移动数据使用量和无线用户数量

（图片来源：笔者根据相关数据自制，数据来源：Nokia, "India Mobile Broadband Index 2021", February, 2021, p. 3, https://www.nokia.com/sites/default/files/2021-02/Nokia-MBiT-2021.pdf；Statista, "Number of Wireless Subscribers across India between June 2010 and September 2020", January, 2021, https://www.statista.com/statistics/328003/wireless-subscribers-in-india/。）

在 2016 年前后，正是由于信实集团这一印度国内财团的参与，使印度电信业的市场参与情况发生了较大转变（见图 3）。信实集团进军电信业为印度公民提供了负担得起的数据流量，同时也促使行业内的竞争者不得不采取措施加以应对，但最终受益者仍是印度公民。因而可以认为，Reliance Jio 的出现在极大程度上促进了印度公民的数字赋权，是印度数字化进程的关键推动者。

外国资本助力印度数字生态建设，促进印度商品和服务的数字化转型。按照印度数字市场的发展逻辑，印度政府和以 Reliance Jio 为代表的国内财团在数字基础设施建设和实现印度公民的数字赋权两方面做出了主要贡献，其最终的目的都是实现印度商品和服务的数字化转型。在印度产业数字化转型的这一进程中，外国资本对印度数字生态的建设也有着突出作用。要想厘清外国投资者缘何青睐印度市场，就需要从市场环境、监管环境和政治环境三个角度剖析印度数字市场的发展特点。

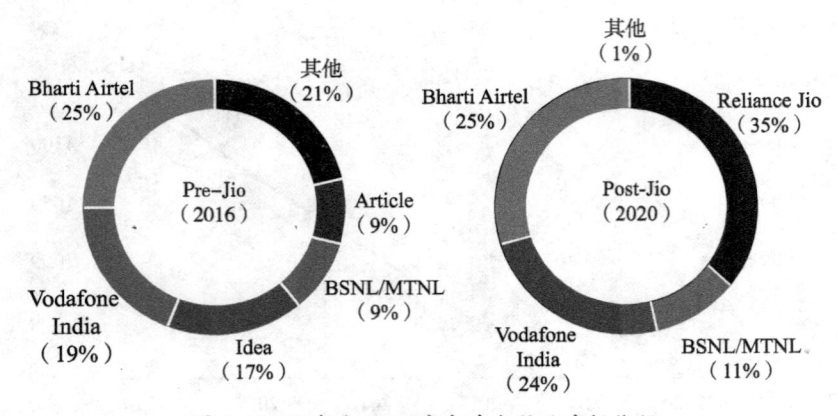

图 3　2016 年和 2020 年印度电信业市场份额

（图片来源：笔者根据相关数据自制，数据来源：Sandhya Keelery, "Mobile India: Increasing Reliance on Jio", October, 2018, https://www.statista.com/chart/15895/market-share-of-wireless-carriers-india/；Statista, "Wireless Subscriber Market Share in India as of December 2020", April, 2021, https://www.statista.com/statistics/258797/market-share-of-the-mobile-telecom-industry-in-india-by-company/。）

从市场环境看，印度数字市场潜力巨大，这是吸引外国投资者的主要原因。全球知名统计机构 Statista 的数据显示，2015 年至 2020 年印度互联网用户数呈逐年递增的趋势，2020 年印度互联网用户总数接近 7 亿人，互联网普及率也突破 50%（见图 4）。[①] 尽管上升趋势明显，但这一数据与亚洲其他数字化发展程度较高的国家和地区相比仍然存在较大差距，例如韩国的互联网渗透率高达 96%，日本、中国香港和新加坡等地区的互联网渗透率也均在 85% 以上，因而印度还有较大的提升空间。[②] 从人口结构上看，印度 12 岁至 29 岁之间的互联网用户数占总用户数的比重高达 2/3，而这个年龄段正好对应着

---

① Statista, "Number of Internet Users in India from 2015 to 2020 with a Forecast until 2025", July, 2020, https://www.statista.com/statistics/255146/number-of-internet-users-in-india/.
② Internet World Stats, "Asia Internet Use, Population Statistics Data", 2021, https://www.internetworldstats.com/stats3.htm#asia.

农村地区 70% 以上的互联网用户。① 这部分用户年龄组成较小，且大多位于农村地区，消费水平相对较低，但同时也蕴藏着巨大的消费潜力。其次，从印度的年龄组成上看，12 岁至 29 岁的人群占印度总人口的比重约为 35.6%，也就是说，印度约 1/3 的人口占据了印度互联网用户总数的 2/3。而印度 12 岁至 64 岁的人口数量占总人口的比重约为 76.3%，因而可以判断，印度 29 岁至 64 岁的人群尚未深度融入印度的数字生态中，印度的互联网用户数仍有较大的增长空间。② 正是其市场所蕴藏的巨大的消费潜力和人口潜力，帮助印度吸引了大量的外国投资者，其中不乏来自中国的投资者。印度智库 Gateway House 于 2020 年发布的一份报告显示，自 2015 年印度启动"数字印度"计划以来，中国有大量投资者进入印度市场，且这些投资者多为中国的科技巨头或者风险资本，投资领域主要聚焦在科技和数字行业。并且中国的投资者更加青睐于印度的初创企业，在过去的五年里，印度 30 家独角兽企业中有 18 家企业是中国参与投资的。③

但不容忽视的是，印度是一个多语言国家，其文化多元性势必会导致数字多元性。④ 这就导致在印度庞大的数字生态系统中存在着若干个不同特性、不同文化的子系统。这一特点将印度数字市场分割为不同的地区市场，且不同的地区市场之间存在异质性。然而，想从单个市场获利的难度很大，例如来自网购、视频等通道的用户流量和数字支付通道的用户流量难以实现有效嫁接，并且数字经济具有网络性和外部性的特征，只有将不同的生态链整合到同一生态系统中才能实现利益和效用的最大化。因而，虽然印度因为巨大的市场潜能被

---

① IAMAI, "Digital in India 2019-Round 2 Report", May 7, 2020, https://cms.iamai.in/Content/ResearchPapers/2286f4d7-424f-4bde-be88-6415fe5021d5.pdf.
② Statista, "Statista Country Reports: India", June, 2021, https://www.statista.com/download/MTYyNzczMjAyNiMjNTU2MDM1IyM0ODM2NiMjMSMjbnVsbCMjU3R1ZHk=.
③ Gateway House, "Chinese Investment in India", February, 2020, https://www.gatewayhouse.in/wp-content/uploads/2020/03/Chinese-Investments-in-India-Report_2020_Final.pdf.
④ 周庆生：《印度语言政策与语言文化》，《中国社会科学院研究生院学报》2010 年第 6 期，第 102—111 页。

誉为投资"蓝海",但印度市场特有的文化多元性让一部分机会主义投资者知难而退,在一定程度上发挥出了市场机制的筛选功能,驱逐劣币。①

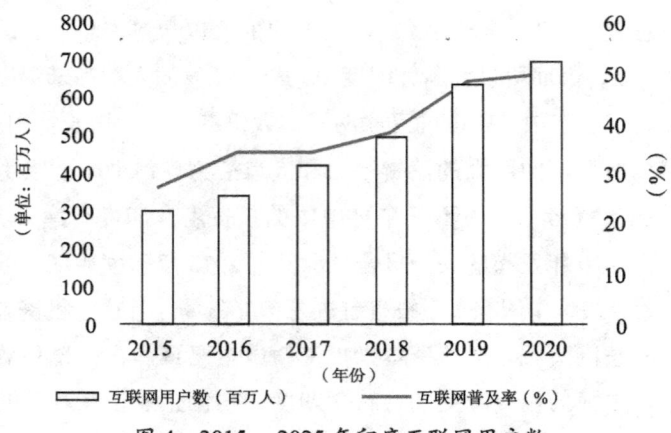

图4　2015—2025年印度互联网用户数

(图片来源:笔者根据相关数据自制,数据来源:Statista, "Number of Internet Users in India from 2015 to 2020 with a Forecast until 2025", July 2020, https://www.statista.com/statistics/255146/number-of-internet-users-in-india/; Datareport, "Digital 2021: India", February, 2021, p. 24, https://datareportal.com/reports/digital-2021-india?rq=India。)

虽然市场本身能够对投资者进行筛选和驱逐,但外国投资者还面临着印度监管环境的约束。印度政府认为,如果其国内初创企业过多地依赖于外国资本,那么该企业将会逐步融入外国投资者的数字生态系统中,这将导致印度政府丧失对数据的控制权,威胁到印度的数字安全。② 为了加强对数据的管控,印度监管机构欲对科技行业实行严厉的新规,并在税收、数据储存、安全、定价等方面进行严格监管,

---

① 胡展嘉:《中国创业者"退出"印度》,2019年12月,https://www.huxiu.com/article/331126.html。
② Gateway House, "Chinese Investment in India", February, 2020, https://www.gatewayhouse.in/wp-content/uploads/2020/03/Chinese-Investments-in-India-Report_2020_Final.pdf。

以保护本国公民的数据安全。①对中国投资者而言，政治环境更是值得关注的重要因素，尤其是在中印边境摩擦事件发生以后，印度对中国企业的打压和对中国投资的审查也愈加严厉，②这也许会从根本上掐断中国资本进入印度市场的可能。

但需要回答的一个问题是，在如此监管环境下，印度的营商环境虽可说恶劣，但为何印度的FDI仍然存在上升趋势，尤其是2020年以来，在全球投资均呈现低迷状态之时，印度数字行业的外国直接投资为何逆风向上，不退反进，仍然吸引到了来自脸书（Facebook）和谷歌（Google）的投资。根据联合国贸易和发展会议的数据，到2020年，印度的外国直接投资与前一年相比增长了13%，是为数不多在新冠疫情后仍然维持FDI增长的国家。③

为了解释这一有趣的现象，在整体分析了2015年以来外国资本对印度数字市场的投资情况后可以发现，在经过印度市场环境和文化多元性的"大浪淘沙"后，目前印度数字行业的外国投资者大多为数字行业的头部企业，它们具备雄厚的实力且有着长远的规划，力求在印度市场站稳脚跟。例如，中国对印度数字行业的投资由阿里巴巴、腾讯和小米等国内数字行业头部企业领投，④西方国家在印度数字市场的投资则主要由谷歌、脸书、亚马逊等互联网巨头领投，尤其在新冠疫情暴发后，谷歌更是加大了对印度市场的投资，宣布将在印度投资100亿美元，以加大与这一尚未完全开发的巨大数字市场的联系。⑤

---

① Saritha Rai, "India Seeks to Limit Facebook, Google Dominance Over Online Data", July 13, 2020, https://www.bloomberg.com/news/articles/2020-07-13/india-seeks-to-limit-facebook-google-dominance-over-online-data#xj4y7vzkg.
② 维韦克·考尔：《印媒：印度限制中国投资做法可能适得其反》，2020年6月8日，https://oversea.huanqiu.com/article/9CaKrnKrksV?qq-pf-to=pcqq.group.
③ Naomi Xu Elegant, "Foreign Investment Cratered in 2020. India Was a Surprise Bright Spot", January 27, 2021, https://fortune.com/2021/01/27/india-fdi-foreign-investment-2020/.
④ Shakeel Anwar, "List of Chinese Funded Companies in India", November 9, 2020, https://www.jagranjosh.com/general-knowledge/list-of-chinese-funded-companies-in-india-1500032596-1.
⑤ Manish Singh, "Google to Invest $10 Billion in India", July 13, 2020, https://techcrunch.com/2020/07/13/google-to-invest-10-billion-in-india/.

这意味着印度的市场潜力仍是吸引外国投资者，尤其美国投资者的第一要义。美国投资者相信，虽然印度存在保守主义倾向和一系列监管限制，但其市场发展潜力所带来的利益能够弥补这一部分的损失，也即用时间换取市场利润。不同于机会主义投资者，互联网巨头企业拥有大量的现金流，这也是它们敢于用时间换取市场的底气所在，因而它们对印度的投资更像是一种价值投资，是对印度十年后的数字市场进行下注，它们投资的不是某个应用，而是印度的整个数字生态系统。[1] 但是，印度的数字生态市场过于复杂，在相关方面的监管也日渐严格，印度政府意图在吸引外资参与数字经济建设上实现两手抓，即一方面希望吸引巨额投资以推进经济建设，另一方面又希望通过法令限制保护本国企业和数据安全。因此，美国投资者的举措究竟是价值投资还是一场豪赌，仍需要留给时间来检验。

总的来看，印度数字市场吸引外国投资者的逻辑在于，利用市场和监管环境筛选并剔除出机会投资者，余下的投资者往往是数字行业的头部企业，并且拥有雄厚的资金实力以支撑其长线投资，这些企业的目的在于构建数字生态系统。但来自中国的投资者仍然需要对印度的政治环境进行评估，这也是掣肘中国投资者的最大风险。印度的数字生态虽然存在诸多问题，但是其庞大的市场仍然吸引了大量的投资者，其数字战略也在印度政府的引导和国内财团的参与下得以逐步发展。对于南亚国家而言，印度因其庞大的市场成为一个独特的存在。其他国家在发展数字战略时，也应激发国内企业参与数字计划的积极性，但是，由于其他发展中国家不一定具备利用市场优势抵消监管劣势的能力，因而政府除了要在政策上引领数字战略外，还应当在市场和监管两方面做好平衡，才能吸引到外国投资。对于中国投资者而

---

[1] Vivienne Walt, "Google's Hope and Dreams in India", February 2, 2019, https://fortune.com/longform/googles-hope-and-dreams-in-india/.

言，政治风险、国际关系则是需要考虑的首要因素，其次才是市场和监管环境。

四、印度数字发展战略的实施进展与影响

（一）印度数字发展战略的实施进展

总结迄今为止印度数字发展战略的实践进展，有以下几个特点值得注意。

其一，发展数字基础设施是前提条件。数字基础设施建设作为印度数字战略的三大愿景之一，是实现国家数字战略和经济社会数字化转型的前提条件，也是连接城市和农村地区数字发展的桥梁，只有完善的基础设施建设才能实现电信、宽带、计算机和软件领域的互联互通。因此，印度政府采取了一系列措施来加强本国的数字基础设施建设。信息与通信技术设施是建设数字基础设施的关键，在2015年的信息与通信技术发展指数排名中，印度位于第131位，表明印度的数字基础设施发展水平仍然比较落后。[①] 实现城镇与农村之间的数字连接则是印度发展数字基础设施的优先考虑。为了缩小城乡之间的数字鸿沟，印度启用了巴拉特网项目，该项目是世界上最大的农村宽带连接项目，为农村和偏远地区的公民和机构提供负担得起的宽带项目，以实现印度数字平等的愿景。而印度各邦之间的数字连接，则通过区域网连接项目（SWAN），以建立高效可靠的通信网络，缩小邦与邦之间的数字鸿沟。同时，政府还推动了数字身份计划（Aadhaar），旨在完善印度的身份识别基础设施，这是发展国家电子政务、推动数字支付的前提。除此以外，印度政府还推行了建立国家知识网络

[①] ITU, "ICT Development Index 2015", 2017, http://www.itu.int/net4/ITU-D/idi/2015/#idi2015rank-tab.

（NKN）、国家信息基础设施（NII）等一系列政策，以此完善印度的数字基础设施建设。由此可见，推进和完善印度数字基础设施建设被放在实现"数字印度"计划和国家经济目标的前提位置。①

其二，加快发展、推进电子制造业成为数字领域主导产业。主导产业通常是指国家发展的支柱产业，主导产业通过吸纳新科技对区域经济增长有直接作用，或者通过影响其他产业的发展从而间接地促进区域经济增长。发展主导产业是实现经济增长的核心，主导产业的发展受到技术创新、资源禀赋和产业政策等多个因素的共同影响。②麦肯锡2019年的一份研究报告指出，信息技术和业务流程管理、通信行业以及电子制造业等是印度数字经济的核心行业，这些行业在2017年至2018年间创造了1700亿美元的经济增加值，占当年印度GDP总量的7%，其中，信息技术和业务流程管理以及电子制造业分别创造了1150亿美元和100亿美元的经济效益。③2019年2月28日，莫迪政府通过了《2019年软件产品国家政策》，该政策旨在将印度发展为软件产品大国，成为全球的软件产品中心，并推动了一系列的商业化改革。④推动电子制造业的发展是实现印度制造的关键，也是实现"数字印度"战略的重要举措之一。印度政府高度重视电子产品的制造。出于对国家安全的考虑，大力推进国内电信基础设施建设和使用国产电子器件有利于创造安全的网络生态系统。同时，电子制造业亦具有较大的经

---

① Ministry Electronics and Information Technology of India, "India's Trillion-Dollar Digital Opportunity", 2019, p. 5, https://www.meity.gov.in/writereaddata/files/india_trillion-dollar_digital_opportunity.pdf.
② 王春艳、蔡敬梅、李卫东：《主导产业引领区域经济增长——基于禀赋约束理论模型》，《科技进步与对策》2013年第13期，第34—38页。
③ McKinsey, "Digital India", March, 2019, https://www.mckinsey.com/~/media/mckinsey/business%20functions/mckinsey%20digital/our%20insights/digital%20india%20technology%20to%20transform%20a%20connected%20nation/digital-india-technology-to-transform-a-connected-nation-full-report.pdf.
④ Ministry Electronics and Information Technology of India, "National Policy on Software Products (2019)", May 29, 2019, https://www.meity.gov.in/writereaddata/files/national_policy_on_software_products-2019.pdf.

济潜力。据预测，到2025年，印度的电子产品市场规模将上升至4000亿美元左右，市场潜力巨大。[①] 此外，印度大力发展电子制造业还有着另外一个原因，即除了满足国内需求，更希望能够像中国一样，甚至是取代中国，成为全球电子制造业中心。作为"数字印度"战略和"印度制造"战略的支柱，印度将发展电子制造业视为实现国家数字战略的九大支柱之一，并提出在2020年实现电子产品净进口为零的目标。但图5的数据表明，自2015年之后，印度的电子制造业产品出口总额虽然在逐年提升，但其进口总额也在逐年提升，并始终处于逆差状态。由此可见，"数字印度"战略在2020年前实现电子制造业净进口为零的目标尚未达成。可能的原因在于，"数字印度"计划虽然激发了民众的数字需求，但其电子制造业的生产能力尚未满足国内日益增长的需求。作为"数字印度"战略的支柱性产业，印度的电子制造业虽然取得了一定的进步，但其产业发展速度仍然不及预期。

其三，努力释放数字经济的溢出效应。溢出效应指的是一个组织在进行某项活动时，不仅会对这项活动带来影响，而且会对组织之外的主体产生外部性影响。数字产业具有网络外部性特征，会对其他产业产生溢出效应，并对社会产生正的外部性影响。根据印度电子和信息技术部发布的一份报告，目前，印度每年能够创造约2000亿美元的数字经济价值，预计到2025年，印度现有的数字生态系统将会创造5000亿美元的经济价值。在此基础上，如果利用数字技术在农业、教育、能源、金融、医疗、物流、制造等多部门释放生产力，那么印度潜在的可创造的经济价值可能会达到一万亿美元，印度数字转型的潜在经济增加值将增加五倍，数字技术对其他行业的赋能还会带来生

[①] McKinsey, "Digital India", March, 2019, https://www.mckinsey.com/~/media/mckinsey/business%20functions/mckinsey%20digital/our%20insights/digital%20india%20technology%20to%20transform%20a%20connected%20nation/digital-india-technology-to-transform-a-connected-nation-full-report.pdf.

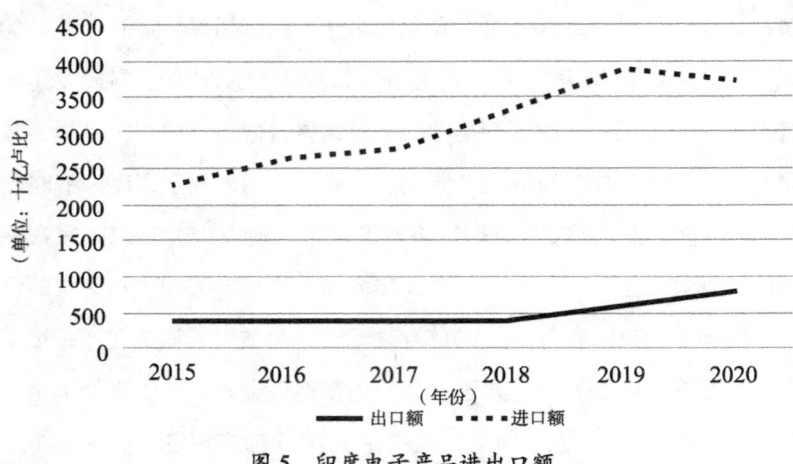

图 5 印度电子产品进出口额

（图片来源：笔者根据相关数据自制，数据来源：Statista, "Value of Electronic Product Imported into India from Financial Year 2011 to 2020", September 2020, https://www.statista.com/statistics/625751/import-value-of-electronic-products-india/; Statista, "Value of Electronic Products Exported from India from Financial Year 2011 to 2019, with an Estimate for 2020", September 2020, https://www.statista.com/statistics/624053/export-value-of-electronic-products-india/。）

产力水平的提升，并创造更多的就业岗位。据印度电子和信息技术部门的估计，至 2025 年，数字经济带来的溢出效应将能够创造多达 6000 万至 6500 万个工作岗位。[1]

（二）"数字印度"战略实施中的不足

其一，政府的宏大战略目标与实际基础条件的不匹配。尽管印度政府在制定"数字印度"战略时定下了远大目标，也涵盖了农业、制造业、教育、金融、医疗等多领域的数字化应用，然而，在战略的实际推进过程中，仍然需要面对许多现实的困难。特别是政府只能针对

---

[1] Ministry Electronics and Information Technology of India, "India's Trillion-Dollar Digital Opportunity", 2019, p. 5, https://www.meity.gov.in/writereaddata/files/india_trillion-dollar_digital_opportunity.pdf.

市场以及私人和外国资本发挥激励及引领作用,但数字产业的大发展离不开相当数量的数字人才供给,这就需要教育机构充分发挥其作用,远非一日之功。还比如,从数字需求的角度看,印度大多数民众的数字素养不高,缺乏对互联网和数字设备的使用能力,截至2020年1月,印度15岁以上人群的识字率为74%,① 这将对印度互联网应用的普及和推广造成限制。同时,印度政府长期以来财政状况不佳,财政赤字高企,这就导致印度政府能够直接用于或间接投入"数字印度"战略的资金极为有限,难以充分发挥政府资金作为"种子资金"的作用。事实上,在数字基础设施建设明显滞后的农村地区,需要政府肩负起提供"普遍服务"的职责,为私人和外国投资的后续进入创造条件,但如果政府部门不能给予实实在在的支持,那么,以营利为首要目标的私营企业和跨国资本就不会拥有足够的热情参与农村数字建设。

其二,数字化程度虽得到提升,但要彻底解决数字鸿沟问题仍然任重道远。截至2020年1月,印度拥有6.88亿互联网用户,高于2015年的2.43亿,移动互联网普及率也由2015年的19%上升至2020年的50%,印度一跃成为全球第二大互联网市场。为了推行数字支付并发展电子商务,莫迪总理于2016年提出了废钞运动,但到2020年1月,印度仍仅有2%的人群拥有电子货币账户,在线购物和在线支付的人群仅占据总人口的4.3%。图6记录了2020年印度在线购物的主要支付方式,仍有16%的人群习惯使用现金购物。② 从国内地区间的发展水平来看,印度邦与邦之间的数字鸿沟虽然在缩小,但数字发展程度仍不均衡。

其三,印度数字化渗透率与人均国内生产总值或富裕程度密切相关,印度政府数字化战略的实施并未有效发挥对市场的校正或纠偏作用。例如,根据印度电信部的报告,新冠疫情发生后,印度每100名

---

① Simon Kemp, "Digital 2020: India", February 18, 2020, https://datareportal.com/.
② Simon Kemp, "Digital 2020: India", February 18, 2020, https://datareportal.com/.

图 6　印度电子商务支付方式

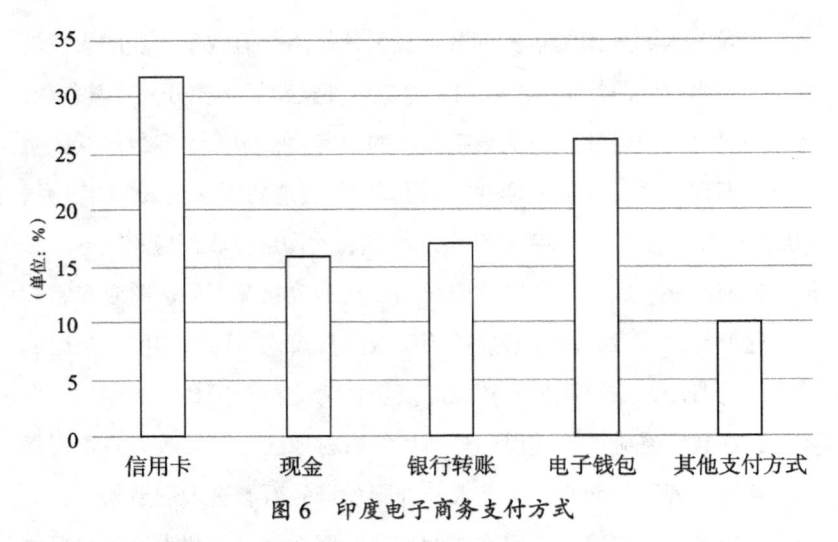

（图片来源：笔者根据相关资料自制，资料来源：Datareport, "Digital 2020", 2020, p. 64, https://datareportal.com/。）

居民的互联网使用数为 55.1 人，这远远低于国际电联公布的全球平均水平。其中，比哈尔邦（30.4）和北方邦（38.6）的数字化发展水平较为落后，同时，这两个邦的人均国内生产净值在全国排名中也处于靠后的位置。相比之下，德里和泰米尔纳德邦的经济发展水平位于全国前列，其数字化发展程度也名列前茅，分别为 202.71 和 66.53，高于全国平均水平。①

其四，数字集权和保护主义倾向制约了数字产业发展和数字化战略的推进。总体而言，莫迪政府的"数字印度"战略具有一定的民族主义和保守主义倾向，这种保守化倾向尤其体现在数字监管方面。欧洲国际政治经济中心专注于研究各国的数字贸易和数字经济政策，其发布的《数字贸易限制指数》显示，印度在数字贸易的所有方面都采取了全面的监管限制措施，包括数字商品和服务贸易、信

---

① PRS India, "Demand for Grants 2021-22 Analysis", 2021, https://prsindia.org/files/budget/budget_parliament/2021/Defence%20DFG%20Analysis%202021-22.pdf/.

息和通信技术部门的投资以及数据和通信技术专业人员的流动。① 此外，印度还对数字产品征收高额关税，对数字产品采取贸易保护措施，并在税收和补贴、外国投资和知识产权等政策领域设置了沉重的壁垒。例如，在电子制造产品的政府采购上更加倾向于国内私营部门，并且明确规定国产电子产品必须在政府采购中占据一定比例，其目的正是发展本土电子制造业。过度的限制性竞争政策，表明印度政府是在利用政策工具对本国企业进行过度保护，也体现了印度对外资根深蒂固的排斥和不信任，也使其数字战略的实施进展远不如预期。

（三）"数字印度"战略对印度现代化进程的影响

"数字印度"战略不是一项孤立的战略，其最重要的目标之一即通过推动印度的数字化转型以加快印度的现代化进程，促进国家的综合发展。为此，我们以其对印度制造业发展战略的影响为例，管窥"数字印度"战略对印度其他部门产生的溢出效应。

1. "印度制造"战略提出的背景

"印度制造"战略是莫迪政府于2014年提出的另一旗舰计划②，其重要程度丝毫不亚于"数字印度"计划。莫迪政府提出"印度制造"计划有三个方面的原因。第一个原因是印度的产业结构失衡，图7显示了印度三大产业的增加值比重，印度制造业增加值在GDP中的占比和农业相当，但远低于服务业。服务业和农业间巨大的生产差距反映了印度经济结构的不平衡，但同时也意味着印度在发展制造业上具有较大的提升空间，可以为经济发展提供新的增长点。

---

① Martina Francesca Ferracane, "Digital Trade Restrictiveness Index", 2018, https://ecipe.org/wp-content/uploads/2018/05/DTRI_FINAL.pdf.
② Nishant Ravindra Ghuge, "A Study of Impact of Make in India Campaign on the Indian Economy", *International Journal of Economics and Management Studies*, Vol. 7, No. 2, 2020, p. 92.

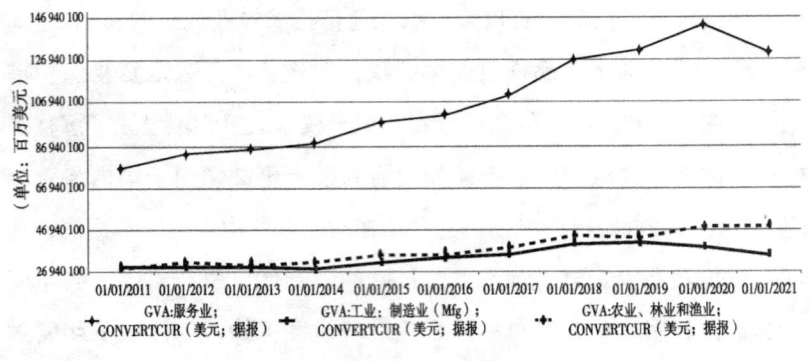

图 7　印度三大产业增加值

（图片来源：笔者根据相关资料自制，资料来源于 CEIC 数据库，参见 https://www.ceicdata.com/zh-hans。）

第二个原因是印度外汇储备较少。图 8 就印度的外汇储备和中国的外汇储备情况进行了对比分析，结果显示从 2010 年至 2020 年，印度的外汇储备规模远低于中国。印度有大量的进口需求依赖于外汇，尤其是在电子产品方面。电子产品是印度规模第二大的进口产品，[①]随着数字化时代的到来和"数字印度"计划的推进，印度民众对电子产品的需求日渐提升，外汇资金的紧缺驱使印度通过自力更生发展电子制造业的方式应对不断上涨的电子产品需求。如前所述，无论是"数字印度"计划还是"印度制造"计划，都要求印度大力发展电子制造业，这是两大旗舰计划的共性，也对制造业的发展提出了更高的要求。

第三个原因则是为了减缓就业压力。印度是世界人口大国，从年龄结构上看，年轻群体在总人口占较大比重，每年有近百万的年轻群体进入劳动力市场，如此庞大的就业人群如果面临失业或就业困境，将会对社会稳定构成巨大冲击。[②] 制造业的发展将为农业部门

[①] Ashutosh D. Gaur & Jasmin Padiya, "A Study Impact of Digital India in Make in India", *Fourteenth AIMS International Conference on Management*, 2017, pp. 325-331.

[②] 宁胜男：《莫迪政府"印度制造"——效果评析与前景展望》，《印度洋经济体研究》2017 年第 3 期，第 60—77、138—139 页。

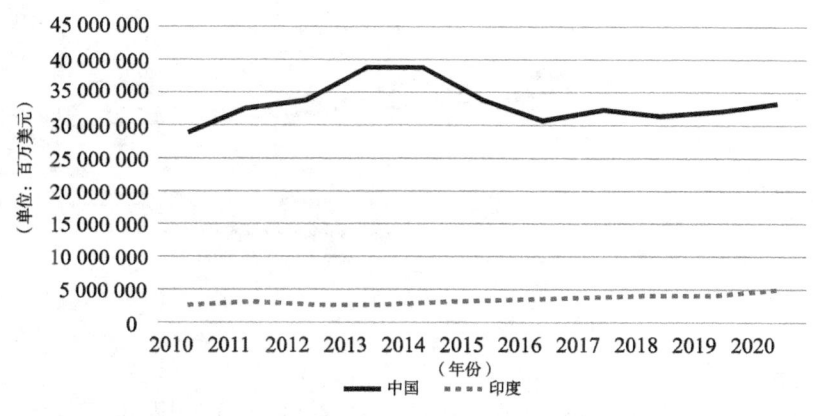

图 8 中印外汇储备对比

(图片来源：笔者根据相关资料自制，资料来源于 CEIC 数据库，参见 https://www.ceicdata.com/zh-hans。)

的剩余劳动力提供就业机会，从而降低失业率和贫困水平。[①] 与此同时，制造业的发展和其他相关产业的发展存在协同效应，印度制造业每增加 1 个就业岗位就会在相关的经济活动中创造 2 到 3 个就业岗位。[②] 并且，"印度制造"计划在一定程度上对改善印度的就业情况起到了积极作用。近十年来，印度工业部门就业人数占比上升，服务业就业人数占比也略微有所上升，农业部门的就业人数则缓慢下降，这意味着农业部门的剩余劳动力在逐渐向制造业转移，就业不平衡的情况得到了缓解。

2. "印度制造"的要素禀赋

根据柯布-道格拉斯生产函数，国家工业系统的发展取决于资本、劳动力和技术三大生产要素的共同作用。[③] 首先，从资本角度来

[①] Kalim Siddiqui, "The Political Economy of India's Postplanning Economic Reform: A Critical Review", *World Review of Political Economy*, Vol. 9, No. 2, 2018, p. 246.

[②] 宁胜男：《莫迪政府"印度制造"——效果评析与前景展望》，《印度洋经济体研究》2017 年第 3 期，第 60—77、138—139 页。

[③] 关于柯布-道格拉斯函数的相关论述参见 Arthur S. Goldberger, "The Interpretation and Estimation of Cobb-Douglas Functions", *Journal of the Econometric Society*, Vol. 35, No. 3, 1968, pp. 464-472。

图 9　各产业就业人数占比

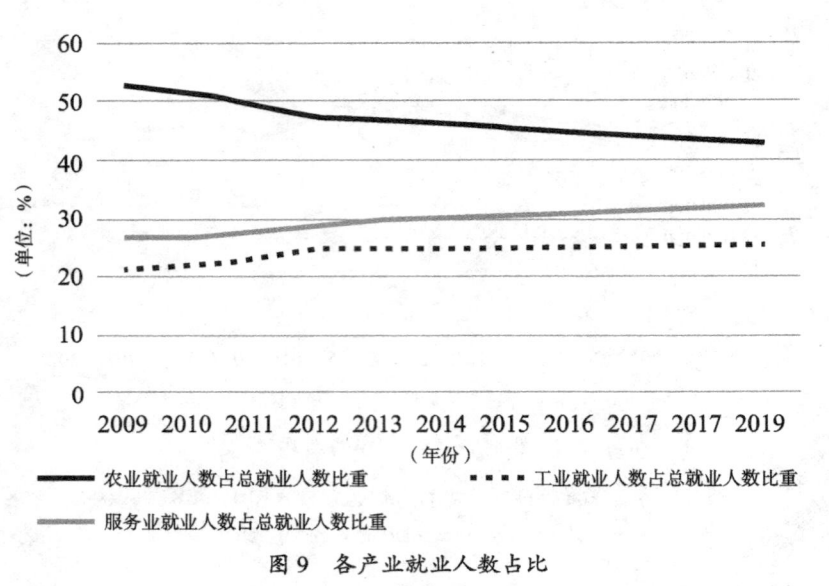

（图片来源：笔者根据相关资料自制，资料来源于 CEIC 数据库，参见 https://www.ceicdata.com/zh-hans。）

看，印度与中国相比并不具备特别优势，虽然印度的外资流入呈现上升趋势，但从绝对值来看仍与中国存在一定差距。其次，相较于中国，印度目前的比较优势在于劳动力，但这方面也存在相当程度的问题，主要表现为印度工人的受教育程度较低，整体素质不高。虽然印度拥有庞大的劳动力资源，且就年龄结构而言拥有释放年轻人口红利的潜力，但从受教育程度来看，年轻群体的技能成熟度尚不足以支撑起"印度制造"的宏伟计划。[①]并且，和中国相似，劳动力作为一种资源并不是能够无限供给的，供给减少或者就业人群的消费水平上升都会导致印度的劳动力成本上升，因此，印度的劳动力优势长期来看也会逐渐消失。最后是科技要素，这也是决定"印度制造"发展前景的最为核心的部分，也是印度现代化道路的本质核心。印度政府在尼赫鲁执政时期就认识到发展科技有利于推进国家发展的现代化进程。

---

① Lavina Sharma & Asha Nagendra, "Skill Development in India: Challenges and Opportunities", *Indian Journal of Science and Technology*, Vol. 9, No. 48, 2016, pp. 1-8.

尼赫鲁确信,西方的科技优势是助推生产的一个重要因素,科技是自力更生、实现现代化发展的内在目标,为此,印度需要利用科学技术来帮助国家实现现代化建设。[①]并且,随着社会生产进入工业4.0时代,新的产业范式是基于个性化生产、网络协作以及供应链的整合,最终在生产和分销上为产品创造新的附加值。这种新型的生产方式引发了国际关系、组织工作以及社会生产的变革。[②]顺承这一思想,莫迪的"印度制造"战略不仅针对传统的劳动密集型和资本密集型产业,也包括高新科技制造企业和现代服务业。[③]因此,除了传统产业,莫迪政府更加期冀占领新兴产业的发展高地。由此可见,科技因素是决定印度制造业能否实现长远发展的关键,"印度制造"计划的根本目的在于推动科技发展,将科技赋能产业,从而实现国家发展的现代化转型。

3. "数字印度"与"印度制造"的交互作用

"数字印度"和"印度制造"看似孤立,实则相辅相成,二者交互作用,共同构成了推动印度现代化转型的基本动能。如前分析,科技因素是印度政府较为看重的生产要素,因为这是印度制造业获取长远竞争优势和比较优势的来源。同时,占领工业4.0时代的制高点也意味着印度制造业能够占据全球价值链中最顶端的位置并赚取高额的附加值。印度政府试图通过技术强国实现国家发展的现代化转型,这一过程依赖于"数字印度"和"印度制造"的交互作用,主要从以下两个途径开展。

一是利用主导产业和先发产业的优势,推动数字和产业的深度融

[①] Akinchan Buddhodev Sinha, "E-Commerce: Its Proliferation, Performance & Patronage from Make-in-India", *The Indian Journal of Management*, Vol. 9, No. 1, 2016, p. 80.

[②] "工业4.0"一词最早由德国提出,与制造业的数字化转型有关。参见Taranath P. Bhat, "India and Industry 4.0", *Institute for Studies in Industrial Development Working Paper*, 2020, p. 1。

[③] Chang Woon Nam, Sumin Nam & Peter Steinhoff, "Modi's 'Make in India' Industrial Reform Policy and East Asian Flying-Geese Paradigm", *Cesifo Working Paper*, No. 6431, 2017, p. 4.

合。IT 行业是印度的优势行业，"印度制造"集中优势发展"数字印度"的优势产业，如电子产业；而印度的数字行业则利用现有软件业的禀赋优势助推"印度制造"完成数字转型。要想实现产业间的转型发展，深化产业间的协同效应，需要促进制造业由劳动密集型向创新密集型和智能密集型转型。这一转型之路径在于大力推动小微制造企业的数字化转型，使其实现工业 4.0，而实现工业 4.0 的路径则在于实现产业的数字化发展。① 因此，"数字印度"计划推动"印度制造"实现产业数字化，同时，"印度制造"助力"数字印度"实现数字产业化，二者共同构成了印度的现代化发展战略。

二是完善供应链、生产链和价值链。要想生产高附加值产品，实现制造业的高质量发展，就必须推动供应链的核心价值建设。"数字印度"计划不仅能带来制造业生产效率的提升，也能为制造业带来更高的附加值。云计算、大数据、人工智能等新兴技术密集型和智能密集型产业具有较高的附加值，借力"印度制造"计划，实现数字、技术和智能相关行业的产业化发展，将有助于印度在全球价值链上创造更高的附加值。② 尤其自新冠疫情暴发后，印度政府更是提出了"自给印度"计划，这一方面与疫情暴发、逆全球化背景下印度对经济发展战略的调整有关，意味着印度将实施进口替代等战略以促进国内经济的发展；③ 另一方面，印度的目标是成为全球制造业中心，印度并不满足于只存在于全球生产链的某一环节，而是希望将生产链和供应链"内化"，这既可以保障供应链的安全，也可以促进国内的就

---

① Gautam Dutta, Ravinder Kumar, Rahul Sindhwani et al., "Digital Transformation Priorities of India's Discrete Manufacturing SMEs–a Conceptual Study in Perspective of Industry 4.0", *Competitiveness Review: An International Business Journal*, Vol. 30, No. 3, 2020, p. 290.
② Alejandro G. Frank, Glauco H. S. Mendes, Néstor F. Ayala et al., "Servitization and Industry 4.0 Convergence in the Digital Transformation of Product Firms: A Business Model Innovation Perspective", *Technological Forecasting and Social Change*, Vol. 141, 2019, pp. 341-351.
③ 宁胜男：《莫迪政府"自给印度"经济倡议评析》，《和平与发展》2020 年第 6 期，第 73—90 页。

业，推动经济发展，进而打造全供应链和全生产链以满足全球制造的需要。

因此，印度现代化发展战略的一个基本要求是：走技术强国的道路，集中前期的先发优势发展优势产业，而"数字印度"战略正好有助于推动这一目标的实现，因为"数字印度"计划的核心之一，就在于实现产业的数字化转型以促进产业发展，尤其是要不断提高智能产业和数字产业在产业中的比重。因此，"数字印度"计划和"印度制造"计划自然也就有机地结合起来，形成了相互带动与促进的协同关系。而且，可以预见的是，在即将到来的后疫情时代，随着数字化、信息化的加速发展，印度势必会更加重视信息技术赋能现代生产与制造的角色，力求让"数字印度"战略发挥更具基础性和渗透性的作用，从而帮助印度借助信息技术带来的后发优势实现现代化征程上的"弯道"赶超。

五、结语

全球化产生了广泛的趋同效应，流行于发达国家的数字化战略，也为发展中国家所追捧和效仿，成为其发展重点，这也是由数字化战略对国家经济增长和政治治理所具备的巨大推动作用所决定的。但与发达国家主要基于市场自发成长的数字化发展道路有所不同，发展中国家通常面临更为严重的市场失灵问题，需要更多借助政府的干预力量；同时，还需要发挥开放格局下的跨国资本的作用。因此，构建一个基于供给侧视角的有关发展中国家数字发展的战略模型，至少应当包含政府、国内私营资本和跨国资本三类行为体及其互动状况因素。本文基于这一粗浅框架，分析了数字化战略在印度的制定与实施情况。印度数字战略的进展表明，清晰的数字化战略能够取得积极的成果，具体体现在通过政府主导下的公私合作伙伴关系的建立，数字基础设施建设能够得到加强、数字领域的主导产业能够获得有力支持以及数字战略的溢出效应能够得到重视。但与此同时，也应看到硬币的另一面，那就是数字发展战略本身只能加速一个国家的发展，而不能从根本上解决一个国家在经济和社会发展上存在的其他内在问题，比如国家的财政条件可能会限制政府发挥自身作用，根深蒂固的地区分化状况会形成巨大的数字鸿沟并导致数字化应用发展迟缓，以及保守的政策制定取向将制约市场充分发挥作用等。这些因素将导致政府、私营资本和跨国资本三者难以充分协同，阻碍国家数字发展战略目标的实现。

National Digital Development Strategy and its Practice in India

Zhang Li   Hu Dayi

Abstract: Globalization has produced a wide range of convergence effects. Digital strategies, popular in developed countries, have won a more durable favor among and followed by developing countries, and become the focus of their development, which is also determined by the fact that digital strategies serve as a tremendous impetus in promoting national economic growth and political governance. However, different from the digital development pattern adopted by developed countries, which is mainly based on the spontaneous growth of the market, the situation in developing countries often encounters more serious market malfunction, hence, government's intervention and the role of transnational capital under open pattern are more needed. Therefore, the construction of a digital development strategy model for developing countries based on the supply side perspective is supposed to include at least the following elements: government, domestic private capital, transnational capital as well as the interactions among them. Based on this framework, this paper also analyzes how digital strategy was formulated and implemented in India. The development of India's digital strategy suggests that a clear digital strategy can generate positive results, specifically, through establishing government-oriented public-private partnership, the construction of digital infrastructure can be strengthened, the leading industries in the digital field can get strong support, and the spillover effect of digital strategy can get enough attention from parties concerned. However, just as every coin has two sides, the other side of digital strategy shouldn't be neglected. Digital strategy itself can only accelerate the development of a country, but it cannot fundamentally solve other internal problems existing in the economic and social development of a country, such as limited role of the government rendered by national fiscal conditions, deep-rooted regional differentiation, improper policy-making orientation as well as conservatism, which will make it difficult for the government, private capital and transnational capital to achieve synergistic effect at a higher level, thus, restricting the realization of the national digital development strategy.

Keywords: Digital strategy; India; Development characteristics

泰国精准农业的现状与未来[*]

阿帕特·金特拉维特　河野泰之[**]

摘要： 传统的农业研究及其改进框架建立在还原论范式（reductionism paradigm）基础之上，构成了当今农业研究的概念基础，但目前已经难以满足各方面出现的新需求。作为新事物，精准农业（PA）范式和技术的本质在于提升农场级农业资源管理的效率，而农场级资源管理效率的提升则建立在对"理解驱动和数据驱动范式"（understanding-driven/data-driven paradigm，以下简称UDP）的运用之上，特别是此范式中的建模和决策支持系统（DSS）。在小农场环境为主的农业体系中，该系统可以进一步被开发为与小农场生产活动相关的精准农业模拟程序。此外，UDP范式不仅在系统地开发新的协作学习能力，同时也在升级其预测能力，以便为有限资源的共同管理提供机遇。在泰国，自2015年以来，精准农业被视为信息处理、复杂性决策和专业指导的一种手段，帮助决策者、研究人员和农民处理更多信息、做出日益复杂的决策以及开展更为专业化的活动。由于可以为提升农场级资源管理的可持续性奠定基础，精准农业概念已经被广泛推介和发展。但是，在目前的实际运用中，精准农业对众多农场级资源管理产生的影响依然有限，这在泰国的土地和劳动力资源方面表现得尤为突出。究其失败原因，可

---

[*] 本研究由泰国科学研究与创新（TSRI）项目资助，项目编号：ORG6410001。Kanpitcha Bunsiri女士在当地和全球范围内积极协助组织了新冠疫情下的研讨论坛。本文译者为王聪。

[**] 阿帕特·金特拉维特（Attachai Jintrawet），泰国清迈大学名誉教授，兼任云南省农业科学院专家；河野泰之（Kono Yasuyuki），日本京都大学东南亚研究中心教授。

能是项目交付不及时,也可能是无法获得足够的技术支持,又或是政府机构的代理人、行为者在工作上存在不协调和短视行为。在2020年底至2021年初,笔者与泰国农业专家组以及核心利益相关者举办了一系列关于水果作物的农业论坛。根据社会、技术、经济、环境、政策和价值方面的趋势及驱动因素,就未来泰国水果作物精准农业的发展制定了四个具有一定可行性的方案,最后得出结论:怀有政治远见的政策制定者必须重塑整个制度体系,以利用新兴的模拟和数字技术来满足需求与应对挑战,其途径在于以 BCG 模型的整体政策和研究框架为依托,将联合企业整合成为一套完整的体制,从而在小农场、多学科背景的科学家和政府行为体之间建立关联,这样才能实现泰国农业发展的长期愿景和目标。

关键词: 前瞻性;情景制定;系统方法;BCG 模型

一、绪论

2021 年 1 月 19 日,泰国内阁批准了 2021—2026 年(佛历 2564—2569 年)基于 BCG 模型的新国家发展战略。在 BCG 模型下,政府还制定了相关政策,吸引并启用年轻一代作为改进国家收入状况的生力军。此外,泰国总理还发布命令,建立两大国家级委员会,即政策/行政委员会和执行委员会。①

为了打造新型经济,该战略将 BCG 模型定义为依托于科学、技术和创新的可持续经济模式,认为该模式可为提升个体与国家的竞争力提供支撑。BCG 模型涵盖四个方面,有时也被称为 4 大 S 型曲线,即农业与食物,健康与医疗、能源,材料与生物化学以及旅游和创意经

---

① National Social and Economic Development Council (NSEDC), "National Reform Plan (Revised version)", 2021, http://www.ratchakitcha.soc.go.th/DATA/PDF/2564/E/044/T_0001.PDF.

济。在 BCG 模型产业价值链中，具有高产量和低附加值的农产品是其重要组成部分，因为农产品是生产 BCG 模型产业价值链上高附加值产品（包括生物能源、生化和材料、食品和饲料、化妆品、营养和生物制药产品）的基础。BCG 不仅将在五年内创造 4.4 万亿泰铢（占同期泰国 GDP 的 24%）的经济价值，同时也将提供 1650 万个就业机会。[①]

调和社会、环境和经济目标的共同理想将循环经济（CE）、绿色经济（GE）和生物经济（BE）三大概念联结起来。作为可持续发展的关键途径，这三大概念目前已成为学术研究与政策制定的主流参照标准。其中，绿色经济概念可被视作一种"伞状"概念，囊括了循环经济与生物经济中的成分。循环经济与生物经济以资源为侧重点，绿色经济则重视全部的生态过程。[②]

本文将探讨并提出在 BCG 模型下实施精准农业的通用政策与研究框架，以此作为一项相比于提升农业系统产出而言适用范围更广、包容性更强的举措，而该目标需要通过建立共同学习情境，以及本地与国际社会共同研发高效资源管理的可替代方案来实现。

二、泰国精准农业的现状与规划

2002 年至 2019 年间，泰国的农业用地面积在 2420 万至 2390 万公顷之间，由 572 万至 925 万户小农户（HH）经营，平均每户经营面积为 2.58 公顷至 4.22 公顷。泰国农业的主要作物为水稻、天然橡胶、甘蔗、木薯、玉米、油棕榈和水果作物，种植面积分别为 960 万、400 万、192 万、144 万、96 万、96 万和 64 万公顷。[③] 这些小农

---

① The Office of National Higher Education Science Research and Innovation Policy Council (NXPO), "BCG in Action: The New Sustainable Growth Engine", 2020, https://www.nxpo.or.th/th/bcg-economy/.
② Dalia D'Amato et al., "Green, Circular, Bio Economy: A Comparative Analysis of Sustainability Avenues", *Journal of Cleaner Production*, Vol.168, 2017, p.716.
③ Ministry of Agriculture and Cooperatives (MOAC), "รายงานสรุปข้อมูลสำคัญของกระทรวงเกษตรและสหกรณ์" [Data Summary of MOAC], https://data.moac.go.th/.

户主要分布在农村地区，从事不确定性较大的雨育农业，其产出的农作物种类单一，且主要用于获取粮食或者换取养家糊口的收入。

2002 年至 2010 年间，泰国研究基金会（TRF，隶属于总理办公室的资助机构）发起并建立了一个名为"泰国研究基金会决策支持系统"（TRF-DSS）的研究网络[①]，为不同的用户（包括政策制定者和从事长短期规划与管理的省级及地方政府机构）开发并部署了大约 20 个 DSS 工具。

2015 年，作为"泰国研究基金会决策支持系统"的延续，泰国研究基金会启动了精准农业研究网络（TRF-PA），以覆盖从农业研究到政策制定再到技术利用的全部环节。泰国与老挝的精准农业研究网络项目均希望通过与生产者社群共同创建学习情境并共同开发适宜的精准农业创新与可替代方案，提升精准农业的适用性。2019 年，泰国研究基金会解散，泰国科学研究创新组织（TSRI，泰国高等教育、科学、研究与创新部［MHESI］下属的资金配置机构）通过七个项目管理单位（PMU）[②]继续为精准农业研究网络提供资金支持。

自 2020 年始，上述项目管理单位承担如下任务：以四大国家平台为依托，为 17 个国家级项目筹措研究资金。[③]针对 2022 年的财政预算，泰国农业研究发展局（ARDA）已公开征集了九个研究项目的

---

① Attachai Jintrawet et al., "Decision Support System Research and Development Network for Agricultural and Natural Resource Management in Thailand: A TRF-DSS Experience", *Southeast Asian Studies*, Vol. 1, No. 1, 2012, p.141.
② National Research Office (NRCT), The National Innovation Agency (NIA), Agriculture Research Development Agency (ARDA), Health Systems Research Institute (HSRI), Area, Basic and Competitive.
③ 四个国家平台分别对应重大挑战、区域性、竞争力和人力、基础知识；17 个国家计划是：(1) 国家智库生态系统；(2) 欧共体（EEC）的人力资源；(3) 未来的终身学习；(4) 全民人工智能；(5) 前沿研究与基础研究；(6) 大型研究与创新基础设施；(7) 资源、环境和农业的挑战；(8) 老龄化社会；(9) 优质社会和安全；(10) 新经济的 RDI；(11) 欧共体创新生态系统；(12) 国家优质基础设施与服务，简称 NQIS；(13) 地方经济创新与创新社区；(14) 精准脱贫；(15) 智能／宜居城市；(16) 重塑大学和研究机构；(17) 新兴问题。资料来源：Thailand Science, Research and Innovation (TSRI), "โปรแกรมที่ 7 PMU รับผิดชอบ ประจำปีงบประมาณ 2563 และ 2564" [Programs Responsible by Seven PMUs for Fiscal Year 2020 and 2021], https://www.tsri.or.th/th/page/โปรแกรมที่-7-PMU-รับผิดชอบ-ประจำปีงบประมาณ-2563-และ-2564。

提案，精密和智能农业研究项目位列其中。① 该征集计划是四大国家平台中第三平台（国家竞争力研究和创新平台）的组成部分，从属于第 10 号国家规划（竞争力和经济自主复苏规划），该规划对标 BCG 模型，期待取得的成果是：产生与精密农业相关的新知识、技术与创新，并用于支撑国家农业体系，推动粮食、卫生和医药产业的发展，以及生产 BCG 模型下的进口替代产品。

三、未来的泰国精准农业：以水果作物为例

泰国精准农业的问题在于缺乏一个能够对科研工作者与农业生产实际情境加以整合的综合性框架，从而使科研人员能与农民合作，寻找精准农业发展中存在的问题及其原因。② 不仅如此，缺乏综合性框架还引发了一系列慢性和周期性困境，这在农业生产系统中体现得尤为明显。引入综合性框架将能够解答一系列问题，例如，泰国的水果作物种植者、农业系统和环境在二十年后，或者说在 2040 年或 2050 年将发生怎样的变化？年轻一代及土地资源将如何从公募资金和私募基金的投资中受益，以支撑和改进水果作物的生产乃至整个农业系统？为了解上述情况，同时也为了寻找满足精准农业需求的方法，笔者及其团队非常幸运地得到了泰国科学研究创新组织（TSRI）的资助，从而能够在 2020 年 11 月至 2021 年 3 月期间对水果作物生产和消费系统展开调查。

本文的第一作者及其助手同 130 人开展了一系列线上与线下讨论，以制定合理的水果作物生产和消费系统方案。参与讨论者包括政府官员、水果作物专家、中小型企业主、约 40 名年轻睿智的农民。

---

① ARDA, "แผนงานวิจัยเกษตรแม่นยำสูงและเกษตรอัจฉริยะ" [Precision Agriculture and Smart Agriculture Program: Call for Proposals], https://www.arda.or.th/datas/file/3.แผนงานวิจัยเกษตรแม่นยำสูงและเกษตรอัจฉริยะ.pdf.

② Thailand Science, Research and Innovation (TSRI), "การรับฟังความเห็นต่อ (ร่าง) แผนด้านวิทยาศาสตร์ วิจัยและนวัตกรรม พ.ศ. 2566 - 2570" [(Draft) Science, Research and Innovation Plan for 2566-70 B.E.], https://www.tsri.or.th/th/page/SRIplan66-70-Public-Hearing.

在此次论坛召开之前，我们回顾并总结了全球农业咨询网络的发展趋势：随着泰国和大湄公河流域人口的增加，人们对水果作物的需求也在增加；此外，精准农业正在被应用到各个不同的生产系统中。本次论坛还集中讨论了上述趋势如何同各类组织的活动相互交织，以及各组织如何在上述趋势中发挥自身的作用与职能。论坛最后预测了未来泰国精准农业可能出现的四种发展情境：保持现状（BAU）、大团体繁荣、小团体繁荣和所有团体繁荣。

（一）保持现状情境

在此情境下，政府出台的政策和干预措施往往周期较短，且成本极高。各公共机构官僚主义盛行，缺乏协调与团队合作，难以为农场企业提供支撑。研究和创新系统体系高度集中，缺乏对实际情况做出响应的机制。此外，虽然采用了模拟和数字化的沟通方式，但它们却很少被实际运用于决策过程之中，因此也难以改善农业经营情况。

参考泰国各地当前的经验与具体做法，保持现状情境（BAU）下将会呈现的精准农业前景是：各怀本领的水果作物农场独立开展业务。各个农场企业运用不同的技术、技能和经验，彼此独立运作，不与消费者和供应商产生联系。泰国的水果作物农场只是为中间商生产原材料，而中间商掌控着水果作物产业价值链上的其他所有环节。泰国社会碳排量将居于高位，总面积64万公顷的水果作物农场便是碳排量的贡献者之一。与此同时，化学品使用量、能源成本和物流成本也会很高。在巨额补贴下，泰国社会仍然处于中等收入陷阱（MIT），各阶层的收入和社会地位差异巨大。

（二）大团体繁荣情境

在此未来情境下，政府采取短期性的政策和干预措施，并且推崇快速见效的理念。大企业和部分大型水果作物农场在共同制定规划与协作方面达成一致，并凭借自身能力得以发展壮大。部分小型水果作物农场可能会获得发展的机会,但这部分农场仅约占水果作物农场数量和水果耕作地区总量的10%。各公共机构官僚主义盛行,缺乏协作与团队合作,难以为农场企业提供支撑。研究和创新系统体系高度集中,缺乏对实际情况做出响应的机制。采用模拟和数字化的沟通方式,偶尔能在决策过程中用于改善大型企业系统的状况。

大团体繁荣方案参考当地以及当前的经验与具体做法,构想出特定水果作物农场的精准农业大团体方案使用情境:各个农场企业运用不同的技术、技能和经验,根据大型企业、供应商和消费者的反馈实时调整经营方式。泰国的水果作物农场生产原材料,并与大企业及网络合作,成为水果作物产业价值链的一个组成部分,这些水果作物农场有能力向政府交税而不需要政府提供补贴。泰国社会碳排量仍将居于高位,在总面积64万公顷的小型独立水果作物农场中,约有10%将成为碳排量的贡献者。与此同时,化学品使用量、能源成本和物流成本仍然很高。在巨额补贴下,泰国社会仍然处于中等收入陷阱,各阶层的收入和社会地位差异巨大。

(三)小团体繁荣情境

在此未来情境下,政府采取短期性的政策和干预措施,并且推崇快速见效的理念。小团体繁荣方案主要依托新兴农场(Young Emerging Farms,缩写为YEF),可能会与大企业产生联系。部分大型水果作物农场在共同制定规划与共同协作方面达成一致,凭借自身能力得以发展壮大。部分新兴农场可能获得良好的发展机会,这部分农场约占水果作物农场数量和水果耕作地区总量的40%。各公共机构官僚主义盛行,缺乏协作与团队合作,难以为农场企业提供支撑。高度集中的研究和创新系统体系已具备实际情况响应机制,可以在半数情况下做出响应。采用模拟和数字化的沟通方式,偶尔能在决策过程中用于改善新兴农场和大型企业系统的状况。

小团体方案参考当地以及当前的经验与具体做法,构想出不同水果作物农场的精准农业使用情境：各个水果作物农场运用不同的技术、技能和经验，根据大型企业、供应商和消费者的反馈实时调整经营方式。泰国的水果作物农场生产原材料，与大企业及网络合作，成为水果作物产业价值链的一个组成部分，这些团体有能力向政府交税而不需要政府提供补贴。泰国社会碳排量将居于高位，在总面积64万公顷的小型独立水果作物农场中，约有40%将成为碳排量的贡献者。与此同时，化学品使用量、能源成本和物流成本均很高。虽存在巨额补贴，泰国社会仍然处于中等收入陷阱，各阶层的收入和社会地位差异巨大。

（四）所有团体繁荣情境

在此未来情境下，政府将转向采取长期性的政策和干预措施，且基于PDCA（计划-执行-检查-行动）的过程和理念。政府投资支持所有团体发展的网络和学习中心，利用自上而下和自下而上的综合与还原论方法，采用BCG模型开展共同规划和合作。水果作物农场/地区实现100%的循环。公共和私人机构管理体制完善，摆脱官僚主义，彼此充分团结协作，与水果作物种植社群及企业开展平等的合作。研究和创新系统已经过重组和重新分配，在全国主要的水果作物生产区建立学习中心，运用各种机制对实际情况做出全面的响应并提供创新解决方案。同时，采用模拟和数字沟通方式，决策过程中充分利用数据信息，为全面持续地改善企业状况提供服务。农场主和经营者通过收集、利用和综合分析数据改善农场状况，以更好地理解横向与纵向关系，这种情况与泰国东北部的一个村庄类似。[1]

---

[1] Kazuo Watanabe, "Improvement in Rainfed Rice Production during an Era of Rapid National Economic Growth: A Case Study of a Village in Northeast Thailand", *Southeast Asian Studies*, Vol. 6, No. 2, 2017, p. 293; Yasuyuki Kono, Takahiro Sato, Kazuo Watanabe, Shinsuke Tomita & Le Zhang, "Chapter 2: Reconsidering Development Mechanisms of Tropical Agriculture: Focusing on Micro-Development in Mainland Southeast Asia", in Mario I. Lopez & Jafar Suryomenggolo (eds.), *Environmental Resources Use and Challenges in Contemporary Southeast Asia*, Singapore: Springer Nature Singapore Pte Ltd., 2018, p. 21.

所有团体繁荣方案参考泰国各地当前的经验与具体做法，构想出智能水果作物农场（wisdom-driven fruit crop farms）的精准农业使用情境，即各个新兴农场针对自身情况，明确设定不同的发展目标。此精准农业发展方案基本属于理解驱动与数据驱动范式，该范式将需求和供应领域的产能整合在一起。在实地运作的过程中，水果作物农场需要具有可行性的多样化技术，以便能够与整个产业价值链、供应商、消费者和生态系统开展针对性的合作。作为可持续的和负责任的消费与生产价值链的组成部分，泰国水果作物农场将生产高质量的产品，有能力和意愿向地方和中央政府交税，无须政府补贴。泰国将变为低碳社会，在总面积64万公顷的小型独立水果作物农场中，其中的60%—80%将成为低碳企业。泰国将在高效利用农用化学品、节约能源和物流成本的基础上，在不提供农业补助的情况下步入高收入国家（HIC）行列，各阶层的收入和社会地位差距缩小。农场根据良好农业规范运作，并同优质生产规范（Good Manufacturing Practice, GM）下产出的产品发生关联。此方案将运用"知足经济理念"（SEP）实现联合国可持续发展目标（SDGs）。

我们可以开展包容性的社会合作，以确保强化水果作物及农业系统的投资能让年轻一代和土地资源受益。[①] 为了提高合作能力，我们在科学理解、空间数据库和精准农业模拟器的帮助下，为上述四个情境构建出一个框架。但与现有的方法不同的是，我们提出的框架具有若干新特点（如下节所述），以便让所有的行为者在未来都可以找到使用的方案。

[①] Franco da Silveira, Fernando H. Lermen & Fernando G. Amaral, "An Overview of Agriculture 4.0 Development: Systematic Review of Descriptions, Technologies, Barriers, Advantages, and Disadvantages", *Computers and Electronics in Agriculture*, Vol. 189, 2021, pp. 106-405; Deborah F. Shmueli, Connie P. Ozawa & Sanda Kaufman, "Collaborative Planning Principles for Disaster Preparedness", *International Journal of Disaster Risk Reduction*, Vol. 52, 2021, pp. 101-981.

四、未来精准农业应用框架

在 BCG 模型（生物–循环–绿色）下，为了实现每个未来情境中的精确水果作物的可持续资源管理，我们提出了一个融合精准农业政策与研究的框架（见图 1）。该框架虽然在泰国农村信息和通信技术（ICT）的基础上做了易用性改进，但仍未得到学术界和政府机构的充分利用，其原因在于信息和通信技术在泰国还是个新生事物，特别是在农业部门。未来提高 ICT 利用率的有效方法是系统地落实该框架的应用。

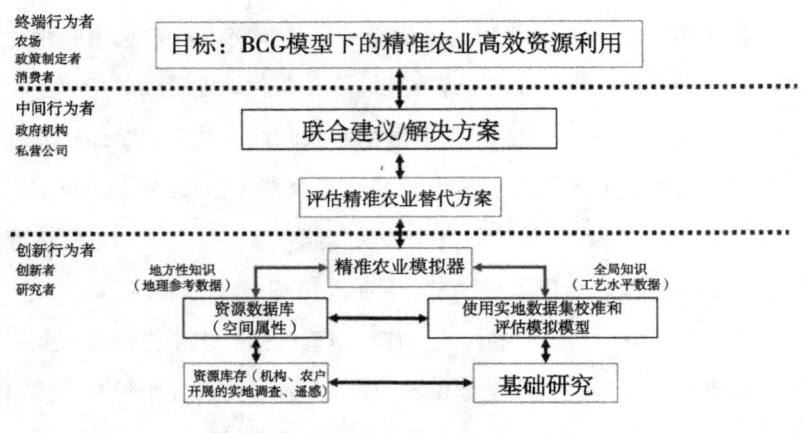

图 1　综合性精准农业政策与研究框架

（图片来源：修改自 Attachai Jintrawet, "A Platform for Digitizing and Scaling up Options with Small Farms into SDG: A Review", in Yasuhito Shirato & Akira Hasebe (eds.), *Climate Smart Agriculture for the Small-Scale Farmers in the Asian and Pacific Region,* Tsukuba/Taipei: National Agriculture and Food Research Organization and Food and Fertilizer Technology Center for the Asian and Pacific Region, 2019, p.139, http://www.naro.affrc.go.jp/english/laboratory/niaes/publications/fftc_marco_book2019/index.html。）

在这个框架中，有三组行为者参与泰国未来精准农业情境，即终端行为者、中间行为者和研究者/创新行为者。首先，我们从框架的底层环节，即从研究者/创新行为者着手分析。此底层环节负责制定所有的精准农业技术和创新方案，代表更大的用户群体并为整个生产价值链的参与者做好审查工作。此环节存在两类行为者，代表的是在各个科学领域从空间和时间维度对精准农业的性质和发展动态展开科学理论研究的行为者。这类采用模拟和数字格式的科学理论须转化为数码数据库和预测模型，并且这类模型将与采用人工智能（AI）的决策支持系统连接起来，以便中间行为者和终端行为者共同将其决策对社会、环境和经济的影响可视化。正如飞行模拟器用作培训飞机机长和飞行员，精准农业模拟器可以用于培训农民，引导他们从目前的水果作物生产转向精密水果作物生产系统。

中间行为者群体的主要构成是政府机构和私营公司，它们同样可以学习使用 PA 模拟器，以便动员规模更为庞大的终端行为者群体、一线水果作物生产者、消费者及其协会和政策制定者。

该应用框架允许行为者发展各类关系并建立各类合作，以通过 BCG 模型完成精准农业的各种目标，实现资源的有效利用。其中，行为者间最弱和最强的关系情形分别在保持现状情境和所有团体繁荣情境中得到了阐述；而关系有利于已建立的大团体和小团体的情况，则分别适用于大团体繁荣情境和小团体繁荣情境。此框架的成功应用，特别是达成所有团体繁荣情境的应用，需要思想文化的转变，即个人成员致力于学习和了解泰国的上述新信息通信技术（ICTs），并在他们的社区和组织中相互分享。[①]

五、结论

本文简要介绍了泰国政府采用 BCG 模型改善整个农业系统状况的战略，该战略是在考虑到农业与整个价值链关系的情况下制定的。

---

① Richard J. Bawden, "Systems Approaches to Agricultural Development: The Hawkesbury Experience", *Agricultural Systems*, Vol. 40, No. 1-3, 1992, pp.153-176.

在研究过程中，笔者组织了一系列的论坛，最终针对泰国水果作物生产体系提出了四种未来精准农业发展可能出现的情境。同时，笔者也认识到精确农业在四种未来情景中可能存在的局限性，并希望鼓励更多的研究者去思考更多在未来可能出现的状况。通过此次论坛的讨论，笔者在研究中达成了一项重要的认知，即跨学科的思考和实践既可以从学科专业和还原主义的范式中获取专业知识，也可以在不同的行为者之间产生协同效应。因此，我们研究的贡献在于：增强意识、开发能力并促进社区发展、推动思想文化转型、将共享价值和创新理念融入组织政策和研究实践中。上述对未来情境的预测为政策制定者提供了农业体系创新的要点，而他们也可以考虑参考本文中提出的应用框架。政策制定者可以利用新兴的模拟与数字技术，为小农场、多学科专家和行为者之间的联合体建立规范制度，以满足需求和应对挑战，从而实现长期的愿景与目标。

Current situation and future of precision agriculture in Thailand

Attachai Jintrawet   Kono Yasuyuki

Abstract: The traditional agricultural research and improvement framework, based on the reductionism paradigm, that form the conceptual basis of agriculture today, are insufficient to address the demands of various actors. Precision Agriculture (PA), paradigms and technologies, have their origins in improving the efficiency of farm-level agricultural resource management based on understanding-driven/data-driven paradigm (UDP), especially modeling and decision support systems (DSS). DSS that can be further developed into PA Simulators and are relevant to agricultural systems in a small-farm context. UDP paradigm is systemically creating new collaborative learning and evolving predictive capacity, which create opportunities to co-manage limited resources. In Thailand since 2015, PA was considered as a mean of helping policy makers, researchers and farmers to deal with increased information, increasingly complex decisions and to professionalize their activities. PA has been widely proposed and developed as providing a basis for improving sustainability of farm-level resource management. However, PA has, up-to-now and in practice, had limited impact in many farm-level resource management contexts, in particular land and labor resources in Thailand. Failures can be attributed to non-delivery, inaccessible technologies and un-coordinated-isolated-silo-short term-based agencies/actors of government institutions. We have conducted a series of forums on PA for fruit crops with groups of experts and key stakeholders during late 2020 to early 2021. Four plausible future scenarios of PA for fruit crops in Thailand were formulated based on trends and drivers in social, technology, economy, environment, policy and value contexts. It was concluded that policy makers, with long-term political wills, must reinvent the entire institutional system to take advantage of emerging analog and digital technologies. The new system should meet demands and challenges of the BCG model (Bio-Circular-Green economy model). The model called for inclusiveness of actors, i.e., small farms and multi-disciplinary scientists for long-term vision and goal.

Keywords: Foresight; Scenario formulation; System approaches; Bio-Circular-Green Economy model (BCG model)

第四章
国家建构中的族群问题

民族主义和部落主义双重作用下的吉尔吉斯斯坦民族国家建构

王 涛*

摘要：吉尔吉斯斯坦与其他中亚国家一样，都在苏联解体后开启了独立的国家建构进程。然而，独立30年以来发生的三次特殊权力更替使吉尔吉斯斯坦成为中亚国家中的特例，国家建构进程也遭到严重削弱。本文以2005年的权力更替事件为例，试图从民族主义与部落主义的视角，探究吉尔吉斯斯坦的国家建构进程。尽管吉尔吉斯斯坦领导人努力建构国家民族主义，但部落政治的回归和族群民族主义阻碍了统一国家认同的形成，削弱了国家对社会的权力强化，最终导致国家建构进程进展缓慢。

关键词：民族主义；部落主义；吉尔吉斯斯坦；国家建构

20世纪90年代初，随着苏联、南斯拉夫社会主义联邦共和国和捷克斯洛伐克联邦共和国的相继解体，一系列新兴民族国家纷纷独立。到1993年初，获得国际社会承认的新兴民族国家增至21个。[①]众多相邻的新兴国家的出现，可能会引起这些国家国内政权不稳和地

---

* 王涛，清华大学国际与地区研究院博士研究生，研究地区为中亚，研究方向为中亚族群政治、部落政治、民族与宗教关系等。2017—2018学年在吉尔吉斯斯坦奥什国立大学访学。
① 宁骚：《民族与国家：民族关系与民族政策的国际比较》，北京大学出版社1995年版，第306页。

区局势动荡。在苏联解体前后的中亚地区，这一情况尤甚。极端后发国家[①]虚弱的国家能力让中亚局势处于崩溃的边缘。因此，尽快确立主导意识形态有利于维护政权稳定。意识形态混乱以及原苏东地区兴盛的民族主义浪潮使得中亚各国自然地扛起民族主义大旗，为新独立的国家寻求合法性。

由于这些国家建立的时间较短，民族认同和国家认同仍处于变动之中。因此，观察"建国"前后各国民族政治的变化更容易得出这一地区民族认同和国家认同形成的特点及原因。本文所研究的吉尔吉斯斯坦起初并非自愿脱离苏联独立，在被迫出局的情况下只能通过建构官方民族主义的方式动员民众进行国家建设。杰克·斯奈德（Jack Snyder）认为："就像18世纪以前的西欧，他们[②]还处在前民族阶段，大众尚未被充分动员进入政治生活以维系一个持续的民族主义运动。"[③]中亚地区的民族主义具备典型的官方色彩。这种官方建构的民族主义是否能促进民族认同和国家认同的形成也是疑问之一。以内战结束后的塔吉克斯坦为例，"最后的无政府结果在当地社会团体间产生了公民争论，其中几乎没有可严格地被称作族群的或民族主义的"[④]。对国家权力的激烈竞逐诱发了塔吉克斯坦内战，而苏联解体后建立强总统制的乌兹别克斯坦和哈萨克斯坦则保障了国家稳定。吉尔吉斯斯坦则另辟蹊径，走向西方式民主道路，得到"民主岛"的美誉。

---

① 杰克·斯奈德根据经济发展轨迹把后共产主义国家分为三个类别：早发国家、后发国家和极端后发国家。按照他的观点，中亚的土库曼斯坦、乌兹别克斯坦、塔吉克斯坦以及（某些方面符合的）哈萨克斯坦和吉尔吉斯斯坦皆属于极端后发国家。参见杰克·斯奈德：《从投票到暴力：民主化与民族主义冲突》，吴强译，中央编译出版社2017年版，第197—199页。
② 中亚各主要民族。——本文作者
③ 杰克·斯奈德：《从投票到暴力：民主化与民族主义冲突》，吴强译，中央编译出版社2017年版，第198页。
④ Barnett Rubin, "Russian Hegemony and State Breakdown in the Periphery", in Barnett Rubin & Jack Snyder (eds.), *Post-Soviet Political Order: Conflict and State-Building*, London: Routledge, 1998, pp. 119-150.

一、民族主义与民族认同和国家建构

民族主义与民族认同和国家认同之间的关系错综复杂。总体而言，民族主义为形成民族认同提供源源不竭的动力和合法性；同时，民族主义固有的双重属性也可能对国家认同产生截然相反的不同作用。鉴于两者之间的复杂关系，这一部分主要从民族主义相关研究、民族主义对国家建构的影响两个方面对相关理论进行介绍。

（一）民族主义相关研究

作为民族主义研究的集大成者，安东尼·D. 史密斯（Anthony D. Smith）关于民族主义的论述颇具代表性。他将民族主义定义为"一种为某一群体争取和维护自治、统一和认同的意识形态运动，该群体的部分成员认为有必要组成一个事实上或潜在的'民族'"。[①] 作为一种意识形态，民族主义认为世界是由不同的民族构成的，每一个民族都有自己的特点和命运；个体的忠诚首先是对他的民族；民族是一切政治力量的源泉；个人要想获得自由、实现人生目标，就必须属于一个民族；每一个民族总是要通过自治方式表达它的真正本质；一个和平正义的世界只能是建立在民族自治的基础上的。[②]

民族主义有三个基本目标：民族自治、民族统一和民族认同。在追求其中的任何一个目标时，民族主义都可以提供强大的动员性力量。此外，按照史密斯的观点，民族主义包含以下三种含义中的一种或多种内容，即民族的语言和象征、民族的社会和政治运动以及民

[①] 安东尼·D. 史密斯：《民族主义：理论、意识形态、历史》（第2版），叶江译，上海人民出版社2011年版，第9页。
[②] 安东尼·D. 史密斯：《全球化时代的民族与民族主义》，龚维斌、良警宇译，中央编译出版社2002年版，第63—64页。

族的意识形态。① 民族的语言和象征对形成民族主义意识形态至关重要，民族的政治运动和意识形态则更多是在民族主义的旗帜之下形成并运转的。在民族主义的三个基本目标中，民族认同对国家建构至关重要。史密斯将民族认同的基本特征归纳如下：（1）一块历史性的领土或祖地；（2）共同的神话与历史记忆；（3）共同的大众性公共文化；（4）适用于全体成员的一般性法律权利与义务；（5）统一的经济体系，并且成员可以在领土范围内流动。② 这些要素揭示了民族认同作为一种集体认同的复杂性，而且容易使人对民族认同和国家认同的概念产生混淆。

从上述史密斯的观点来看，他主张从历史的维度出发建构民族认同，这赋予民族主义意识形态巨大的行动力量。在厘清民族认同和国家认同概念的同时，构建民族认同自然会导致两种民族主义流派的形成：族群民族主义（ethnic nationalism）和国家民族主义（state nationalism）。史密斯在进一步分析的基础上提出了族群-象征主义的分析范式，"试图通过将民族认同与在它之前的族群纽带联系起来，并通过显示共享象征、神话和记忆等主观因素的影响来作解释"。③

与史密斯的观点相对应，埃里克·霍布斯鲍姆（Eric Hobsbawm）则主张从近现代民族概念内涵的变迁来考察民族主义。民族主义早于民族的建立。并不是民族创造了国家和民族主义，而是国家和民族主义创造了民族。④ 因此，随着国家和民族主义内涵的变迁，民族也从法国大革命后具有平等权利和义务的公民演变为历经政治现代化而形成的共同体。霍布斯鲍姆采用了厄内斯特·盖尔纳（Ernest Gellner）

---

① 安东尼·D. 史密斯：《民族主义：理论、意识形态、历史》（第2版），叶江译，上海人民出版社2011年版，第6页。
② 安东尼·D. 史密斯：《民族认同》，王娟译，译林出版社2018年版，第21页。
③ 安东尼·D. 史密斯：《民族主义：理论、意识形态、历史》（第2版），叶江译，上海人民出版社2011年版，第63页。
④ 埃里克·霍布斯鲍姆：《民族与民族主义》，李金梅译，上海人民出版社2006年版，第9页。

对民族主义的定义，即"政治单位与民族单位是全等的"。① 对于这一定义需非常谨慎：如果"政治单位"指的是民族国家，则符合现实世界中单一民族国家的政治结构，但是忽略了世界上多数国家为多民族国家的事实；如果指的是多民族国家内的民族自治区，这种民族主义可能会对国家认同产生负面影响。

民族主义之所以能够建立现代国家制度，就在于民族主义能够激发出一种对民族的自然的归属感，创造出一种文化情境，将以往被动地臣属于国家之下的人民转变为积极主动的国民。②

霍布斯鲍姆赞同史密斯从民族历史建构民族认同的观点，但同时也指出其弊端。依靠民族历史建构民族认同具有普遍性，但是对历史进行神化和虚构、任意抹杀和歪曲历史同样具有普遍性。③ 这种民族认同虽然短期内有利于整合民众力量，但长期而言是否对民族的发展具有积极意义尚待商榷。

"民族主义"一词极具争议，这与对"民族"的不同理解直接相关。本尼迪克特·安德森（Benedict Anderson）与厄内斯特·盖尔纳从建构论的视角对民族下了定义。安德森认为，民族是一个想象出来的政治共同体；盖尔纳主张"从意愿和文化与政治单位结合的角度来给民族下定义"，即民族主义造就了民族。④ 两人都强调了文化对于民族形成的重要性，而民族主义则是一种社会事实。安东尼·史密斯认为民族是"具有名称，在感知到的祖地（homeland）上居住，拥有共同的神话、共享的历史和与众不同的公共文化，所有成员拥有共同

---

① 埃里克·霍布斯鲍姆：《民族与民族主义》，李金梅译，上海人民出版社2006年版，第9页；厄内斯特·盖尔纳：《民族与民族主义》，韩红译，中央编译出版社2002年版，第1页。
② 徐迅：《民族主义》，东方出版社2014年版，第51页。
③ 唐书明、刘锋：《不同视野中的历史与民族主义关系——霍布斯鲍姆与安东尼·史密斯民族主义理论的差异》，《贵州社会科学》2008年第1期，第72页。
④ 厄内斯特·盖尔纳：《民族与民族主义》，韩红译，中央编译出版社2002年版，第73页。

的法律与习惯的人类共同体"。①

关于"民族主义"的研究可谓汗牛充栋,这也正说明学界在这一议题上争议很大。即使是在对"民族"的认定方面,学界亦有不同看法。上文主要介绍了史密斯、盖尔纳和霍布斯鲍姆对于民族主义的界定。这些理论主要基于欧洲的民族主义而来,因此我们必须要考虑它们的适用性问题。以本文研究的吉尔吉斯斯坦为例,该国所在中亚地区部落/部族政治对民族主义意识形态的形成起到重要作用:一方面,在部落/部族首领达成一致的情况下,民众力量的整合更容易,有利于形成统一的民族认同;另一方面,部落/部族政治的碎片化特征对民族主义的形成则起阻碍作用。作为学术探讨的一部分,本文倾向于采用史密斯对于民族主义的界定,即民族主义是"一种为某一群体争取和维护自治、统一和认同的意识形态运动,该群体的部分成员认为有必要组成一个事实上或潜在的'民族'"。②

(二)民族主义与国家建构

民族主义与国家建构之间的复杂关系在上文已有提及,但是如果单独考察国家建构理论,则会呈现出与民族主义理论迥异的场景。这主要是源于民族单位与政治单位(即国家)的不完全对等,即分析单位的不对等。国家建构理论主要从国家层面或如何建构国家的角度进行分析,而民族主义理论则侧重于分析如何建构民族认同。

国家建构理论的发展经历了两个非常重要的阶段。第一个阶段是20世纪70年代开启的以"国家与战争"作为核心议题的经典国家建构理论,主要代表人物为查尔斯·蒂利(Charles Tilly),观点有国家建构是"国家对于社会的权力强化过程"、战争对集权的形成有重要

---

① 安东尼·D. 史密斯:《民族主义:理论、意识形态、历史》(第2版),叶江译,上海人民出版社2011年版,第13页。
② 同上书,第9页。

作用，进而演化出战争对国家建构具有极大促进作用等观点，强调国家对社会的权力管控。第二个阶段是20世纪90年代以来的专门针对"失败国家"（failed states）的重建和"脆弱国家"（weak states）的能力建设而形成的国家建构理论，①主要代表人物为弗朗西斯·福山（Francis Fukuyama）。该理论认为国家建构就是建立新的政府制度和加强现有的政府制度，②强调国家能力（state capacity）建设的重要作用，外部干预是针对脆弱国家和失败国家的主要国家建构手段。

无论是国家民族主义，还是族群民族主义，都对国家建构有着深刻影响。一般意义上，国家民族主义有利于国家建构，族群民族主义则是一把双刃剑——既可能催生分离主义，也可能促进多元化的国家建构。

民族主义推动民族国家的创建，一般有两种形式：一是创建新的民族国家；二是在既有的国家框架内，完成民族主义整合，即通过整合使国内不同族群生成共同的民族意识与民族认同。③从一开始，民族主义就是一支包容和解放的力量，它打破了基于地区、方言、习俗和宗族的各种地方主义，并通过集中的市场、行政、税收和教育体系建立了强大的民族国家。④对于第二种形式，其关键在于如何在族群认同、民族认同及国家认同之间实现平衡。民族国家得以存续的前提是存在民族对于民族国家的认同。在多民族国家内一般存在多种集体身份认同，如宗教认同、语言认同、族群认同、部族认同等，对这些认同进行整合是建构国家认同的关键步骤。整合的最终目标是确保国家认同居于所有认同之上，只有在这种情况下，国家的完整体才更易于维持。

---

① 于春洋：《现代民族国家建构：理论、历史与现实》，中国社会科学出版社2016年版，第27页。
② Francis Fukuyama, *State-Building: Governance and World Order in the 21st Century*, Ithaca: Cornell University Press, 2004, p. ix.
③ 王文奇：《民族主义与民族国家建构析论》，《史学集刊》2011年第3期，第106页。
④ Anthony D. Smith, *Nationalism and Modernism: A Critical Survey of Recent Theories of Nations and Nationalism*, New York: Routledge, 1998, p. 1.

关于民族主义与国家建构的关系，吉尔·德拉诺瓦（Gil Delannoi）在《民族与民族主义：理论基础与历史经验》一书中进行了深刻讨论。提及20世纪末期的民族主义浪潮，德拉诺瓦指出，这次浪潮具有相当的独特性，与此前几次民族主义浪潮不同的是，"正是在这一阶段，民族主义集中展现出了自己撕裂既有民族国家的巨大能量，让那些曾经热情讴歌它的人们感受到了它惊人的破坏力量"。①

二、吉尔吉斯斯坦民族主义的核心——部落主义

中亚地区在学术研究中常被视为一个相对统一、独立的政治单元，这自然离不开中亚国家的共同地理与历史。然而，在对中亚国家的民族主义研究中，呈现出的却是迥然不同的情况。例如，同样作为以突厥语民族为主体民族的国家，吉尔吉斯斯坦的民族主义与乌兹别克斯坦的民族主义截然不同，二者之差别的最大根源在于历史上游牧和定居的不同生活方式，基于两种生活方式形成的政治共同体自然差异较大。游牧的历史渊源和生活方式造就了以部落（tribe）为基本组织单位的吉尔吉斯族。因此，要正确理解吉尔吉斯斯坦的民族主义，必须厘清部落主义（tribalism）与民族主义之间的关系。

（一）吉尔吉斯斯坦部落主义溯源

部落作为一种组织形态从未在世界政治中消失。在中东、中亚、非洲等地，部落仍参与着国家政治生活，甚至在某些国家对政治的发展仍起着决定性作用。这与部落结构的等级性有关。中亚与中东的文化传统存在结构上的明显差别，中亚突厥-蒙古文化传统是等级结构，

---

① 陈丽芬、于春洋：《论民族主义与民族国家建构的内在关联——兼评吉尔·德拉诺瓦在〈民族与民族主义〉中的相关讨论》，《新疆大学学报》（哲学·人文社会科学版）2016年第5期，第102页。

而中东本土部落文化传统是一种平等性结构。① 中亚部落的等级性特征表现为部落首领对部落所有事务具有绝对权威，以及部落政治结构的稳定性。突厥-蒙古社会结构中的等级意识，使得人们在文化上自然而然地接受了地位上的差异。② 等级制的氏族结构使得部落和氏族内部的差异合法化，这是部落政治结构稳定的重要原因。苏联解体后，为了稳定新独立的国家政权，部落主义迅速回归。

吉尔吉斯斯坦的部落主义受部落地区分布影响明显。由于受到历史、地理因素的影响，吉尔吉斯斯坦南北矛盾由来已久，几乎可以视作观察该国政治的风向标。从历史角度讲，吉尔吉斯族作为历史上传统的游牧民族，保留了部落主义的传统；从地理角度讲，天山横亘吉尔吉斯斯坦领土，吉尔吉斯族主要生活在天山南北两侧，这为南北矛盾的存在提供了地缘依据。历史传统和地理阻隔的影响使吉尔吉斯族在保留游牧民族政治传统的同时产生了基于地理因素的南北划分。南北之间的差异和冲突反映到政治上表现为南北方部落间的激烈竞争，这是当代吉尔吉斯斯坦政治的典型特征。

吉尔吉斯传统社会的社会结构由大约 40 个基于亲属关系的不同部落联盟（tribal union）组成。每个部落联盟由不同的家族单位组成。这些部落联盟经过联合形成三个大联盟：右翅（吉语：он канат；俄语：правое крыло）、左翅（吉语：сол канат；俄语：левое крыло）和伊奇基里克部落联盟（吉语：ичкилик）。每个部落联盟都有政治主权和专属领土，即使在今天，也与南北方区域划分相吻合。③

---

① Charles Lindholm, "Kinship Structure and Political Authority: The Middle East and Central Asia", *Journal of Comparative History and Society*, Vol. 28, No. 2, 1986, pp. 334-355.
② Thomas J. Barfield, "Tribe and State Relations: The Inner Asian Perspective", in Philp S. Khoury & Joseph Kostiner (eds.), *Tribe and State Formation in the Middle East*, Berkeley: University of California Press, 1990, p. 165.
③ Эсенбаев А., "Особенности Родоплеменных Отношений в Кыргызстане и Их Влияние на Развитие Института Выборов: Попытка Осмысления", *Вестник КРСУ*, Том 15, № 2, 2015, с. 82.

（二）当代吉尔吉斯斯坦部落政治

苏联解体后，部落主义披上现代政治的外衣，继续在吉尔吉斯斯坦国内政治中起重要作用。南北方势力代表轮替掌握政权的隐形机制就是典型例证，如北方（阿斯卡尔·阿卡耶夫）—南方（库尔曼别克·巴基耶夫）—北方（阿尔马兹别克·阿坦巴耶夫）—南方（索隆拜·热恩别科夫）。与此同时，担任总理的人选一般来自与总统不同的一方，以维持政治力量的平衡。吉尔吉斯斯坦南北矛盾的存在使得国内政治不稳定成为常态。据此，尽管部落主义在吉尔吉斯斯坦表现突出，但并没有哪一个部落处于绝对的统治地位，只是在一定时期内占上风。

2005年权力更替发生前，阿斯卡尔·阿卡耶夫（Аскар Акаев）一直担任吉尔吉斯斯坦总统。他所在的萨鲁巴格什部落（Сары-Багыш）①在苏联解体后的15年间居于吉尔吉斯斯坦部落政治的中心。阿卡耶夫担任总统不仅得益于其所在部落的支持，还与其夫人马伊拉姆·阿卡耶娃（Майрам Акаева）有关。阿卡耶娃出身的部落是塔拉斯河谷的统治者库什丘部落（Кушчу），属于左翅。左翅分支的部落主要位于塔拉斯州，因此，阿卡耶夫能够成功上台也得到了塔拉斯州部落精英的支持。②作为北方部落的代表，阿卡耶夫上台后自然要为北方人谋求更多利益。这是部落政治的特点之一。

苏联解体后的中亚面临道路选择困境，即选择世俗化的民族国家道路还是政教合一的国家建构道路。这两种道路选择的背后是民族主义和伊斯兰主义的互动。在考察吉尔吉斯斯坦民族主义的过程中，必须将部落主义纳入其中，这是吉尔吉斯斯坦民族主义的核心要素。

---

① 萨鲁巴格什部落属于右翅奥图兹·乌卢分支（Отуз уул）下的塔盖部落联盟（Тагай），该部落联盟主要分布在北方的楚河州、伊塞克湖州和纳伦州。
② Raya Osmanalieva, "Tribalism in Kyrgyz Society", *Central Asia Monitor*, Vol. 10, No. 5, 1999, pp. 10-11.

三、2005年权力更替与吉尔吉斯斯坦国家建构

2005年发生的权力更替是吉尔吉斯斯坦当代政治史上的标志性事件。这次事件让普通民众看到了凭借自身力量改变政局的可能，为未来吉尔吉斯斯坦政治频发动荡埋下伏笔。关于事件发生的原因众说纷纭，有腐败、经济落后、独裁统治、西方国家干预等多种解释。事件的发生也表明苏联解体后15年时间里吉尔吉斯斯坦国家建构的失败。下文主要介绍事件前吉尔吉斯斯坦民族主义与部落主义的发展，并试图探讨二者对国家建构的作用。

（一）2005年权力更替前的吉尔吉斯斯坦民族主义与部落主义

阿卡耶夫共统治吉尔吉斯斯坦15年，在任期间吉尔吉斯斯坦各个领域发生了重大变化，民族主义也呈现出新的发展态势。关于这一时期民族主义的发展，可从两个方面进行解读：第一，阿卡耶夫构建国家民族主义时的机遇与困境；第二，部落主义回归对民族主义的影响。阿卡耶夫上任之初的首要任务是稳定政治，而不是发展经济。到1990年，由于受到苏联持不同政见者安德烈·萨哈罗夫（Андрей Сахаров）①的强烈影响，阿卡耶夫将发展民主作为主要目标，这也将其与其他更为谨慎的中亚国家领导人区分开来。②当阿卡耶夫最终转

---

① 安德烈·萨哈罗夫：物理学家，诺贝尔和平奖（1975年）获得者，是苏联著名的持不同政见者，生前受到西方欢迎并遭受苏联政府打压。参见 Шарафутдинова А., "Гений, Безумец и Утопист: Мнения Современников об Академике Сахарове", 2016, https://aif.ru/society/history/geniy_bezumec_i_utopist_mneniya_sovremennikov_ob_akademike_saharove.
② Baktybek Beshimov, Pulat Shozimov & Murat Bakhadyrov, "A New Phase in the History of the Ferghana Valley, 1992-2008", in S. Frederick Starr, Baktybek Beshimov, Inomjon I. Bobokulov & Pulat Shozimov (eds.), *Ferghana Valley: the Heart of Central Asia*, New York: Routledge, 2011, p. 207.

向关注经济发展的问题时，他的观点又受到外国专家和国际金融机构的强烈影响。阿卡耶夫的计划并非一帆风顺，1991年他表示，"我们所走的路是基于资本主义和社会主义的第三条道路"。这种表述表明他的思维是模棱两可的，同时也反映出吉尔吉斯斯坦领导层内部政治和意识形态力量之间复杂的平衡。① 这显然与苏联解体导致的权力真空相关，阿卡耶夫正是在这种背景下以一个政治素人的身份成为吉尔吉斯斯坦第一任总统。

阿卡耶夫构建民族主义的主要举措是照顾国内少数族群的利益。1990年的奥什吉尔吉斯-乌兹别克族际冲突让阿卡耶夫意识到解决好少数族群和不同民族间的关系问题的必要性。苏联末期的民族意识觉醒在吉尔吉斯斯坦南部表现为族群民族主义的兴起。吉尔吉斯族和乌兹别克族作为南部两大族群，在居住地域、社会-经济、政治积极性等方面存在明显分化，这种结构性差异是当代吉尔吉斯斯坦族群政治生态的重要元素。② 随之，在吉尔吉斯斯坦出现了带有族群民族主义性质的组织——"奥什地区"（吉尔吉斯族组织）和"阿多拉特"（乌兹别克族组织）。两个组织提出不同的政治主张，"奥什地区"主张压制乌兹别克族的分离主义，而"阿多拉特"则要求乌兹别克族的高度自治。③ 族群民族主义情绪加剧了吉尔吉斯族和乌兹别克族之间的紧张局势，最终引发了严重的族际冲突。关于族群民族主义的表现，可以以1995年2月吉尔吉斯斯坦议会选举为例。当时，吉尔吉斯族议员约占议员总数的90%，尽管吉尔吉斯族仅占全国总人口52.4%；而占全国人口20.9%的俄罗斯族获选议员只占议员总数的6%。④

---

① Baktybek Beshimov, Pulat Shozimov & Murat Bakhadyrov, "A New Phase in the History of the Ferghana Valley, 1992-2008", in S. Frederick Starr, Baktybek Beshimov, Inomjon I. Bobokulov & Pulat Shozimov (eds.), *Ferghana Valley: the Heart of Central Asia*, New York: Routledge, 2011, p. 207.
② 侯艾君：《奥什事件：吉尔吉斯-乌兹别克族际冲突探析》，《世界民族》2017年第6期，第58页。
③ Ибраимов О., *История Кыргызского Государства*, Бишкек: Улуу Тоолор, 2015, с. 44.
④ 郝文明主编：《中国周边国家民族状况与政策》，民族出版社2006年版，第166页。

少数族群在国家层面的代表严重不足，明显不利于国家民族主义的发展。

阿卡耶夫上台后，为了缓和族群矛盾，采取了诸多举措。如在奥什市开办吉尔吉斯-乌兹别克大学、在贾拉拉巴德市开办人民友谊大学，并采用乌兹别克语教学，还在首都比什凯克开办了吉尔吉斯-俄罗斯斯拉夫大学。阿卡耶夫还主张开设乌兹别克语电台。他提出吉尔吉斯斯坦是"共同家园"的概念，在他本人倡议下成立了吉尔吉斯斯坦人民大会（Ассамблея народа Кыргызстана）以协调国内各族群间的关系。吉尔吉斯斯坦费尔干纳盆地的乌兹别克族、塔吉克族对阿卡耶夫的一系列政策表示欢迎，这成为他们支持阿卡耶夫统治的重要原因。这些举措旨在缓和吉尔吉斯族与乌兹别克族和北方俄罗斯族之间的紧张关系，调节吉尔吉斯族和少数族群的民族主义情绪，最终推动国家民族主义的发展。这些举措是阿卡耶夫得以成功执掌吉尔吉斯斯坦政坛15年的重要因素。

阿卡耶夫还采取了如下相关举措：宪法第15条明确指出，在吉尔吉斯共和国法律和法院面前，人人平等。任何人不得因出身、性别、种族、民族、语言、宗教、政治或宗教信仰以及任何其他个人或公共性质的因素而受到任何歧视或被侵犯权利和自由。[1]1995年8月，吉尔吉斯斯坦举行纪念《玛纳斯》1000周年活动，通过历史记忆唤醒民众的民族意识。此外，根据1995年4月通过的《玛纳斯宣言》，"坚决粉碎损害人民团结和国家统一的分离主义、部落主义和民族主义的任何企图"。1997年，将涉及危害民族团结与国家统一的犯罪行为纳入刑法，追究罪犯的刑事责任。出台《大众传媒法》，禁止使用大众传媒等信息沟通平台煽动民族矛盾；出台《国家保障吉尔吉斯族回迁历史祖国法》，为国外吉尔吉斯族返回历史祖国提供法律支撑。

---

[1] 吉尔吉斯共和国司法部，"Конституция Кыргызской Республики", 1993, http://cbd.minjust.gov.kg/act/view/ru-ru/1/10?cl=ru-ru。

需要指出的是，宪法中强调权利主体为公民，而非民族或部族，此举更是从国家层面推动了民族主义的发展。2001年，阿卡耶夫通过修宪，将俄语从族际语言提升为官方语言，阿卡耶夫试图照顾吉尔吉斯斯坦北方俄罗斯族的民族情感，增进其对吉尔吉斯斯坦的祖国认同。

关于民族主义的另一重要内容是部落政治的回归。在吉尔吉斯斯坦，部落在传统上总是为了权力和影响力而斗争，即使在国家独立后也不例外。这种斗争一般是隐性的且带有立场鲜明的特点，且其激化或缓和过程也呈现出一定的周期性。① 例如，20世纪70年代至80年代，部落间达成了相对平衡：南北方部落的影响范围得到明确划分，双方对当时的状态表示满意。然而，苏联解体引发政局乱象，部落间的矛盾也开始激化。在改革过程中，由于之前的影响力范围体系被打破，不得不对国家财产和油水丰厚的政府职位进行重新划分。

阿卡耶夫的北方部落出身决定了他需要获得南方部落的支持。为此，他推出了所谓的"南方政策"，其核心是重新划分费尔干纳盆地吉尔吉斯斯坦部分的行政区划。他在费尔干纳盆地建立了三个新的州：奥什州、贾拉拉巴德州和巴特肯州。此举在一定程度上使南方部落（包括伊奇基利克部落联盟和右翼奥图兹·乌卢分支下的阿德吉涅部落联盟［Адыгине］）所在地区一分为三：伊奇基利克部落联盟主要位于巴特肯州，少量分布于奥什州和贾拉拉巴德州；阿德吉涅部落联盟主要位于奥什州。阿卡耶夫意图削弱南方部落在比什凯克的影响力，为此他将奥什市设为南方首都并设立总统办公室。由于惧怕南方部落精英的挑战，阿卡耶夫成立了一支由南方行政长官和支持者组成且完全忠诚于他的团队。② 通过上述举措，阿卡耶夫在试图分裂和削

---

① Тодуа З., "Кыргызстан: Причины, Уроки, Возможные Последствия Падения Режима Аскара Акаева", *Центральная Азия и Кавказ*, Том 8, No 3(39), 2005, с. 21.
② Baktybek Beshimov, Pulat Shozimov & Murat Bakhadyrov, "A New Phase in the History of the Ferghana Valley, 1992-2008", in S. Frederick Starr with Baktybek Beshimov, Inomjon I. Bobokulov & Pulat Shozimov (eds.), *Ferghana Valley: the Heart of Central Asia*, New York: Routledge, 2011, p. 207.

弱南方部落的同时，巩固了自己的执政地位，这也在一定程度上有利于国家民族主义的发展。

阿卡耶夫上台后，北方部落迅速崛起。在当时看来，北方部落的崛起主要有两个原因：首先，北方部落的固有优势。吉尔吉斯斯坦北方工业发达，但人口较少，除吉尔吉斯族外，还有俄罗斯族、乌克兰族、哈萨克族、维吾尔族、东干族等族群生活在此。从20世纪中叶起直至阿卡耶夫下台，北方部落一直居于吉尔吉斯斯坦统治地位（苏联解体前吉尔吉斯斯坦最后一任领导人阿布萨马特·马萨利耶夫[Абсамат Масалиев]除外，他来自南方）。北方部落于1855年加入俄罗斯帝国，而南方部落中的伊奇基利克部落联盟（主要位于今南方奥什州）则于1876年加入浩罕汗国。南方主要为农业区，人口密度大，土地和水资源不足，工业基础薄弱。俄罗斯文化在南方的影响力较弱，除了吉尔吉斯族外，乌兹别克族和塔吉克族人口较多。因此，南方宗教氛围浓厚，尤其在奥什州和贾拉拉巴德州伊斯兰教影响力极大。其次，南北方部落轮替的再现。苏联解体后，原有的苏维埃政治体制崩溃的同时，以马萨利耶夫为代表的南方部落也走下统治舞台，这为北方部落再次掌握国家政权提供了契机。

伊斯兰教在阿卡耶夫主要致力于发展民族意识形态的规划中并不突出，因为他更偏向于通过其他方式来获取道德和精神指导。最初，吉尔吉斯斯坦和其他中亚国家的政府承诺将伊斯兰传统作为民族文化的一部分，并采取种种措施展示相应的姿态。后来，各政府开始更加谨慎地对待伊斯兰复兴运动，寻求将相关组织和运动控制在国家之下。但是，这些措施在一些国家并未取得成功，这也说明在中亚地区，再伊斯兰化是完全有可能实现的。在费尔干纳盆地（包括吉尔吉斯斯坦部分），民族、族群、部落的政治和经济力量远不如伊斯兰主义影响下的伊斯兰教。在吉尔吉斯斯坦，由于阿卡耶夫本人对宗教缺乏足够的亲和力，所以伊斯兰主义势力在其治下并未取得长足发展。

(二) 2005年权力更替及其失败的国家建构

2005年权力更替的直接导火索是同年2—3月举行的第三届议会选举。本次议会选举共分两轮进行，第一轮（2005年2月27日）共选出32个席位，阿卡耶夫的长子艾达尔·阿卡耶夫（Айдар Акаев）的得票率遥遥领先，高达80%。剩余42个席位由于候选人未能在选区获得50%以上的得票率进入第二轮选举（2005年3月13日）。①第二轮选举由各选区第一轮选举中得票最多的前两名候选人参加，最终得票率更高者胜出。第二轮选举共选出39名议员，阿卡耶夫的长女别尔梅特·阿卡耶娃（Бермет Акаева）以42%的得票率当选，远高于同一选区另一人13%的得票率。第三届议会选举结果如下表所示。

表1　吉尔吉斯斯坦第三届议会选举结果

参选政党及个人	所获议会席位
"前进，吉尔吉斯斯坦！"党（Алга, Кыргызстан!）	17
反对派联盟"人民团结委员会"（Совет единства народа）	6
吉尔吉斯斯坦共产主义者党 （Партия коммунистов Кыргызстана）	3
吉尔吉斯斯坦社会民主党 （Социал-демократическая партия Кыргызстана）	1
独立候选人	47

数据来源："Выборы Депутатов Жогорку Кенеша Кыргызской Республики", *Цифры и Факты*, Бишкек, 2006, с. 438-439。

在本次议会选举中，大多数政党候选人自我推荐成为独立候选人。因此，投票结果并没有证实阿卡耶夫的预测——共和国宪法的新版本将推动政党建设。事实上，亲政府政党的利益正是在这样的游说

---

① 第75号选区候选人马利耶夫因贿选被取消参选资格后，其支持者阻断通往比什凯克的交通干线，致使该选区的工作无法正常进行，投票日期被延后。参见孙壮志主编：《独联体国家"颜色革命"研究》，中国社会科学出版社2011年版，第165页。

中得以实现。①

第一轮选举结束后，反对派政党联合组建人民团结协调委员会（Координационный совет народного единства），并选举库尔曼别克·巴基耶夫（Курманбек Бакиев）担任领导人。该委员会的主要目标是要求废除第一轮选举结果，并提前举行总统选举，之后重新举行议会选举。②反对派的要求自然不被阿卡耶夫所重视。

第二轮投票于3月13日举行。正如多数人预料的那样，"前进，吉尔吉斯斯坦！"党赢得了绝对多数席位。该党是别尔梅特·阿卡耶娃于2003年组建的政党，可以算作阿卡耶夫家族的家族式政党，它能够获得如此多的席位对于反对派来说是根本无法接受的。根据本次议会选举结果，亲政府和中立人士所获席位占比达90%。反对派获得的席位甚至不足10%，尽管他们预计至少会获得30%的席位。反对派领导人阿加汗·马杜马罗夫、库尔曼别克·巴基耶夫、伊斯梅尔·伊萨科夫等多名政治人士均未能获得议会席位。

选举结果彻底引爆了反对派的不满情绪。在议会选举中失败的候选人的支持者开始进行大规模抗议示威活动，要求取消选举结果。权力更替事件开始于吉尔吉斯斯坦南部，在南方最大的两座城市——奥什和贾拉拉巴德发生了总统支持者及警察与反对派之间的冲突，之后，吉尔吉斯斯坦中央政府失去对南部地区和北部塔拉斯州的控制。比什凯克的抗议活动越来越频繁，即使强力部门也无法阻止抗议浪潮。3月24日，数千名反对派支持者冲进吉尔吉斯斯坦政府大楼"白宫"。在示威人群冲入大楼前，阿卡耶夫及一些当局人士就已离开，阿卡耶夫政府随即正式倒台。

---

① Курманов З., "Парламентские Выборы в Кыргызстане 2005 Года и Крах Политического Режима А. Акаева", *Центральная Азия и Кавказ*, Том 8, № 3(39), 2005, с. 7-14.
② Ведомости, "Оппозиция Киргизии Объединяется в Координационный Совет", 2005, https://www.vedomosti.ru/library/news/2005/03/10/oppoziciya-kirgizii-obedinyaetsya-v-koordinacionnyj-sovet.

在反对派的强力冲击下，阿卡耶夫引以为傲的民主政治显得脆弱不堪。按照西方政治学观点，选举是民主发展的最重要指标。然而，如果观察后苏联空间的政治发展进程，不难看出，选举由于外部干预的加剧正日益成为引发严重政治动荡的引爆装置，甚至可以认为是导致社会陷入内战边缘的危险的平衡行为。2005年3月的权力更替正印证了这一点。存在严重舞弊现象的议会选举使反政府力量第一次聚集在一起，建立了一个统一的反对派阵营——人民团结协调委员会。来自吉尔吉斯斯坦南部的反对派政治家通过联合最终推翻了阿卡耶夫的统治。① 反对派在挑起民众对现政府不满情绪的同时，也唤起了吉尔吉斯斯坦民众的民族主义情绪，民族主义情绪也在当时主导了吉尔吉斯斯坦政治的发展。

从国家建构理论角度来看，福山主张的外部干预进行国家建构对吉尔吉斯斯坦来说未能奏效。2005年的权力更替也说明了这一点。阿卡耶夫采取了诸多措施，旨在推动国家民族主义的发展，但始终未能摆脱部落主义的极大影响。部落政治严重削弱了阿卡耶夫政府的国家能力，使其难以管控国内政治意识形态的发展。此外，吉尔吉斯斯坦对俄罗斯的严重依赖也在一定程度上阻碍了国家的建构进程，因为俄罗斯进行干预的出发点是进行中亚地区的"再俄罗斯化"（re-russification）。

（三）2005年权力更替后的吉尔吉斯斯坦民族主义

吉尔吉斯斯坦独立的前15年由北方部落把控国家的发展，最终引发政权更迭，南方部落（巴基耶夫）随即接棒国家权力。北方部落的长期把控也是阿卡耶夫执政末期南方部落不断进行抗议示威的重要原因。巴基耶夫时期，南北方部落的竞争表现更为明显，但此时并没

---

① Галиева З., "Парламентские Выборы и Политические Партии в Суверенном Кыргызстане", 2009, https://ia-centr.ru/experts/iats-mgu/parlamentskie-vybory-i-politicheskie-partii-v-suverennom-kyrgyzstane/.

有合适的契机让他可以像在 2005 年权力更替期间那般打出民族主义旗帜，巴基耶夫政权岌岌可危。2010 年 4 月第二次权力更替后发生的吉尔吉斯-乌兹别克族际冲突撕裂了苏联解体二十年来建立的政治共同体认同。大量乌兹别克族群体离开吉尔吉斯斯坦，族群之间丧失信任，隔阂和敌视增加。族群民族主义再次抬头，成为吉尔吉斯斯坦未来十年民族主义发展的主要方向。

巴基耶夫对待民族主义的态度模棱两可，转而不断强化部落主义，加强自身权威。其家族-部落统治使民众对民族主义的认同下降，转而在价值观上向宗教认同靠拢。这也是这一时期伊斯兰主义表现突出的重要原因。

在 2010—2020 年的政治发展进程中，吉尔吉斯斯坦的部落出现了新的变化——部落间的包容性增强。不再是一方掌握大多数权力，另一方同样掌握部分国家权力，以反对派的身份参与国家政治。吉尔吉斯斯坦部落之间出现了微妙的平衡。然而，这一平衡在 2020 年议会选举中被再次打破。

2020 年 10 月 4 日，吉尔吉斯斯坦举行了独立以来的第七届议会选举（后被认定为无效选举）。[①] 共 44 个政党报名参加议会选举，最终 16 个政党获得参选资格。[②] 在选举中，共有 4 个政党跨过 7% 的选举门槛进入议会。然而，在初步选举结果公布后，未能进入议会的政党表现出强烈不满，认为选举受到人为操控，存在严重的舞弊现象，

[①] 吉尔吉斯共和国中央选举与全民公投委员会，"№ 249 О Признании Недействительными Итогов Голосования на Избирательных Участках на Выборах Депутатов Жогорку Кенеша Кыргызской Республики, Назначенных на 4 Октября 2020 Года", 2020, https://www.shailoo.gov.kg/ru/npacik/Postanovleniya_CIK_KR-BShKnyn_toktomdoru/o-priznanii-nedejstvi/。

[②] 吉尔吉斯共和国中央选举与全民公投委员会，"Список Политических Партий, Уведомивших об Участии на Выборах Депутатов ЖК КР", https://www.shailoo.gov.kg/ru/vybory-oktyabr-2020_/partii-i-spiski-kandidatov-v-deputaty-zhk-kr/；吉尔吉斯共和国中央选举与全民公投委员会，"Зарегистрированные Списки Кандидатов в Депутаты ЖК КР от Политических Партий", https://www.shailoo.gov.kg/ru/vybory-oktyabr-2020_/spisok-kandidatov-v-deputaty-zhk-kr-zareg-polit-partij/。

并表示不承认选举结果。最终再次引发政权的非正常更迭，这也是吉尔吉斯斯坦独立以来的第三次权力更替。

第三次权力更替可以从吉尔吉斯斯坦政治的外部特征（错位的民主化）和内部特征（政治）两个角度进行解读。嫁接而来的民主化进程显然并不符合吉尔吉斯斯坦部落政治的现实。这种"错位"成为吉尔吉斯斯坦政治不稳定的前提，再加上政治精英的权力争夺激化了南北部落矛盾，最终诱使非正常权力更替发生。苏联解体以来，吉尔吉斯斯坦总统的部落轮换机制并未使各部落力量团结起来促进国家发展，总统大权在握时也未能整合各大政治派别。碎片化的部落政治加剧了部落间的权力斗争，最终上升到国家层面，导致政权更迭。

从民族主义角度来说，2010年族际冲突之后，吉尔吉斯斯坦国内族群民族主义情绪极为强烈。政府试图通过更为包容的政治体制弱化族群矛盾，但族群民族主义的强势使得国家推行的官方民族主义步履维艰。吉尔吉斯斯坦前总统阿坦巴耶夫曾表示，"何为吉尔吉斯人的民族精神价值？首先指的是《玛纳斯》、我们的传说、吉尔吉斯人的歌舞以及母语，最重要的是不能让其他规则（包括宗教规则）排挤这些精神财富。"政府在其自身层面自然希望控制伊斯兰化的发展，然而在中央权威弱化的吉尔吉斯斯坦很难做到这一点。因此，民族主义在吉尔吉斯斯坦才会有市场，现总统萨德尔·扎帕罗夫（Садыр Жапаров）成功赢得支持，登上吉尔吉斯斯坦的最高政治舞台。

四、结论

作为中亚五国中无论是形式上还是事实上最为开放的国家，西方国家的支持让吉尔吉斯斯坦政治精英对民主政治产生盲目的追求。然而，吉尔吉斯斯坦"民主之岛"的美誉在2005年的权力更替中严重受损。之后的2010年权力更替和第三次权力更替更让吉尔吉斯斯坦的政治发展蒙上阴影。三次非正常权力更替使社会经济发展倒退多年，国家体制遭到严重破坏。

非正常权力更替是吉尔吉斯斯坦国家建构失败的结果。吉尔吉斯斯坦领导人始终未能削弱部落政治的影响，这也导致整合不同族群进而形成共同民族意识与民族认同的努力未能取得显著效果。在此背景下，统一的国家认同更是难以实现。吉尔吉斯斯坦领导人推动国家民族主义的举措最终为家族-部落统治做了嫁衣。

以第三次权力更替为界，吉尔吉斯斯坦始终未能建立起强有力的政府机构和制度，难以实现对社会的权力强化，这也严重阻碍了国家与社会的互动。虚弱的国家能力最终导致吉尔吉斯斯坦形成"弱国家与强社会"的国家-社会关系，而对于部落政治强势且族群民族主义显著的吉尔吉斯斯坦而言，这种关系显然不利于国家建构的发展。

然而，随着萨德尔·扎帕罗夫上台，国家民族主义成为团结国内民众的主要思想工具，部落主义遭到压制。萨德尔·扎帕罗夫通过修宪使吉尔吉斯斯坦重回总统制，强化了总统权威，这对于加强吉尔吉斯斯坦的国家能力建设很有必要。同时，他还解散了以乌鲁克别克·马里波夫（Улукбек Марипов）为首的内阁，组建了以原副总理兼经济与财政部部长阿基尔别克·扎帕罗夫（Акылбек Жапаров）为首的新政府，强调经济发展的重要意义。新政府的组建没有遵循以往部落政治的传统，主要从国家发展的实际需求出发选人用人，这是萨德尔·扎帕罗夫压制部落主义的表现。可以预见的是，对国家民族主义的大力推崇和对部落主义的压制有利于促进民族认同和国家认同的发展，进而促进吉尔吉斯斯坦的民族国家建构。

Kyrgyzstan's Nation-State Building under the Dual Effects of Nationalism and Tribalism

Wang Tao

Abstract: Like other countries in Central Asia, Kyrgyzstan embarked on a state-building journey to independence after the collapse of the Soviet Union. However, three special alternations in power in the 30 years after independence have made Kyrgyzstan a special case among Central Asian countries, which significantly undermined the state-building process. Taking the power alternation in 2005 as an example, this article is trying to explore the state-building process of Kyrgyzstan from the perspective of nationalism and tribalism. Despite the efforts of Kyrgyz leaders to construct state nationalism, the return of tribal politics and ethnic nationalism hindered the formation of unified national identity and weakened the strengthening of the state's control over society, which ultimately slowed the building of the state.

Keywords: Nationalism; Tribalism; Kyrgyzstan; State-building

伊拉姆战争创伤：
斯里兰卡东北部的信任流失[*]

李佳 伊藤高弘 拉米拉·尤素夫-图菲克 山崎幸治[**]

摘要：本文利用原始家庭调查数据，探讨了1983年至2009年间斯里兰卡（Sri Lanka）长期内战的历史遗留问题。通过区分个人和家庭层面的战争暴露、自愿与强制性兵役经历以及家庭成员作为士兵和平民失去生命的经历，本文评估了一系列战争经历对受战争破坏地区的人民信任水平的影响。本文发现，内战破坏了政治信任，加剧了斯里兰卡僧伽罗人（Sinhalese）和泰米尔人（Tamils）之间的分歧以及两个族群各自的内部分裂。因此，斯里兰卡政府需要采取行动，以重建政治信任，推动僧伽罗人与泰米尔人之间的和解，以及在饱受战争蹂躏地区的泰米尔人社区的内部和解。

关键词：内战；信任；斯里兰卡

一、绪论

内战带来的影响旷日持久，在对物质资本造成重创的同时，也重

---

[*] 本研究得到了日本学术振兴会的科学研究费助成事业（KAKENHI）的支持（研究课题编号：16KT0043、20H01497）。文中的全部错误由作者负责。利益冲突声明：无。本文译者为王聪。

[**] 李佳，南京信息工程大学，本文通讯作者；伊藤高弘（Takahiro Ito），日本神户大学；拉米拉·尤素夫-图菲克（Ramila Usoof-Thowfeek），佩拉德尼亚大学；山崎幸治（Koji Yamazaki），日本神户大学。

塑了个人的社会及政治偏好。^①宏观经济研究已经为发达国家与发展中国家如何从内战中迅速恢复提供了依据。现存的关于社会和政治偏好的文献发现，冲突可能仅在某些方面提升人们的合作与亲社会（pro-social behavior）行为，在其他方面的影响则不明显。研究结果一致表明，在实验性游戏中，内战对参与社会团体、社群领导力和亲社会行为有着积极和显著的影响；但是在投票行为、对政治的了解或兴趣以及信任方面，相关研究则没有取得一致的结论。^②

社会和政治偏好对社会产生了多方面的影响。例如，信任对成功的市场开拓^③和经济增长至关重要。^④对国家机构的不信任可能会降低民众遵守政府法规^⑤及纳税的意愿。^⑥以往针对非洲国家的大量研究也未能就内战的社会和政治遗产问题得出一致的结论。^⑦

斯里兰卡的伊拉姆战争（the Eelam War）是世界上持续时间最长的内战之一。通过对此内战的研究，有助于帮助人们进一步理解内战留下的社会和政治遗产。本文利用具有代表性的原始家庭调查数据来分析内战对信任的影响。距离斯里兰卡内战结束已过去十余年，但是不同族群之间的紧张局势仍然困扰着斯里兰卡社会。遗憾的是，鲜有证据论证此次内战的影响。

本文的实证结果显示，暴力冲突破坏了政治信任，加剧了僧伽罗

---

① Christopher Blattman & Edward Miguel, "Civil War", *Journal of Economic Literature*, Vol. 48, No. 1, 2010, pp. 3-57.
② Michal Bauer et al., "Can War Foster Cooperation?", *Journal of Economic Perspectives*, Vol. 30, No. 3, 2016, pp. 249-274.
③ Alessandra Cassar, Pauline Grosjean & Sam Whitt, "Legacies of Violence: Trust and Market Development", *Journal of Economic Growth*, Vol. 18, No. 3, 2013, pp. 285-318.
④ Yann Algan & Pierre Cahuc, "Inherited Trust and Growth", *American Economic Review*, Vol. 100, No. 5, 2010, pp. 2060-2092.
⑤ Margaret Levi & Laura Stoker, "Political Trust and Trustworthiness", *Annual Review of Political Science*, Vol. 3, No. 1, 2000, pp. 475-507.
⑥ Odd-Helge Fjeldstad, "What's Trust Got to Do with It? Non-Payment of Service Charges in Local Authorities in South Africa", *The Journal of Modern African Studies*, Vol. 42, No. 4, 2004, pp. 539-562.
⑦ Michal Bauer et al., "Can War Foster Cooperation?", *Journal of Economic Perspectives*, Vol. 30, No. 3, 2016, pp. 249-274.

人和泰米尔人之间以及泰米尔人内部的分歧。本文的分析结果对相关研究做出了两大重要贡献。首先，本文通过研究战乱地区的信任问题，为内战研究做出了贡献。其次，通过全面归纳总结战时经历，本文得以对战时受害者的经历做出明确的区分，即分为个人和家庭层面的战争暴露、自愿和强制性的兵役经历、家庭成员作为士兵和平民在战争中失去生命的经历。

本文的其余部分结构如下。第二节简要介绍了斯里兰卡的近期历史进程。第三节对如何衡量信任水平以及内战遗产问题的相关文献进行了综述。第四节对本文开展原始家庭调查使用的抽样和数据收集方法作出了解释说明。第五节提出了实证策略。第六节给出了实证结果。第七节对本文进行总结。

二、伊拉姆战争简史

伊拉姆战争从1983年持续至2009年，长达25年有余，是世界上持续时间最长的内战之一，累积造成8万至10万人死亡，斯里兰卡也因此饱受战争蹂躏。[1]

斯里兰卡境内分布着三大族群：僧伽罗人，主要是讲僧伽罗语的佛教徒；斯里兰卡泰米尔人，主要是讲泰米尔语的印度教徒；摩尔人，讲泰米尔语的穆斯林。1981年的人口普查显示，三大族群分别占总人口的74%、13%和7%。[2]

起初，英国在统治斯里兰卡地区时，采用"地方自治代表制，每一个少数民族均在政治事务中享有话语权……"[3] 僧伽罗人与泰米尔

---

[1] Human Rights Watch, "Human Rights Watch: World Report 2010", 2010, https://www.hrw.org/world-report-2010.

[2] Kristian Stokke, "Sinhalese and Tamil Nationalism as Post-Colonial Political Projects from 'above', 1948–1983", *Political Geography*, Vol. 17, No. 1, 1998, pp. 83-113.

[3] Paul C. Dower, Victor Ginsburgh & Shlomo Weber, "Colonial Legacy, Polarization and Linguistic Disenfranchisement: The Case of the Sri Lankan War", *Journal of Development Economics*, Vol. 127, 2017, p. 442.

人结成了松散的联盟，迫使英国做出了更多的让步，但两大族群在立法权的分配问题上存在分歧。[1]1931年，多诺莫尔（Donoughmore）改革废除了地方自治代表制，引入普选制，同时将代表权转移给占人口大多数的僧伽罗人。

英国殖民期间，美国传教士在斯里兰卡岛北部地区教授英语，那里的大部分居民为泰米尔人。斯里兰卡独立后，继续将英语定为官方语言。因此，作为殖民时期接受教育的结果，斯里兰卡泰米尔人被认为在公共服务部门和高等教育中获得了与其人口不成正比的权力以及过多的代表权。[2]斯里兰卡于1948年摆脱英国的殖民统治，宣布独立，国家权力随即被和平地移交至斯里兰卡说英语的上层精英手中。

1948年，斯里兰卡第一任总理唐·斯蒂芬·森纳那亚克（Don Stephen Senanayake）认为僧伽罗人未能享有充分的代表权，于是通过立法剥夺了泰米尔人的投票权，从而使僧伽罗人在议会中获得三分之二的多数席位。[3]森纳那亚克的继任者——所罗门·韦斯特·里奇韦·迪亚斯·班达拉奈克（Solomon West Ridgeway Dias Bandaranaike），同样因为泰米尔人在公共服务部门的占比过高，于1956年通过了《独尊僧伽罗语法案》（the Sinhala Only Act，该法案的效力一直持续至1987年）。僧伽罗语由此取代英语成为斯里兰卡的官方语言，继而削弱了斯里兰卡境内泰米尔人和说英语群体的势力。[4]与此同时，班达拉奈克还对佛教徒的不满情绪给予了同情和关注，并采取了与语言政策相呼应的措施，僧伽罗-佛教民族主义（Sinhala-Buddhist

---

[1] Jayantha Perera, "Political Development and Ethnic Conflict in Sri Lanka", *Journal of Refugee Studies*, Vol. 5, No. 2, 1992, pp. 136-148.
[2] Shyam D. Selvadurai & Michael L. R. Smith, "Black Tigers, Bronze Lotus: The Evolution and Dynamics of Sri Lanka's Strategies of Dirty War", *Studies in Conflict & Terrorism*, Vol. 36, No. 7, 2013, pp. 547-572.
[3] Jayantha Perera, "Political Development and Ethnic Conflict in Sri Lanka", *Journal of Refugee Studies*, Vol. 5, No. 2, 1992, pp. 136-148.
[4] Eranda Jayawickreme, Nuwan Jayawickreme & Elise Miller, "Triumphalism, Fear and Humiliation: The Psychological Legacy of Sri Lanka's Civil War", *Dynamics of Asymmetric Conflict*, Vol. 3, No. 3, 2010, pp. 208-222.

nationalism）由之催生而出。① 从那时起，越来越多的民众认为国家是在有选择性地授予公共产品，不信任情绪遂开始在各族群群体之间滋生。② 更为糟糕的是，1971年颁行的高等教育招生标准化政策将泰米尔青年置于更为边缘的位置。③

泰米尔人最初通过非暴力手段组织抗议活动以应对一系列不利的政策。④ 但是，从20世纪70年代开始，泰米尔人越来越多地通过组建激进组织来释放不满情绪，不再通过民主手段表达追求平等权利的诉求。韦卢皮莱·普拉巴卡兰（Velupillai Prabhakaran）于1976年组建泰米尔新猛虎组织（Tamil New Tigers），后改名为泰米尔伊拉姆猛虎解放组织（Liberation Tigers of Tamil Eelam，缩写为LTTE），该组织的宗旨是在斯里兰卡泰米尔人占多数的北部省和东部省建立一个独立的泰米尔国家。⑤

在20世纪70年代末之前，斯里兰卡境内未发生过持续的族群冲突，斯里兰卡因而取得了相对成功的发展。也正因此，斯里兰卡的内战也成为最令人费解的国内冲突之一。⑥ 图1引用《全球恐怖主义数据库》（GTB）⑦ 和《乌普萨拉大学战争冲突数据项目-基于

---

① Jayantha Perera, "Political Development and Ethnic Conflict in Sri Lanka", *Journal of Refugee Studies*, Vol. 5, No. 2, 1992, pp. 136-148.
② Nira Wickramasinghe, "Democracy and Entitlements in Sri Lanka: The 1970s Crisis over University Admission", *South Asian History and Culture*, Vol. 3, No. 1, 2012, pp. 81-96.
③ Nira Wickramasinghe, "Democracy and Entitlements in Sri Lanka: The 1970s Crisis over University Admission", *South Asian History and Culture*, Vol. 3, No. 1, 2012, pp. 81-96.
④ Camilla Orjuela, "Building Peace in Sri Lanka: A Role for Civil Society?", *Journal of Peace Research*, Vol. 40, No. 2, 2003, pp. 195-212.
⑤ Sumit Ganguly, "Ending the Sri Lankan Civil War", *Daedalus*, Vol. 147, No. 1, 2018, pp. 78-89.
⑥ Ronald J. Herring, "Making Ethnic Conflict: The Civil War in Sri Lanka", in Milton J. Esman & Ronald J. Herring (eds.), *Carrots, Sticks, and Ethnic Conflict: Rethinking Development Assistance*, Ann Arbor: University of Michigan Press, 2001, pp. 140-174.
⑦ 《全球恐怖主义数据库》记录了1975—2009年间的2932起恐怖主义事件，泰米尔伊拉姆猛虎解放组织或参与了其中的1597起。参见 Gary LaFree & Laura Dugan, "Introducing the Global Terrorism Database", *Terrorism and Political Violence*, Vol. 19, No. 2, 2007, pp. 181-204。《全球恐怖主义数据库》只收录恐怖袭击事件，并将其定义为"非国家行为者宣称或实际使用非法武力和暴力，通过恫吓、胁迫或恐吓手段实现其政治、经济、宗教或社会目标"，参见 START, "Global Terrorism Databaes Codebook: Methodology, Inclusion Criteria, and Variables", https://www.start.umd.edu/gtd/downloads/Codebook.pdf。

地理坐标的事件数据集（全球版 18.1）》（UCDP GED）①的数据，罗列出自 20 世纪 70 年代至 2009 年间发生的冲突事件。②这些数据集可能并不完全准确，但对暴力冲突的总体规模做出了粗略的估算。

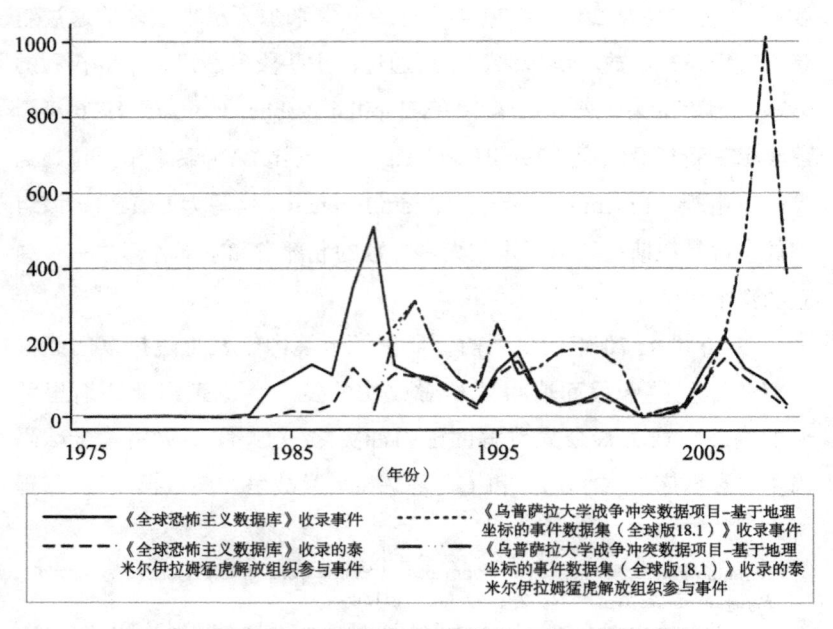

图 1　1975 年至 2009 年间斯里兰卡冲突事件的激烈程度

（图片来源：笔者根据《全球恐怖主义数据库》和《乌普萨拉大学战争冲突数据项目-基于地理坐标的事件数据集（全球版 18.1）》制作而成。）

---

① 《乌普萨拉大学战争冲突数据项目-基于地理坐标的事件数据集（全球版 18.1）》记录了 1989 年至 2009 年间的 4573 起事件，泰米尔伊拉姆猛虎解放组织或参与了其中的 4325 起。在《乌普萨拉大学战争冲突数据项目-基于地理坐标的事件数据集（全球版 18.1）》中，恐怖主义事件被定义为"一个有组织的行为者针对另一个有组织的行为者或针对平民动用武装力量的事件，且该事件在特定地点和特定日期直接造成至少 1 人死亡"，参见 Stina, Högbladh, "UCDP GED Codebook Version 20", Department of Peace and Conflict Research, Uppsala University, https://ucdp.uu.se/downloads/ged/ged201.pdf。
② Ralph Sundberg & Erik Melander, "Introducing the UCDP Georeferenced Event Dataset", *Journal of Peace Research*, Vol. 50, No. 4, 2013, pp. 523-532.

1983年以前，涉及泰米尔伊拉姆猛虎解放组织的暴力活动强度相对较低（图1）。在其成立初期，泰米尔伊拉姆猛虎解放组织仅仅是若干激进组织中的一个，主要针对的是政府中的泰米尔人或敌对势力，而非国家安全部队。①

1983年，泰米尔伊拉姆猛虎解放组织谋划并发动了一场全面的武装冲突。在整个冲突期间，泰米尔伊拉姆猛虎解放组织和斯里兰卡武装部队相互攻伐，甚至发起了无差别攻击，同时对平民进行有针对性的攻击。②泰米尔伊拉姆猛虎解放组织经常使用炸弹袭击政敌，被袭击者包括众多泰米尔政客与平民。此外，该组织还强行招募包括妇女和儿童在内的斯里兰卡泰米尔人加入其武装组织。③1985年至2006年间，包括挪威政府在内的多个国际行为主体发起了多轮和平谈判，但最终未能取得任何成效。2009年1月，斯里兰卡政府凭借前所未有的军事力量发动了一次大规模进攻。在冲突的最后阶段，泰米尔伊拉姆猛虎解放组织继续强行招募平民入伍，将他们用作人肉盾牌，并向试图逃离战斗现场的泰米尔平民开枪。最终，政府军于2009年5月宣布战胜泰米尔伊拉姆猛虎解放组织。据联合国估计，至少有10万人在1972年至2009年间丧生，其中4万人殒命于最后几个月的战斗中。④联合国调查组的专家曾指控，斯里兰卡政府和泰米尔伊拉姆猛虎解放组织在此次冲突过程中均存在侵犯人权的行径，⑤但在战争

---

① Shyam D. Selvadurai & Michael L. R. Smith, "Black Tigers, Bronze Lotus: The Evolution and Dynamics of Sri Lanka's Strategies of Dirty War", *Studies in Conflict & Terrorism*, Vol. 36, No. 7, 2013, pp. 547-572.
② Shyam D. Selvadurai & Michael L. R. Smith, "Black Tigers, Bronze Lotus: The Evolution and Dynamics of Sri Lanka's Strategies of Dirty War", *Studies in Conflict & Terrorism*, Vol. 36, No. 7, 2013, pp. 547-572.
③ Human Rights Watch, "Trapped and Mistreated LTTE Abuses against Civilians in the Vanni", 2008, https://www.hrw.org/reports/ltte1208webwcover_0.pdf.
④ ABC News, "UN Seeks Foreign Probe of Sri Lanka War Crimes,", 2014, https://www.abc.net.au/news/2014-02-16/an-un-seeks-foreign-probe-of-sri-lanka-war-crimes/5263122
⑤ Shyam D. Selvadurai & Michael L. R. Smith, "Black Tigers, Bronze Lotus: The Evolution and Dynamics of Sri Lanka's Strategies of Dirty War", *Studies in Conflict & Terrorism*, Vol. 36, No. 7, 2013, pp. 547-572.

结束后，发掘真相和伸张正义的调查活动未能取得任何进展。①

三、文献综述

本文从信任的角度评估了斯里兰卡内战的遗产。人们普遍认为信任在社会和政治理论中发挥着至关重要的作用，但在如何定义"信任"方面却没有达成共识。②因此，本文首先定义了信任的概念，并探讨了如何在此次研究中衡量信任。在此基础上，就有关内战如何影响信任的文献作一综述。

（一）定义与衡量信任

1."信任"的定义

参考鲍尔与弗莱塔格的研究③，本文将信任视为某种特定情境下的期望，而非一种行为，即信任人 A 于时刻 Z 在情境 Y 下对被信任人 B 的一些行为 X 的可信度做出的判断。为了简化这一定义，本文将信任定义为信任人 A 对被信任人 B 的可信度做出的不随行为、情境、时间而改变的广义期待。在以往的部分研究中，这种简化定义也被称为"广义信任"，反映了个体信任度的"稳定"起始水平。④学者们根据被信任人 B 所指内容，将广义信任的概念进一步划分出其他子概念。例如，当被信任人 B 具有政治属性时（如政府或政党），则适用"政治信任"这一子概念；当信任人和被信任人均为个人或团体时，则适用"人际信任"这一子概念。

---

① Human Rights Watch, *World Report 2019: Sri Lanka*, 2019, https://www.hrw.org/world-report/2019/country-chapters/sri-lanka.
② Paul C. Bauer & Markus Freitag, "Measuring Trust", in Eric M. Uslaner (eds.), *The Oxford Handbook of Social and Political Trust*, New York: Oxford University Press, 2017, pp. 15-36.
③ Paul C. Bauer & Markus Freitag, "Measuring Trust", in Eric M. Uslaner (eds.), *The Oxford Handbook of Social and Political Trust*, New York: Oxford University Press, 2017, pp. 15-36.
④ Paul C. Bauer & Markus Freitag, "Measuring Trust", in Eric M. Uslaner (eds.), *The Oxford Handbook of Social and Political Trust*, New York: Oxford University Press, 2017, pp. 15-36.

2. "信任"的量化

在以往的研究中,研究者使用自我报告(self-reported)或行为测量法(behavioral measures)评估民众的信任水平。斯托克的研究[①]是最早使用自我报告法来衡量政治信任的研究之一,该研究内容后来被归纳为"政府信任问题"。[②]许多调查仍然沿用了该方法,并列出了众多机构供受访者评价。[③]

在衡量人际信任时,以往的研究同时采用了自我报告法和行为测量法。自我报告法衡量的是态度问题,涉及信任者对"大多数人"普遍所持的信任。该方法最早于20世纪40年代的一份调查问卷中被采用。[④]近几十年来,虽然研究者们在衡量人际信任方面引入了一些创新,如"钱包问题"[⑤]和"人际信任量表"(Interpersonal Trust Scale)[⑥],但"大多数人问题"的改进版本仍是衡量人际信任时应用最为广泛的研究方法。[⑦]但是,这类研究方法对信任的解释较为模糊,与现实生活中的信任行为联系也相对有限,因而遭到了诟病。[⑧]有鉴于此,李维与斯托克[⑨]等学者呼吁使用行为测量法来弥补自我报告法所提问题

[①] Donald E. Stokes, "Popular Evaluations of Government: An Empirical Assessment", in Harlan Cleveland & Harold D. Lasswell (eds.), *Ethics and Bigness: Scientific, Academic, Religious, Political and Military*, New York: Harper and Brothers, 1962, pp. 61-72.

[②] Margaret Levi & Laura Stoker, "Political Trust and Trustworthiness", *Annual Review of Political Science*, Vol. 3, No. 1, 2000, pp. 475-507.

[③] Paul C. Bauer & Markus Freitag, "Measuring Trust", in Eric M. Uslaner (eds.), *The Oxford Handbook of Social and Political Trust*, New York: Oxford University Press, 2017, pp. 15-36.

[④] Paul C. Bauer & Markus Freitag, "Measuring Trust", in Eric M. Uslaner (eds.), *The Oxford Handbook of Social and Political Trust*, New York: Oxford University Press, 2017, pp. 15-36.

[⑥] Stuart N. Soroka, John F. Helliwell & Richard Johnston, "Measuring and Modelling Interpersonal Trust", in Fiona Kay & Richard Johnsto (eds.), *Social Capital, Diversity, and the Welfare State*, Toronto: University of British Columbia Press, 2007, pp. 279-303.

[⑦] Julian B. Rotter, "A New Scale for the Measurement of Interpersonal Trust", *Journal of Personality*, Vol. 3, No. 4, 1967, pp. 651-665.

[⑧] For example, American General Social Surveys (GSS), World/European Values Survey (WVS) or European Social Surveys (ESS), and American National Election Studies (ANES).

[⑨] Paul C. Bauer & Markus Freitag, "Measuring Trust", in Eric M. Uslaner (eds.), *The Oxford Handbook of Social and Political Trust*, New York: Oxford University Press, 2017, pp. 15-36.

[①] Margaret Levi & Laura Stoker, "Political Trust and Trustworthiness", *Annual Review of Political Science*, Vol. 3, No. 1, 2000, pp. 475-507.

较为抽象的不足。

行为测量法旨在通过个人的决定、行为和反应,利用实验室实验推断个体的信任预期。此方法是由多伊奇提出的囚徒困境(prisoner's dilemma)[①]衍生而来,现在主要依托于贝格首次提出的经典"信任博弈"(trust game)。[②]在经典的信任博弈中,信任由信任者送出的金额来衡量,可信度则由被信任人归还的金额来衡量。但是,就信任博弈所预测的内容和所衡量的内容而言,证据并不一致。[③]

那么,这两种测量方法有什么关联呢?格莱泽等人[④]通过对学生的便利抽样(convenience sample),对基于问卷调查法、过往信任行为和信任博弈测量出的内容之间的关系进行了最早的研究。他们发现,过去的信任行为,如借钱,与实验中的信任行为存在关联。"大多数人问题"所使用的自我报告法代表了实验中的可信任度。然而,由于受试者是经便利抽样而来,加之其他的方法上存在的问题,学界也就格莱泽等人没有对信任做出测量进行了批判。[⑤]

在孟加拉国[⑥]、秘鲁[⑦]和俄罗斯[⑧],调查结果显示,"大多数人问题"

---

② Morton Deutsch, "The Effect of Motivational Orientation upon Trust and Suspicion", *Human Relations*, Vol. 13, No. 2, 1960, pp. 123-139.

③ Joyce Berg, John Dickhaut & Kevin McCabe, "Trust, Reciprocity, and Social History", *Games and Economic Behavior*, Vol. 10, No. 1, 1995, pp. 122-142.

④ Rick K. Wilson, "Trust Experiments, Trust Games, and Surveys", in Eric M. Uslaner (ed), *The Oxford Handbook of Social and Political Trust*, New York: Oxford University Press, 2017, pp. 279-304.

⑤ Edward L. Glaeser, David I. Laibson, Jose A. Scheinkman & Christine L. Soutter, "Measuring Trust", *Quarterly Journal of Economics*, Vol. 115, No. 3, 2000, pp. 811-846.

⑥ Paul C. Bauer & Markus Freitag, "Measuring Trust", in Eric M. Uslaner (ed), *The Oxford Handbook of Social and Political Trust*, New York: Oxford University Press, 2017, pp. 15-36.

⑥ Olof Johansson-Stenman, Minhaj Mahmud & Peter Martinsson, "Trust, Trust Games and Stated Trust: Evidence from Rural Bangladesh", *Journal of Economic Behavior & Organization*, Vol. 95, 2013, pp. 286-298.

⑦ Dean S. Karlan, "Using Experimental Economics to Measure Social Capital and Predict Financial Decisions", *American Economic Review*, Vol. 95, No. 5, 2005, pp. 1688-1699.

⑧ Simon Gächter, Benedikt Herrmann & Christian Thöni, "Trust, Voluntary Cooperation, and Socio-Economic Background: Survey and Experimental Evidence", *Journal of Economic Behavior & Organization*, Vol. 55, No. 4, 2004, pp. 505-531.

相对于衡量信任而言，更能衡量可信任度。与此同时，赛皮泽等人①与班纳吉②发现，在实验室中，"大多数人问题"衡量的是一个人的期望值，而不是此人本身的可信任度。针对这两种测量方法之间的关系，在此之前的研究也未能给出一致的证据。这两种测量方法之所以存在差异，可能是样本选择的原因：自我报告法通常依赖于可以代表总体的样本（population samples），行为测量法则局限于特定总体的亚群。超越以往的研究，威尔逊③使用两组来自俄罗斯的可以代表总体的样本对自我报告法与行为测量法进行了比较。与之前的研究一致，威尔逊的研究证实了自我报告法和行为测量法测量的内容并不一致："大多数人问题"与信任博弈中的信任及可信任度只存在弱相关性，或者不存在相关性。

自我报告法和行为测量法均存在方法论方面的缺陷。④自我报告法在以下几个方面优于行为测量法。第一，自我报告法可以将被信任者 B 的类型变为政府机构、特定族群或者人群，从而拓展信任的维度；⑤第二，研究者可以使用较低的成本将自我报告法用于大规模的代表性调查；第三，自我报告法可以对被信任者 B 和行为 X 进行指定，从而在普遍性与特殊性之间达成平衡。⑥

---

① Paola Sapienza, Anna Toldra-Simats & Luigi Zingales, "Understanding Trust", *The Economic Journal*, Vol. 123, No. 573, 2013, pp. 1313-1332.
② Ritwik Banerjee, "On the Interpretation of World Values Survey Trust Question—Global Expectations vs. Local Beliefs", *European Journal of Political Economy*, Vol. 55, 2018, pp. 491-510.
③ Rick K. Wilson, "Trust Experiments, Trust Games, and Surveys", in Eric M. Uslaner (eds.), *The Oxford Handbook of Social and Political Trust*, New York: Oxford University Press, 2017, pp. 279-304.
④ Paul C. Bauer & Markus Freitag, "Measuring Trust", in Eric M. Uslaner (eds.), *The Oxford Handbook of Social and Political Trust*, New York: Oxford University Press, 2017, pp. 15-36.
⑤ Rick K. Wilson, "Trust Experiments, Trust Games, and Surveys", in Eric M. Uslaner (eds.), *The Oxford Handbook of Social and Political Trust*, New York: Oxford University Press, 2017, pp. 279-304.
⑥ Paul C. Bauer & Markus Freitag, "Measuring Trust", in Eric M. Uslaner (eds.), *The Oxford Handbook of Social and Political Trust*, New York: Oxford University Press, 2017, pp. 15-36.

在斯里兰卡这样的冲突后社会中，迫切需要对其信任水平进行全面的衡量。这是因为，如果没有对政府的信任，就很难实现战后重建。与此同时，如果没有以信任为基础的合作行为和交易，就难以恢复经济活动并重新达成和解。因此，本文使用了问卷调查法来衡量斯里兰卡的战后信任。本文克服了"大多数人问题"的缺点，使用更具体的问题来区分被信任人B，从而衡量信任人A独立于行为、情境及时间的对被信任人B的可信任度所持的期望值。

（二）内战对信任的影响

在本文之前，已有越来越多的研究考察了现实生活和实验背景下的内战遗产问题，它们重点关注的是战争带来的结果。[1] 如前一节所述，本文使用自我报告法衡量信任，以得到一个具有代表性的样本，希望由此获取一个相对完整的斯里兰卡受战争蹂躏地区的情况。因此，本小节中所回顾的文献仅涉及同样使用自我报告法的观察性研究。

运用塞拉利昂内战结束3—5年后具有全国代表性的调查数据，贝罗斯与米格尔[2]发现，经历过家庭层面的直接战争暴露的人更有可能信任社群以外的人。[3] 运用"非洲晴雨表"（Afrobarometer）在乌干达境内开展的三轮具有全国代表性的调查数据，德·卢卡与韦尔普腾发现，由《武装冲突地点与事件数据集》（the Armed Conflict Location Events Dataset，ACLED）计算得出的区域层面的战争暴露在暴力冲

---

[1] Michal Bauer et al., "Can War Foster Cooperation?", *Journal of Economic Perspectives*, Vol. 30, No. 3, 2016, pp. 249-274.
[2] John Bellows & Edward Miguel, "War and Local Collective Action in Sierra Leone", *Journal of Public Economics*, Vol. 93, No. 11-12, 2009, pp. 1144-1157.
[3] 战争暴露基于三个哑变量的平均值计算得出，这三个虚拟变量涉及自我报告法提供的战争经历："家庭中是否有成员在冲突中丧生？""家庭中是否有成员在冲突期间受伤或致残？"以及"家庭中是否有成员在战争期间沦为难民？"在衡量自我报告的信任度时，依据的是对如下两个问题的二元制答案（即0或者1）："你信任社群之外的人吗？"以及"你信任同社群内的其他成员吗？"

突进行的过程中破坏了广义的信任。① 然而，在战争结束后仅仅数年时间内，受战争影响区域的信任度有显著的增加。

相比之下，利用"非洲晴雨表"在乌干达进行的两轮调查数据和《武装冲突地点与事件数据集》，罗纳等人发现，无论是使用最小二乘法还是 2 阶段最小二乘法估计，县域范围内更激烈的战斗降低了人们的广义信任，但并没有对熟人和亲属的信任产生明显的影响。② 与此结论类似，基耶斯基和弗莱塔格将科索沃的家庭层面和市域层面的战争暴露数据结合起来，发现这两级的战争暴露都与对邻居的较低程度的信任存在关联。③ 然而，在针对布隆迪（Burundi）的研究中，伍尔斯和布尔特未能发现村民对同村人的信任会受到战争暴露的影响。④

以往的研究多集中在人际信任方面，对机构信任的研究较少，但也有一些例外。例如，格罗斯让利用 35 个国家具有全国代表性的调查数据，探讨了第二次世界大战和西欧内战如何影响人们对中央机构和他人的信任。⑤ 她发现，受害者在冲突中的受创程度，特别是内战中的受创程度与其对于中央机构的信任呈负相关，但未能提供证据证

---

① Giacomo De Luca & Marijke Verpoorten, "Civil War, Social Capital and Resilience in Uganda", *Oxford Economic Papers*, Vol. 67, No. 3, 2015, pp. 661-686. 关于广义信任的问题使用二元制答案（即 0 或者 1）。
② Dominic Rohner, Mathias Thoenig & Fabrizio Zilibotti, "Seeds of Distrust: Conflict in Uganda", *Journal of Economic Growth*, Vol. 18, No. 3, 2013, pp. 217-252. 南苏丹在 2002—2005 年的军事升级中发挥了重要作用，所以与苏丹的距离被当作工具变量。
③ Sara Kijewski & Markus Freitag, "Civil War and the Formation of Social Trust in Kosovo", *Journal of Conflict Resolution*, Vol. 62, No. 4, 2018, pp. 717-742. 家庭层面的战争暴露情况通过如下三个独立的问题来衡量："家庭中是否有成员因战争冲突而遇害？""家庭中是否有成员因战争冲突而受伤？"以及"家庭中是否有成员因战争冲突而被迫搬家？"
④ Maarten J. Voors & Erwin H. Bulte, "Conflict and the Evolution of Institutions: Unbundling Institutions at the Local Level in Burundi", *Journal of Peace Research*, Vol. 51, No. 4, 2014, pp. 455-469. 战争经历包括家庭成员的死亡、遭遇盗窃、遭遇伏击、被强迫劳动、家庭资产遭到破坏等。
⑤ Pauline Grosjean, "Conflict and Social and Political Preferences: Evidence from World War II and Civil Conflict in 35 European Countries", *Comparative Economic Studies*, Vol. 56, No. 3, 2014, pp. 424-451.

实任何类型的战争暴露与广义信任之间的关系。胡安和皮尔斯卡拉使用具有地理信息参考的调查数据和村级冲突信息，论证了尼泊尔内战造成的村级战争暴露会削弱民众对国家机关的信任。①

综上所述，以往的研究关于内战与机构信任之间存在负相关关系方面得出了一致的结论，但在内战对人际信任的影响方面存在分歧。导致该分歧的原因有很多，一个可能的原因是各个国家的战前局势不同，并且每一次内战都存在自身的特殊性；另一个可能的原因是衡量战争暴露的方法不同，以前的研究大多只涉及战时经历的某些方面。虽然人们公认战争期间的创伤性经历可能会深刻地改变个人的信仰与兴趣爱好，②但对于哪种战争经历的影响力最大，人们并没有达成共识。③以往的部分研究直接以退伍军人为对象，将没有服役经历的人和有服役经历的人放在一起比较。其他研究衡量的则是家庭层面的战争暴露情况，没有区分受访者本人及其家庭成员的战时经历。本文认为，战争经历对普通人和退伍军人的影响存在差异，即使在同一个家庭中，战时经历对成员的影响也不尽相同。同理，有退伍军人的家庭与没有退伍军人的家庭其情况也可能天差地别。

此外，鉴于大量的少数族群参与了以族群为基础的反政府叛乱，此现象在20世纪40年代至20世纪90年代尤为突出，鲜有证据表明内战对互相敌对的族群将会如何产生不同的影响。④关于战时经历的

---

① Alexander De Juan & Jan H. Pierskalla, "Civil War Violence and Political Trust: Microlevel Evidence from Nepal", *Conflict Management and Peace Science*, Vol. 33, No. 1, 2016, pp. 67-88. 对国家政府的信任度由如下问题来衡量："你在多大程度上可以相信国家政府会做正确的事情？"该问题有五个备选答案：从不、几乎没有、有时、大部分时间、总是。
② John Bellows & Edward Miguel, "War and Local Collective Action in Sierra Leone", *Journal of Public Economics*, Vol. 93, No. 11-12, 2009, pp. 1144-1157.
③ Markus Freitag, Sara Kijewski & Malvin Oppold, "War Experiences, Economic Grievances, and Political Participation in Postwar Societies: An Empirical Analysis of Kosovo", *Conflict Management and Peace Science*, Vol. 36, No. 4, 2019, pp. 405-424.
④ Christopher Blattman & Edward Miguel, "Civil War", *Journal of Economic Literature*, Vol. 48, No. 1, 2010, pp. 3-57.

大量数据使得本文的研究成为冲突后背景下最全面的数据集之一。本文不仅在个体和家庭层面对战争创伤做出了区分，而且还根据家庭中是否有退伍军人来区分家庭层面的战争受害者。最后，本文还将依据族群类别评估参军带来的影响。

四、抽样设计、数据与测量

（一）抽样设计

本研究使用的斯里兰卡受冲突影响地区调查数据集（SCARS 2018）由作者于2018年3月至2018年5月期间与斯里兰卡康堤咨询集团（Kandy Consulting Group, KCG）合作收集。鉴于内战冲突中的大部分战斗发生在东部和北部省份，本次研究采用多阶段分层整群抽样法，从这两个省份的8个地区抽取调查者，以获得具有战争地区代表性的样本。关于此次调查的详细描述在他处另有表述。[①]

简而言之，在第一阶段，本文根据2012年的人口普查数据中三个族群的人口比例，将所有乡镇（Grama Niladhari, GN）[②]分为泰米尔人主导乡、僧伽罗人主导乡、摩尔人主导乡和混合族群乡这四层。只有当一个族群的人口占该乡镇人口的90%以上时，才定义该乡镇为某一族群"主导乡"。在此基础上，本文从每层中随机选择一定数量的乡镇，每层的乡镇数量与每个族群在该行政区的人口比例成正比。本文从每行政区共随机抽取了8个乡镇。在最后一个阶段，从上述抽取的每个乡镇中，由康堤咨询集团从选民名单中随机抽取25户家庭。2017年11月，笔者在亭可马里行政区进行了一项试点调查，

[①] Koji Yamazaki, Takahiro Ito, Jia Li & Ramila Usoof-Thowfeek, "Survey of Conflict-Affected Regions in Sri Lanka: An Overview", *GSICS Working paper series*, No. 37, 2021, https://www.research.kobe-u.ac.jp/gsics-publication/gwps/2021-37.pdf.

[②] 斯里兰卡由9个省组成，各省下设25个行政区。各行政区又分设县，各县下设乡镇。

确定了调查问卷,然后将问卷翻译成泰米尔语和僧伽罗语。翻译后的调查问卷交由对应语言的调查员,由他们使用本族语言对1600户家庭进行家庭入户调查。①

2018年3月,在数据收集的早期阶段,爆发了激进佛教徒和穆斯林之间的族群骚乱,政府因此实施了宵禁。此外,这场内战发生在人口占多数的僧伽罗人和人口占少数的斯里兰卡泰米尔人之间。因此,本文最终将样本限制在1308户家庭,其中220人是僧伽罗人,1088人是斯里兰卡泰米尔人。②为了进行实证分析和比较,本文进一步将样本限制在回答了所有信任相关问题的受访者,最终样本量为976户家庭。③

表1 SCARS 2018样本代表性与HIES 2012对比表

	SCARS 2018	HIES 2012
家庭特征		
平均户主年龄(岁)	50.5	48.2
平均家庭规模(人)	4.5	4.1
女性户主百分比(%)	18.4	24.1
族群构成		
斯里兰卡泰米尔人(%)	59.1	62.5
僧伽罗人(%)	17.1	14.0
摩尔人(%)	23.6	22.8
宗教构成		
印度教徒(%)	46.3	53.0
佛教徒(%)	16.7	13.6
穆斯林(%)	23.6	22.9
罗马天主教徒(%)	11.2	10.5

注:表中的数值为加权样本均值。SCARS 2018的样本囊括了所有1600户家庭。HIES 2012只包括北部和东部省份的样本。

---

① 为便于表述,Provinces对应省,District对应行政区,Divisional Secretary's divisions对应县,Grama Niladhari divisions对应乡镇。——译者
② 本文的分析排除了2名印度泰米尔人、1名伯格人(Burgher)以及289名摩尔人。
③ 保留了大约74.6%的受访者。

（二）数据与测量

为了检验样本的代表性，本文将本次调查与 2012 年北部和东部省家庭收入与支出调查（Household Income and Expenditure Survey, HIES 2012）的基本人口统计特征进行比较并展示在表 1 中。从表 1 可以看出，两项调查的家庭特征、族群组成和宗教组成十分相似。

针对抽取的家庭，本文询问了以下问题，以衡量主要受访者的信任程度："总体而言，政府/军队/大多数斯里兰卡泰米尔人/大多数僧伽罗人是值得信任的吗？"问题答案选项的设计采用了李克特五点量表：1（非常不同意）、2（不同意）、3（介于同意与不同意之间）、4（同意）、5（非常同意）。为了简化实证分析，本文将信任僧伽罗人和泰米尔人的答案分为两类，即对同族的信任和对非同族人的信任。

五、实证策略

本文的文献综述部分表明，个体和家庭层面的战争暴露都可能对战后行为产生影响。因此，本文将这两种战争暴露纳入研究，并比较了内战中遭受不同程度和类型战争暴露的被调查者的结果变量。实证模型如下所示：

$$Y_{ijk}=\alpha + 个体_{ij}'T + 家庭_{ij}'\Phi + X_{ij}'\Psi + Z_j'B + \delta_k + \varepsilon_{ijk}$$

在该公式中，Y_{ijk} 表示受访期间居住在乡镇 k 家庭 j 的个人 i 的结果哑变量。当受访者在回答信任相关问题时选择"非常同意"或者"同意"时，Y_{ijk} 等于 1，否则，Y_{ijk} 等于 0。

本文希望同时了解个体与家庭层面的战争暴露对社会和政治结果的影响。于是，本文使用两个变量测量家庭 j 中个体 i 的个体层面战争暴露"个体$_{ij}$"：（1）与战争有关的健康受创指数，用于计算因内战造成的身心健康受创总量；（2）内战期间的服役经历，这是使用自我报告法收集的服役经历的哑变量。身体和心理健康方面的受创情况包括：视觉受损、听觉受损、行走受损、认知受损、日常自理能力受损和受访者使用本族语言进行语音交流时存在的困难。如果受访者曾经加入斯里兰卡政府部队（SLAF）或泰米尔伊拉姆猛虎解放组织（LTTE），本文将之前的服兵役变量赋值为1，否则赋值为0。在确定个体层面的战争暴露的因果效应时，最大问题在于战争经历和本研究关注的结果之间的相关性可能是由反向因果关系驱动的。以信任水平为例，这种反向因果关系是否成立取决于信任的持久度；如果当前的信任水平与过去的信任水平高度相关，那么战前信任水平较高的人可能由于自选择而遭受战争暴露。先前的研究表明，信任是一种相对稳定的人类特质，[1]因此，本文的目标是使用以下方法来缓解上述问题。首先，本文根据自我报告法收集的答案，将先前的服兵役情况分为自愿服役和非自愿服役。其中，自愿服役者可能出于不可观察的战前特征加入军队。僧伽罗人可能因为对政府和军队的信任程度较高而自愿加入斯里兰卡政府部队；斯里兰卡泰米尔人可能因为对政府或非同族人的不信任而自愿加入泰米尔伊拉姆猛虎解放组织。例如，有逸闻证据表明，部分泰米尔人在目睹家人被僧伽罗官员骚扰后自愿加入泰米尔伊拉姆猛虎解放组织。[2]在这种情况下，个体层面的战争经历和信任程度之间的因果关系可能会发生逆转。另外，根据人权组织的记录，包括儿童在内的许多平民都是被强行征召进泰米尔伊拉姆猛虎解放组织。[3]而非自愿服役的受访者不太可能由于自选择而暴露于冲突之中。其次，本文控制了可观测的个体特征X_{ij}，其中包括受访者的年龄、

---

[1] Chris Dawson, "How Persistent Is Generalised Trust?", *Sociology*, Vol. 53, No. 3, 2019, pp. 590-599.
[2] Rebekka Friedman, "Remnants of a Checkered Past: Female LTTE and Social Reintegration in Post-War Sri Lanka", *International Studies Quarterly*, Vol. 62, No. 3, 2018, pp. 632-642.
[3] Human Rights Watch, "Living in Fear: Child Soldiers and the Tamil Tigers in Sri Lanka", 2004, https://www.hrw.org/report/2004/11/10/living-fear/child-soldiers-and-tamil-tigers-sri-lanka.

女性哑变量和受教育年限，这些均可能影响受访者自愿服役的意愿。

通过构建以下三个变量，本文测量了在家庭 j 中的个体 i 的家庭层面战争暴露"家庭$_{ij}$"：（1）当前家庭成员中具有战时服役经历的人员总数；（2）失去的家庭成员总数；（3）财产损失指数。失去的家庭成员总数是指在冲突期间被杀害或失踪的家庭成员总数。此变量包括家庭成员作为士兵和平民失去生命或失踪的情况。财产损失指数是基于三个涉及战争经历的问题构建，这些问题汇总了该家庭经历资产损失、土地没收和房屋损害的总次数。由于战前家庭特征测量数据的缺失，家庭层面的战争暴露和某个家庭成员的战后结果之间的相关性可能由亲历战争暴力的家庭成员的某些战前特质引起的遗漏变量偏差（omitted variable bias）所驱动。例如，更容易信任他人者服兵役的可能性更大，因此，他们的家庭成员更可能生活在一个存在家庭层面战争暴露的家庭之中。考虑到家庭成员通常在某种程度上具有相同的态度和价值观，那么家庭成员中是否有人具有服兵役经历，将可能影响受访者的信任程度。本文采用以下方法克服了这一弊端：第一，本文将目前居住在该家庭的退役士兵总数考虑在内。第二，本文将家庭成员的战争暴露情况分为服兵役造成的人员减少和平民人员减少。第三，本文控制了可观测的家庭特征"Z_j"。考虑到贫困和缺乏教育机会常常促使泰米尔人（尤其是东部省份的泰米尔人）加入泰米尔伊拉姆猛虎解放组织，家庭特征"Z_j"包含女性户主家庭和繁荣项目（the Samurdhi program）被资助者的哑变量、财富分位数、户主的年龄和受教育年限。[1] 财富分位数的计算采用了基于资产所有权的主成分分析法。[2] 繁荣项目是斯里兰卡政府于1995年发起的一项重大扶贫计划。

---

[1] Human Rights Watch, "Living in Fear: Child Soldiers and the Tamil Tigers in Sri Lanka", 2004, https://www.hrw.org/report/2004/11/10/living-fear-child-soldiers-and-tamil-tigers-sri-lanka.

[2] 在计算财富分位数时，本文使用了以下变量：农田所有权、卧室数量、独立的厨房、屋顶、地板和墙壁的主要建材、饮用与厕所设施、照明与烹饪燃料、耐用品、渔业和农业相关设施及牲畜的所有权。

表2 描述性统计

变量名称	样本量	平均值	标准差	最小值	最大值
结果变量					
政府可信	976	0.58	0.49	0	1
军队可信	976	0.49	0.50	0	1
同族群大多数人可信	976	0.78	0.41	0	1
其他族群大多数人可信	976	0.36	0.48	0	1
家庭特征					
户主年龄	976	47.14	12.48	18	84
户主受教育年限	976	8.26	3.44	0	13
女性户主	976	0.17	0.37	0	1
财富分位数	976	2.59	1.33	1	5
繁荣项目被资助者	976	0.37	0.48	0	1
个体特征					
年龄	976	44.17	12.17	18	87
斯里兰卡泰米尔人哑变量	976	0.78	0.42	0	1
女性哑变量	976	0.50	0.50	0	1
教育水平类别	976	2.32	0.82	1	3
个体层面战争暴露					
与战争有关的健康受创指数	976	0.03	0.17	0	2
服役经历哑变量	976	0.04	0.20	0	1
自愿服役经历哑变量	976	0.03	0.17	0	1
非自愿服役经历哑变量	976	0.01	0.11	0	1
家庭层面战争暴露					
曾经服役的家庭成员在世人数	976	0.06	0.26	0	3
家庭成员减少总数	976	0.33	0.92	0	11
士兵家庭成员减少数	976	0.06	0.32	0	5
平民家庭成员减少数	976	0.26	0.87	0	11
财产损失指数	976	0.92	0.94	0	3

第四，本文通过纳入乡镇层面的固定效应 δ_k，消除了先前信任水平可能因空间变化而造成的偏差。斯里兰卡的乡镇由多个小村庄汇聚而成，或是包含更大规模村庄的部分区域。得益于乡镇的固定效应，本文能够在家庭特征相对同质化的同一村庄中离析出家庭层面战争暴露差异所带来的影响。表2提供了实证分析的描述性统计。

即使在控制了个人和家庭特征以及乡镇固定效应之后，本文也无法完全排除因自选择造成战争暴露的可能性。对此，本文的处理方法是：将样本集中在不太可能遭遇定向暴力的子样本群体。第一个子样本包含没有战争相关的健康问题、没有自愿服兵役经历、没有自述家庭成员曾服役或因服兵役而死亡或宣告失踪的受访者。第一个子样本排除了最可能由于自选择遭受战争暴露的人。在此基础上，第二个子样本进一步排除了没有非自愿服役经历的受访者，并将样本限制在1983年战争开始后出生的人群。这样一来，第二个子样本降低了受访者谎报非自愿服役经历的可能性，并将样本限制在因年纪过小而未能亲身参与暴力冲突的受访者。

六、结果

（一）基准结果

本文首先从全样本着手，分析了战争暴露与是否认为政府、军队、同族人和非同族人值得信任之间的关系。在所有的回归分析中，本文控制了个体和家庭特征以及乡镇固定效应。所有的估计值都是基于逆向抽样概率加权计算得到。在乡镇层面对标准误差进行了聚类。

本文将战争暴露区分为个体层面和家庭层面。估计结果显示，遭遇战争相关健康问题的受访者不太可能信任政府、军队和非同族人。与战争有关的健康受创指数的点估计显示，当战争相关健康问题从0增长至1时，认为政府、军队和非同族人可信任的概率分别减少约37.1、29.6和25.8个百分点。

表 3 战争暴露与信任，基准回归

	(1)	(2)	(3)	(4)	(5)	(6)	(7)	(8)
	政府	军队	同族人	非同族人	政府	军队	同族人	非同族人
	是值得信任的							
个体层面战争创伤								
与战争有关的健康受创指数	-0.371***	-0.296***	-0.056	-0.258***	-0.373***	-0.297***	-0.057	-0.261***
	(0.078)	(0.078)	(0.050)	(0.057)	(0.075)	(0.077)	(0.051)	(0.056)
服役哑变量	-0.032	-0.040	-0.045	0.049				
	(0.093)	(0.042)	(0.116)	(0.089)				
自愿服役经历哑变量					0.133*	-0.026	-0.143	0.165
					(0.067)	(0.032)	(0.143)	(0.102)
自愿服役经历哑变量					-0.521***	-0.103	0.213	-0.454*
*泰米尔人哑变量					(0.106)	(0.124)	(0.162)	(0.252)
非自愿服役经历哑变量					-0.290***	-0.016	0.203***	-0.184***
					(0.077)	(0.049)	(0.059)	(0.057)
非自愿服役经历哑变量					0.081	0.042	-0.014	0.310**
*泰米尔人哑变量					(0.176)	(0.148)	(0.081)	(0.149)
家庭层面战争创伤								
曾经服役的家庭成员在世人数	-0.132	-0.033	0.165*	0.052	-0.117	-0.032	0.156*	0.062
	(0.080)	(0.039)	(0.088)	(0.057)	(0.078)	(0.040)	(0.086)	(0.058)
家庭成员减少总数	-0.017	-0.015	0.031***	-0.003	-0.017	-0.015	0.031***	-0.003

续表

财产损失指数	-0.016	-0.016	-0.011	-0.053*	-0.014	-0.015	-0.012	-0.051*
	(0.015)	(0.017)	(0.011)	(0.020)	(0.015)	(0.017)	(0.011)	(0.020)
	(0.021)	(0.029)	(0.032)	(0.029)	(0.022)	(0.029)	(0.032)	(0.029)
家庭特征								
繁杂项目	0.076	-0.037	-0.008	0.085**	0.076	-0.037	-0.007	0.085**
	(0.050)	(0.035)	(0.038)	(0.035)	(0.050)	(0.035)	(0.039)	(0.035)
个体特征								
受教育程度								
初中	-0.018	-0.062	0.108*	0.148***	-0.013	-0.062	0.105*	0.153***
	(0.088)	(0.078)	(0.057)	(0.055)	(0.090)	(0.078)	(0.058)	(0.055)
高中或以上	0.019	-0.071	0.032	0.120*	0.024	-0.071	0.029	0.123*
	(0.082)	(0.080)	(0.075)	(0.064)	(0.083)	(0.080)	(0.076)	(0.065)
样本量	976	976	976	976	976	976	976	976
可决系数	0.287	0.403	0.194	0.278	0.293	0.403	0.198	0.282
家庭层面特征	是	是	是	是	是	是	是	是
个体层面特征	是	是	是	是	是	是	是	是
乡镇固定效应	是	是	是	是	是	是	是	是
聚类数量	55	55	55	55	55	55	55	55

注：所有估计包括个人和家庭特征以及乡镇固定效应。所有的估计均按逆向抽样概率加权。括号中为乡镇层面的聚类稳健标准误。*、** 和 *** 分别表示 10%、5% 和 1% 的显著水平。

如表3第（1）—（4）列所示，服役经历与受访者的信任程度没有显著的相关性。这可能是因为本文把来自不同族群中的具有自愿和非自愿服役经历的受访者综合在了一起。鉴于泰米尔伊拉姆猛虎解放组织的主要目标是在斯里兰卡北部和东部省份建立一个独立的泰米尔国家。所以，与被强行征召进入猛虎组织的僧伽罗人或泰米尔人士兵相比，具有自愿服役经历的泰米尔人士兵对政府的信任程度可能会有所不同。因此，本文将服役经历区分为自愿和非自愿服役。本文在表3的第（5）—（8）列中增加了两个交互项，斯里兰卡泰米尔人哑变量与非自愿服役哑变量以及斯里兰卡泰米尔人哑变量与自愿服役哑变量，以检查服役经历产生的影响是否因族群身份和服役意愿而有所不同。由于分析只关注两个族群，即僧伽罗人和斯里兰卡泰米尔人，因此在表3的第（5）—（8）列中，非自愿或自愿服役哑变量的估计系数仅表示僧伽罗人受访者的情况。正如预期的那样，斯里兰卡泰米尔人和僧伽罗人的退役士兵对政府、同族人和非同族人呈现出不同的信任概率，且估计系数的符号取决于他们是否被强制服役。自愿服役的僧伽罗士兵对政府的信任度较高，而被迫服役的僧伽罗士兵对政府和非同族人的信任度较低，但对同族人的信任度更高。相比之下，自愿加入泰米尔伊拉姆猛虎解放组织的斯里兰卡泰米尔士兵不太可能信任政府和非同族人。与自愿服役者相比，非自愿服役的泰米尔士兵信任非同族人的概率更高。关于自愿服兵役的估计结果极有可能受反向因果关系驱动，因为与其他群体相比，这类群体在战前对政府和其他种族的信任程度存在差异，很可能是因自选择加入内战。

对于家庭层面的战争暴露，本文发现，现有家庭成员中退役士兵数量和家庭成员死亡人数均与信任同族人概率的增长呈正相关；退役士兵数量的估计系数大小是家庭成员死亡数量估计系数的五倍以上。财产损失与对非同族人的信任度呈负相关。此外，接受繁荣项目资助者和受教育程度较高的受访者对非同族人的信任度更高。

本文比较了个体和家庭层面的战争暴露的估计系数的大小，发现个体和直接遭遇战争暴露经历与受访者的信任水平的相关性比家庭层面的战争暴露对应的相关性更显著。究其原因，可能是直接遭遇战争暴露的经历对战争相关的痛苦会产生明显的影响，这与此前的研究结果一致。①

家庭成员死亡人数的估计系数幅度很小，可能是因为本文没有区分因服兵役或其他原因造成的家庭成员减少。在下面的回归分析中，本文进一步将家庭成员减少的数量划分为因服兵役而导致的家庭成员减少和平民家庭成员减少，并在表4中显示估计结果。

表4第（1）—（4）列的估计结果显示，家庭成员因服兵役造成的数量减少与对政府的信任呈负相关，而平民家庭成员的数量减少则与对同族人的信任呈正相关。与表3类似，为了考察家庭成员数量减少对信任水平的影响是否因族群身份不同而存在差异，本文在表4的第（5）—（8）列中进一步加入了斯里兰卡泰米尔人哑变量与家庭成员减少数量中士兵或平民数量之间的两个交互项。本文发现，在僧伽罗人受访者中，因服兵役而造成的家庭成员数量减少与信任水平没有显著关联，而平民家庭成员的减少与对同族人的信任呈正相关，与对非同族人的信任呈负相关。相比之下，在泰米尔人受访者中，估计结果显示，因服兵役而造成的家庭成员数量减少与对政府或军队的信任呈负相关。

（二）子样本结果

在前一小节中所呈现的最小二乘法估计的问题在于，与战争暴露相关的不可观测的混杂因素可能会同时影响战争暴露和战后结果变量。由于缺乏战前的衡量标准，本文很难分离出由于自选择遭遇战争暴露所带来的偏差的影响。接下来，本文将针对不易受自选择影响的

---

① Gerd Inger Ringdal, Kristen Ringdal & Albert Simkus, "War Experiences and War-Related Distress in Bosnia and Herzegovina Eight Years after War", *Croatian Medical Journal*, Vol. 49, No. 1, 2008, pp. 75-86.

表4 战争暴露与信任、家庭层面战争创伤亚类

	（1）	（2）	（3）	（4）	（5）	（6）	（7）	（8）
	政府	军队	同族人	非同族人	政府	军队	同族人	非同族人
				是值得信任的				
个体层面战争创伤								
与战争有关的健康受创指数	-0.368***	-0.294***	-0.053	-0.260***	-0.351***	-0.274***	-0.049	-0.260***
	(0.068)	(0.073)	(0.056)	(0.053)	(0.063)	(0.068)	(0.054)	(0.048)
自愿服役经历哑变量	0.134*	-0.026	-0.143	0.166	0.136**	-0.023	-0.142	0.165
	(0.068)	(0.033)	(0.143)	(0.102)	(0.067)	(0.032)	(0.144)	(0.102)
自愿服役经历哑变量*泰米尔人哑变量	-0.522***	-0.104	0.212	-0.454*	-0.524***	-0.106	0.212	-0.454*
	(0.107)	(0.125)	(0.162)	(0.252)	(0.106)	(0.125)	(0.163)	(0.252)
非自愿服役经历哑变量	-0.290***	-0.016	0.203***	-0.184***	-0.291***	-0.017	0.204***	-0.186***
	(0.077)	(0.050)	(0.058)	(0.057)	(0.077)	(0.051)	(0.058)	(0.058)
非自愿服役经历哑变量*泰米尔人哑变量	0.078	0.041	-0.017	0.310**	0.070	0.031	-0.019	0.310**
	(0.176)	(0.148)	(0.081)	(0.149)	(0.174)	(0.149)	(0.080)	(0.150)
家庭层面战争创伤								
曾经服役的家庭成员在世人数	-0.118	-0.032	0.156*	0.061	-0.114	-0.026	0.160*	0.058
	(0.077)	(0.041)	(0.085)	(0.058)	(0.080)	(0.035)	(0.084)	(0.058)

续表

土兵家庭成员减少数	-0.083**	-0.050	-0.020	-0.007	-0.033	0.013	-0.008	-0.007
	(0.037)	(0.033)	(0.046)	(0.050)	(0.046)	(0.012)	(0.062)	(0.043)
土兵家庭成员减少数*泰米尔人哑变量					-0.152**	-0.186**	-0.030	-0.006
					(0.075)	(0.071)	(0.075)	(0.129)
平民家庭成员减少数	-0.009	-0.012	0.037***	-0.003	0.010	0.045	0.081***	-0.048**
	(0.015)	(0.018)	(0.012)	(0.022)	(0.075)	(0.033)	(0.027)	(0.019)
平民家庭成员减少数*泰米尔人哑变量					-0.021	-0.060	-0.047	0.047*
					(0.075)	(0.038)	(0.030)	(0.025)
财产损失指数	-0.015	-0.016	-0.013	-0.051*	-0.014	-0.017	-0.014	-0.050*
	(0.022)	(0.029)	(0.032)	(0.029)	(0.022)	(0.030)	(0.033)	(0.029)
样本量	976	976	976	976	976	976	976	976
可决系数	0.295	0.404	0.199	0.282	0.296	0.407	0.200	0.283
家庭层面特征	是	是	是	是	是	是	是	是
个体层面特征	是	是	是	是	是	是	是	是
乡镇固定效应	是	是	是	是	是	是	是	是
聚类数量	55	55	55	55	55	55	55	55

注：所有估计包括个人和家庭特征以及乡镇固定效应。所有的估计均按逆向抽样概率加权。括号中为乡镇层面的聚类稳健标准误。*、**和***分别表示10%、5%和1%的显著水平。

表 5 战争暴露与信任，子样本结果

	（1）	（2）	（3）	（4）	（5）	（6）	（7）	（8）
	政府	军队	同族人	非同族人	政府	军队	同族人	非同族人
				是值得信任的				
个体层面战争创伤								
非自愿服役经历哑变量	-0.316***	-0.027	0.206***	-0.178***				
	(0.083)	(0.055)	(0.058)	(0.057)				
非自愿服役经历哑变量 *泰米尔人哑变量	0.143	0.073	-0.064	0.380**				
	(0.198)	(0.160)	(0.073)	(0.155)				
家庭层面战争创伤								
平民家庭成员减少数	-0.032*	0.024	0.120***	-0.048*	0.287	0.401	0.469***	-0.047
	(0.018)	(0.033)	(0.029)	(0.026)	(0.247)	(0.263)	(0.170)	(0.244)
士兵家庭成员减少数 *泰米尔人哑变量	0.022	-0.042	-0.085**	0.056*	-0.183	-0.446	-0.472**	0.035
	(0.026)	(0.040)	(0.034)	(0.032)	(0.238)	(0.270)	(0.200)	(0.242)
财产损失指数	-0.012	-0.020	-0.011	-0.042	0.023	0.017	0.005	-0.129
	(0.025)	(0.034)	(0.036)	(0.034)	(0.075)	(0.081)	(0.073)	(0.098)

续表

样本量	810	810	810	810	810	215	215	215	215
可决系数	0.273	0.347	0.198	0.268	0.530	0.563	0.374	0.508
家庭层面特征	是	是	是	是	是	是	是	是
家庭层面特征	是	是	是	是	是	是	是	是
乡镇固定效应	是	是	是	是	是	是	是	是
聚类数量	55	55	55	55	49	49	49	49

注：所有估计包括个人和家庭特征以及乡镇固定效应。所有的估计均按逆向抽样概率加权。括号中为乡镇层面的聚类稳健标准误。*、**和***分别表示10%、5%和1%的显著水平。

子样本来估计上述回归模型中的参数。本文首先将注意力集中在那些不存在战争相关健康问题、没有自愿服役经历、没有家庭成员曾参与战争或没有家庭成员因服兵役而死亡或被宣布失踪的受访者群体。通过这种方式，本文可以减少反向因果关系和遗漏变量导致的偏差。本文进一步将样本限制在没有非自愿服役经历且在1983年后出生的受访者群体，因为他们因自选择遭遇战争暴露的可能性要小很多。这两个子样本的样本量分别为810和215，占全部样本的83%和22%。

表5的第（1）—（4）栏显示了第一个子样本的估计结果。本文发现，在全样本和第一个子样本中，有非自愿服役经历的僧伽罗人信任政府及非同族人的可能性较低，而信任同族人的可能性较高。全样本和第一个子样本在非自愿服役经历方面的一致结果使本文更有信心认为，这部分受访者由于自选择和家庭成员特征而遭遇战争暴露的可能性较小。本文还发现，经历了家庭成员数量减少的僧伽罗人受访者，信任政府及非同族人的可能性较低，而信任同族人的可能性较高。这些结果表明，国内冲突不仅导致了民众对政府的不信任，而且也降低了僧伽罗人对整个泰米尔人的不信任。

相比之下，被迫加入泰米尔伊拉姆猛虎解放组织的泰米尔人显示出对非同族人更高的信任概率；平民家庭成员减少数量与信任非同族人也呈现正相关。这部分泰米尔人信任其他族群的可能性之所以更高，可能是由于泰米尔受访者的回答中存在社会期望偏差（social desirability bias）。这是因为，在泰米尔伊拉姆猛虎解放组织被击败后，该组织的原骨干成员经常受到军事监视[1]，他们可能害怕遭受安全部队的进一步盘问或审讯。同时，泰米尔社群内部的不信任可能由以下两个原因导致。第一，许多泰米尔人在战争期间遭受了泰米尔伊拉姆猛虎解放组织的强制招募与胁迫，尽管他们并不完全认同该组织事业

---

[1] Rebekka Friedman, "Remnants of a Checkered Past: Female LTTE and Social Reintegration in Post-War Sri Lanka", *International Studies Quarterly*, Vol. 62, No. 3, 2018, pp. 632-642.

和意识形态。第二，斯里兰卡东北部的安全部队利用平民监视泰米尔人，因而在泰米尔社群中播下了怀疑和不信任的种子。

七、结论

内战冲突可以重塑人们的社会和政治观念。本文利用斯里兰卡北部和东部省份的原始代表性数据证实，长期的内战可能会对政府的不信任、种族间和种族内部的分裂产生影响。本研究中包括的人群因不同的方式受到了内战的伤害。政府在做出政策干预时，可能需要根据不同人群在战争期间的受创情况以及战时经历，有针对性地采取不同的方式。本研究揭示的结果将从以下方面对斯里兰卡的战后重建政策产生影响：首先，战后的当务之急是恢复政治信任，对于因战争导致健康受损的人群、被迫服役的僧伽罗人和自愿加入猛虎组织的泰米尔人来说，这一点尤为迫切。其次，不仅需要调和僧伽罗人和泰米尔人之间的矛盾，还需要在泰米尔人社群内部推进和解。本文发现，在经历残酷的内战后，不同族群之间，包括僧伽罗人内部，都存在着明显的分裂。更糟糕的是，泰米尔人社群内部那些在战争中失去家人的人们普遍存在不信任感。

尽管本文采取了若干策略来控制可能存在的混杂因素，但可能并没有完全消除由于自选择和遗漏变量问题带来的偏差。但是，本文在强制征召、家庭成员数量减少与社会和政治结果之间存在相关关系方面得出了有力论据。这使本文相信，自选择和遗漏变量偏差可能不是本文研究结果的主要驱动因素（至少第一个子样本的受访者适用此结论）。由于数据的限制，本文无法提供内战冲突影响斯里兰卡战乱地区的信任水平的作用机制，也无法论证内战冲突的影响为何会因族群而异。如何确定具体的机制，如何解释战后信任水平的族群差异背后存在的原因，尚需更多的调查研究。

The Scars of the Eelam War: Eroded Trust in North-Eastern Sri Lanka

Li Jia   Takahiro Ito   Ramila Usoof-Thowfeek   Koji Yamazaki

Abstract: This study explores the legacies of the protracted 1983–2009 Sri Lankan civil conflict using original household survey data. By differentiating individual- and household-level war exposure, voluntary and involuntary military service experience, and loss of family members of soldiers and civilians, we evaluated the influence of a wide array of war-time experiences on the trust level of people in war-torn regions. We found that civil conflict undermined political trust, and heightened inter as well as intra-ethnic divisions among the Sinhalese and Tamils in Sri Lanka. Thus, the Sri Lankan government needs to take action not only to restore political trust but also to promote reconciliation between the Sinhala and Tamil communities as well as within the Tamil community in war-torn regions.

Keywords: Civil conflict; Trust; Sri Lanka

第五章
国内政治与经济发展

转型中的海湾阿拉伯国家：
权力集中、经济改革与新国家主义

王霆懿*

摘要： 海湾阿拉伯君主国在"阿拉伯之春"中幸存，但近年来该地区仍面临一系列挑战：也门冲突、卡塔尔断交危机、王位争夺、页岩油气革命、大国竞争和年轻世代更替等。除上述因素外，该地区还呈现一种"新国家主义"浪潮。海湾阿拉伯国家的权力正从经验丰富的老一代王室成员转移到"自信"的年轻一代手中，这可能对以上国家未来数十年的发展产生深远影响。与此同时，面对本国迅速增长的年轻人口，这些国家都在大力推进本国的经济规划，如"阿联酋2021愿景""沙特2030愿景""阿曼2040愿景"等。焕然一新的领导层、雄心勃勃的经济计划以及在全球化停滞下迅速增长的人口，共同孕育了海湾阿拉伯国家的"新国家主义"。海湾阿拉伯王国进行转型的动因是什么？它们如何转型以及会产生哪些影响？这些是本文试图回答的问题。

关键词： 海湾阿拉伯君主国；转型；新国家主义

过去十年间，六个海湾阿拉伯国家（巴林、科威特、阿曼、沙特

---

* 王霆懿，清华大学国际与地区研究院助理研究员，卡塔尔大学访问教授及沙特费萨尔国王研究中心高级客座研究员。研究主要聚焦于海湾阿拉伯国家的政治和对外政策。非常感谢 Tim Niblock 教授、Turki Al-Faisal 亲王、Eugene Rogan 教授和王锁劳教授对本文的宝贵建议和评论，文中误漏由笔者自负。

阿拉伯、卡塔尔和阿拉伯联合酋长国）呈现出一系列新的动态变化。自2011年"阿拉伯之春"爆发以来，一连串大规模抗议、暴乱和内战在阿拉伯世界的大部分地区肆意蔓延，突尼斯、利比亚、埃及和也门等许多阿拉伯国家的集权政府骤然崩解。然而，即使面临严峻的内外挑战和激烈竞争，海湾阿拉伯国家最终还是幸免于难。埃及和叙利亚等传统阿拉伯大国的衰落为海湾君主国崛起成为阿拉伯世界的新领袖铺平了道路。① 正如阿联酋的中东学者阿卜杜勒哈勒克·阿卜杜拉（Abdulkhaleq Abdullah）教授在"阿拉伯之春"后所言："2011年不仅是特殊的一年，更是格式化的一年，其转变之深、规模之大，足以消除2011年之前的所有假定、机构、人物、思维方式和行为模式，同时为将要取而代之的事物奠定了基础。"② "阿拉伯之春"后，国内外的不同动态不断出现，中东地缘政治的新变化改变了海湾国家既有的地区政策。③ "阿拉伯之春"的影响逐步渗透到海湾合作委员会（GCC）各国，但其作用效果因不同国家而异。④ 由于"阿拉伯之春"的社会、经济和政治影响，个别海湾国家遭受了重大损失，但大多数国家则以较小的代价成功避免了动荡。阿联酋和卡塔尔经历了非常有限的波动，而另一国家巴林则历经了非常严重的动乱。事实上，巴林是唯一一个抗议运动要求统治家族退位的海湾阿拉伯君主国。⑤

---

① Abdullah Baabood, "Gulf Countries and Arab Transitions: Role Support and Effects", IEMed Mediterranean Yearbook, European Institute of the Mediterranean, 2014, https://www.iemed.org/publication/gulf-countries-and-arab-transitions-role-support-and-effects/.
② Abdulkhaleq Abdullah, *Repercussions of the Arab Spring on GCC States*, Doha: Arab Center for Research and Policy Studies, 2012, p. 2.
③ 有关"阿拉伯之春"后中东和海湾地区国内和国外变动，参见 Silvia Colombo, "The GCC Countries and the Arab Spring. Between Outreach, Patronage and Repression", *Istituto Affari Internazionali, Working Papers 1209*, 2012; Bassel F. Salloukh, "The Arab Uprisings and the Geopolitics of the Middle East", *The International Spectator*, Vol. 48, No. 2, 2013, pp. 32-46。
④ Abdulkhaleq Abdullah, *Repercussions of the Arab Spring on GCC States*, Doha: Arab Center for Research and Policy Studies, 2012, p. 7.
⑤ Yasmina Abouzzohour, "Heavy Lies the Crown: The Survival of Arab monarchies, 10 Years after the Arab Spring", Brookings, March 8, 2021, https://www.brookings.edu/blog/order-from-chaos/2021/03/08/heavy-lies-the-crown-the-survival-of-arab-monarchies-10-years-after-the-arab-spring/.

十年来，海湾君主制国家逐渐掌握主动权，成为有力的地区事务参与者。① 如科威特大学助理教授巴达尔·赛义夫（Badar Al-Seif）所说："'阿拉伯之春'对传统阿拉伯权力中心的削弱……使海湾地区第一次成为现代历史上的阿拉伯权力中心。"②

与此同时，海湾阿拉伯国家的转型步伐逐渐加快。一种试图将宗教边缘化的模式渐渐显现，这一模式有助当地传统君主国巩固政治权力和推动经济多样化发展。海湾阿拉伯国家的权力正在从经验丰富的老一代王室成员转移到自信笃定的年轻一代手中，这可能会对海湾六国未来数十年的发展产生深远影响。2015 年，萨勒曼·本·阿卜杜勒阿齐兹·阿勒沙特（Salman bin Abdulaziz Al Saud）在其同父异母的哥哥阿卜杜拉（Abdullah bin Abdulaziz Al Saud）国王去世后成为新任沙特国王。继承王位仅仅三个月后，萨勒曼就任命他的亲侄子穆罕默德·本·纳耶夫（Muhammed bin Nayef）取代他最小的同父异母弟弟穆克林（Murqin bin Abdulaziz Al Saud）成为新王储。2017 年，萨勒曼国王又将 57 岁的侄子穆罕默德·本·纳伊夫废黜，任命自己年仅 31 岁的儿子穆罕默德·本·萨勒曼（Mohammed bin Salman）为王储。这些举措标志着沙特家族几十年来建立的"兄弟相继"的传统共识不复存在，也意味着王室继承回归沙特阿拉伯王国创始人阿卜杜勒阿齐兹·本·沙特（Abdulaziz bin Saud）国王所建立的"父子相承"的绝对君主制。在权力架构上，沙特阿拉伯不再是权力分享的老人政治，而是恢复到伊本·沙特本人统治下的绝对王权体制。权力完全集中于国王之手，而国王则将大部分权力委任给作为新王储的儿子。③ 在此前后，卡塔尔、阿联酋、阿曼等国已经完成权力代际转移

---

① Luigi Narbone & Martin Lestra (eds)., *The Gulf Monarchies beyond the Arab Spring: Changes and Challenges*, Italy, Fiesole: European University Institute, 2015, p. 1.
② AFP, "Gulf Monarchies Rising from Ashes of Arab Spring", December 7, 2020, https://www.france24.com/en/live-news/20201207-gulf-monarchies-rising-from-ashes-of-arab-spring.
③ Bernard Haykel, "Saudi Arabia's Game of Thrones", Project Syndicate, June 24, 2017, https://www.project-syndicate.org/commentary/mbs-saudi-arabia-succession-by-bernard-haykel-2017-06?barrier=accesspaylog.

并将国家权力集中到国王或事实上的统治者手中。正如2022年5月，当穆罕默德·本·扎耶德王储被任命为阿联酋总统，实际的统治者变成了法理的统治者。①

与此同时，经济多元化问题再次在海湾阿拉伯国家凸显。所有这些国家都在大力推进本国的经济规划，如"阿联酋2021愿景""阿布扎比2030愿景""沙特2030愿景""巴林2030经济愿景""卡塔尔2030国家愿景""新科威特2035愿景"和"阿曼2040愿景"。（见表1）这些雄心勃勃的经济规划如藤蔓一样在海湾地区延伸拓展，但大多数尚未达到既定目标。

表1 海湾阿拉伯国家愿景

阿联酋	沙特	巴林	卡塔尔	科威特	阿曼
2021愿景、阿布扎比2030愿景	2030愿景	2030经济愿景	2030国家愿景	新科威特2035愿景	2040愿景

资料来源：Kingdom of Saudi Arabia: https://vision2030.gov.sa ; Ministry of Foreign Affairs, State of Kuwait : https://www.mofa.gov.kw/en/kuwait-state/kuwait-vision-2035/ ; the Government of Abu Dhabi: https://www.actvet.gov.ae/en/Media/Lists/ELibraryLD/economic-vision-2030-full-versionEn.pdf ; United Arab Emirates: https://www.vision2021.ae/en ; Bahrain: https://www.bahrainedb.com/about-us/national-development-strategy/。

此外，传统上由沙特阿拉伯主导的海湾地缘政治博弈正趋近新的权力平衡，并在中东地区获得更为突出的地位。阿联酋因为不断增长的政治和军事实力，被美国前国防部部长吉姆·马蒂斯（Jim Mattis）称为中东的"小斯巴达"，这也是该国多年军事投入的必然结果。②

---

① Simon Henderson, "De Facto Becomes De Jure as MbZ Is Named UAE President", Political Analysis, the Washington Insititute for Near East Policy, May 16, 2022, https://www.washingtoninstitute.org/policy-analysis/de-facto-becomes-de-jure-mbz-named-uae-president.
② Christian H. Heller, "Little Sparta's Big Ambitions: The Emirati Military Comes of Age", The Strategy Bridge, September 17, 2019, https://thestrategybridge.org/the-bridge/2019/9/17/little-spartas-big-ambitions-the-emirati-military-comes-of-age.

卡塔尔则长期奉行与其他海湾国家优先级不同的"小国大外交",并在 2017 年受到沙特阿拉伯、阿联酋、巴林和埃及的抵制。① 尽管卡塔尔危机已经结束,但海湾地区的分裂依然存在。海合会的暂时和解并没有解决卡塔尔与沙特阿拉伯、阿拉伯联合酋长国和巴林之间的核心分歧。②

2014 年底,在沙特主导的军事联盟支持下,哈迪(Abdrabbuh Mansur Hadi)领导的也门政府与伊朗支持的胡塞武装展开了持续不断的多方内战。③2015 年 3 月,也门总统哈迪逃往沙特阿拉伯,随后沙特政府发起了一系列针对胡塞武装的经济封锁和军事空袭。伊朗向胡塞武装运送的大量武器以及沙特持续不断的军事打击,将这个绝望的贫穷国家卷入了伊朗与沙特阿拉伯的代理人冲突和"中东冷战"。④沙特阿拉伯王国与伊朗伊斯兰共和国之间激烈的权力角逐不仅在叙利亚和也门内战中展开,还延伸到了巴林、黎巴嫩、卡塔尔和阿富汗等国家。

崭新的领导层、雄心勃勃的经济计划以及在停滞的全球化下迅速增长的人口,共同孕育了海湾阿拉伯国家的新国家主义。海湾阿拉伯王国转型的动因是什么?它们如何转型以及会产生哪些影响?这些是本文试图回答的问题。

---

① Jane Kinninmont, "The Gulf Divided: The Impact of the Qatar Crisis", *Chatham House, Middle East and North Africa Programme Research Paper*, 2019, p.7.
② Samuel Ramani, "The Qatar Blockade Is Over, but the Gulf Crisis Lives On", *Foreign Policy*, January 27 2021, https://foreignpolicy.com/2021/01/27/qatar-blockade-gcc-divisions-turkey-libya-palestine/.
③ Asher Orkaby, "Saudi Arabia's Other Yemen War: The Decades-Long Assault on the Yemeni Economy", *Foreign Affairs*, November 3, 2021, https://www.foreignaffairs.com/articles/saudi-arabia/2021-11-03/saudi-arabias-other-yemen-war.
④ 关于沙特与伊朗的冷战,参见 Peter Salisbury, "Yemen and the Saudi-Iranian 'Cold War'", Middle East and North Africa Programme Research Paper, February 2015, https://www.chathamhouse.org/sites/default/files/field/field_document/20150218YemenIranSaudi.pdf; F. Gregory Gause, "Beyond Sectarianism: The New Middle East Cold War", Brookings Doha Center Analysis Paper, Brookings Institution, Number 11, July 2014, https://www.brookings.edu/wp-content/uploads/2016/06/english-pdf-1.pdf。

一、阿拉伯海湾国家的权力转移与集权

正如政治学家塞缪尔·亨廷顿（Samuel Huntington）所描述的，"在每个受变革影响的社会中，都会出现新的群体参与政治……新人、新观点和新社会群体可能会以令人眼花缭乱的速度在体系核心中相互取代。"[1] 在过去十年里，非常稳定的海湾君主国家见证了权力由老一代向年轻一代的转移，具体如下：

表2 海湾阿拉伯国家的权力转移

2013年	2014年	2015年	2020年	2020年
卡塔尔	阿联酋	沙特	科威特	阿曼
埃米尔	王储	国王	埃米尔	苏丹
塔米姆·本·哈马德	穆哈默·本·扎耶德	萨勒曼	纳瓦夫	海塞姆
父子传位	代兄执政	兄终弟及	兄终弟及	堂弟继位

（一）沙特的权力游戏

2015年1月，萨勒曼从同父异母的哥哥阿卜杜拉国王手中继承王位，并在接下来的两年间两次废立王储，标志着沙特政治进入新的时代。[2] 2015年之前，沙特权力继承有既定的惯例，即王位在同代人间传承，此前的继承方式都是兄终弟及。[3] 自20世纪60年代以来的数十年里，沙特家族的年长兄弟们集体主导着沙特政治，直至权力集中于萨勒曼国王和他最喜欢的儿子穆罕默德·本·萨勒曼手中，后者则于2017年6月被任命为王储兼副首相。此时，萨勒曼国王已经通

---

[1] Samuel P. Huntington, *Political Order in Changing Societies*, New Haven/London: Yale University Press, 1968, p. 22.
[2] Steffen Hertog, "A New Saudi State?", LSE Institute for Global Affairs, May 24, 2017, https://blogs.lse.ac.uk/mec/2017/05/24/a-new-saudi-state/.
[3] Alexander Bligh, *From Prince to King: Royal Succession in the House of Saud in the Twentieth Century*, New York: New York University Press, 1984, p. 102.

过政府重组等方式成功地将王室的竞争对手排除在外，同时也摒弃了既定的按资排辈和权力分享规则。①

事实上，自20世纪30年代成立以来，长子继承制并不常用于沙特王国。当前，沙特大多数国家政策都由国王年轻的儿子——沙特阿拉伯事实上的统治者——在咨询少数顾问和国际专家的意见后推动施行。通过他的父亲，穆罕默德·本·萨勒曼提拔了一批对他忠诚的年轻皇室成员，同时还任命了一批技术官僚并授权少数非王室顾问充当其国家计划的拥护者和政策执行者。②从现实来看，沙特阿拉伯的内部问题比外部问题更为紧迫。这种权力集中往往伴随着制度化，沙特王储雄心勃勃的国家经济计划及其对伊朗和也门的强硬态度，标志着新的决策模式开始影响沙特的内政和外交政策的演变。③

（二）阿联酋的国家权力集中

自1971年成立以来，阿联酋的经济发展迅猛，政府向7个酋长国的民众提供了稳定的政治、经济和社会环境。然而，2008年的全球金融危机撼动了迪拜的经济基础，加剧了其债务危机。最终，阿布扎比向阿联酋银行提供了320亿美元的流动性支持，并同意向迪拜融资200亿美元以减轻其债务。④2009年3月，阿联酋中央银行根据200亿美元的债券计划购买了迪拜发行的100亿美元债券。⑤经济

---

① Kristin Smith Diwan, "Saudi Arabia Reassigns Roles within a More Centralized Monarchy", The Arab Gulf States Institute in Washington, January 22, 2019, https://agsiw.org/saudi-arabia-reassigns-roles-within-a-more-centralized-monarchy/.
② Kristin Smith Diwan, "Saudi Arabia Reassigns Roles within a More Centralized Monarchy", The Arab Gulf States Institute in Washington, January 22, 2019, https://agsiw.org/saudi-arabia-reassigns-roles-within-a-more-centralized-monarchy/.
③ Umer Karim, "The Evolution of Saudi Foreign Policy and the Role of Decision-making Processes and Actors", The International Spectator, Vol. 52, No. 2, 2017, pp. 71-88.
④ Reuters, "UAE, Abu Dhabi Roll over $20 Billion of Dubai's Debt", March 16, 2014, https://www.reuters.com/article/us-emirates-dubai-debt-idUSBREA2F0EQ20140316.
⑤ Oxford Analytica, Forbes, "Abu Dhabi May Seek to Centralize", December 2, 2009, https://www.forbes.com/2009/12/01/united-arab-emirates-abu-dhabi-business-dubai-oxford.html?sh=51a6b2974290.

上对阿布扎比的依赖导致迪拜丢失了影响力，并引发了阿联酋内部的权力转移，让阿布扎比能够进一步集中其在联邦军事、外交和安全领域的权力。2011年后，阿布扎比的权力集中逐渐加速，其中阿布扎比王储穆罕默德·本·扎耶德扮演了主要角色。2014年，阿联酋现任总统兼阿布扎比酋长哈利法·阿勒纳哈扬（Khalifa al Nahyan）卒中，仅能象征性担任元首。[①] 此后，阿布扎比王储穆罕默德·本·扎耶德开始负责阿布扎比和阿联酋的事务决策。阿布扎比的权力转移和阿联酋的国家权力集中，也刺激了其他海湾国家在"阿拉伯之春"后奉行更加强势的威权主义和以军事为后盾的地区干涉主义。最终，阿联酋总统哈利法·阿勒纳哈扬于2022年5月13日逝世。随即，他的异母兄弟——事实上的统治者——穆罕默德·本·扎耶德继任阿布扎比酋长兼联邦总统，完成形式上的权力交接。[②]

在过去十年中，国内和地区局势变动促使阿联酋外交政策发生根本性转变，其愈发自信且更仰仗军事和自身实力。[③] 相比之下，自1971年至2004年期间，在阿联酋首任总统扎耶德·本·苏尔坦（Zayed bin Sultan）的领导下，阿联酋的外交政策整体偏向温和跟风。各个小酋长国仍然保留一定的主权权利，例如有限的军事力量、海关控制和国际交流。但是，近年来阿布扎比逐步集中军事权力、扩张军事力量，在也门内战、利比亚内战、卡塔尔危机等地区事务中扮演一定角色，并且积极倡导融合了经济成就、爱国主义等多种因素的新型国家主义。

（三）阿曼和科威特王位顺利传承

统治阿曼近五十年的卡布斯·本·赛义德（Qaboos bin Said）去

[①] The National, "Sheikh Khalifa Undergoes Surgery after Suffering Stroke", January 25, 2014, https://www.thenationalnews.com/uae/government/sheikh-khalifa-undergoes-surgery-after-suffering-stroke-1.686109.

[②] Simon Henderson, "De Facto Becomes De Jure as MbZ Is Named UAE President", Political Analysis, the Washington Insititute for Near East Policy, May 16, 2022, https://www.washingtoninstitute.org/policy-analysis/de-facto-becomes-de-jure-mbz-named-uae-president.

[③] Peter Salisbury, "Risk Perception and Appetite in UAE Foreign and National Security Policy", *Chatham House, Middle East and North Africa Programme*, 2020, p. 9.

世后,该国王位于 2020 年 1 月 10 日平稳交接。作为过去四十多年来在中东和阿拉伯世界任职时间最长的领导人,卡布斯既无子嗣,也没有公开任命的继任者。自 2014 年以来,他至少两次因医疗原因出国,并在一份密封的信封中秘密记录了他选择的继任人,将其提交给王室委员会。① 最终,卡布斯选择了他的堂弟海瑟姆·本·塔里克(Haitham bin Tariq)而非其他潜在的候选人阿萨德(Asad)或希哈布(Shihab)——他们均为军人和海瑟姆的兄弟。这或许表明了卡布斯更希望阿曼在这个动荡的地区继续扮演调解人的角色,而非转向强硬。② 继任之前,海瑟姆曾于 2002 年至 2020 年在卡布斯内阁担任遗产和文化部长。一年后的 2021 年 1 月 10 日,海瑟姆苏丹颁布了继承法令,同时政府发布了一项新的"基本法",规定了阿曼的王位继承。法律强调苏丹的王位"首先传给其长子,然后传给长子的长子,以此类推"。因此,阿曼苏丹的长子齐亚赞·本·海瑟姆(Theyazin bin Haitham)自然成为国家历史上的首任王储。③

与阿曼王国不同,老人政治极大地影响着科威特的权力继承。2020 年 9 月 29 日,受人尊敬的中东地区冲突调解人——科威特埃米尔萨巴赫·艾哈迈德·萨巴赫(Sabah Al-Ahmad Al-Sabah)因长期健康问题在执政 14 年后去世。④ 科威特的新任领导人,83 岁的纳瓦夫·艾哈迈德·萨巴赫(Nawaf Al-Ahmed Al-Sabah)接替了他故去的 91 岁同父异母兄弟萨巴赫。而新王储米沙尔·艾哈迈德·萨巴赫(Meshal Al-Ahmad Al-Sabah)也已经 80 多岁,并被临时要求代行埃米尔的部分

---

① Patrick Wintour, "Oman Readies Baroque Succession Process as Sultan's Health Worsens", the Guardian, December 22, 2019, https://www.theguardian.com/world/2019/dec/22/oman-readies-baroque-succession-process-as-sultans-health-worsens.
② Annelle Sheline, "Oman's Smooth Transition Doesn't Mean Its Neighbors Won't Stir Up Trouble", *Foreign Policy*, January 23, 2020, https://foreignpolicy.com/2020/01/23/omans-smooth-transition-saudi-arabia-uae-mbs-stir-up-trouble/.
③ Al Jazeera, "Oldest Son of Oman's Sultan Becomes Country's First Crown Prince", January 12, 2021, https://www.aljazeera.com/news/2021/1/12/omani-sultans-eldest-son-becomes-first-crown-prince.
④ Corrado Cok, "Kuwait Succession: Keeping the Boat Steady in Troubled Waters", Fair Observer, October 30, 2020, https://www.fairobserver.com.

宪法义务。① 科威特既有王室，也有议会机构国民议会，其政治制度与其他阿拉伯海湾国家不同。② 这导致在新领导人上台之际，科威特正面临历史上最高的预算赤字。自 2020 年底以来，科威特内阁和国民议会之间一直深陷政治僵局。作为一个活跃的立法机构，国民议会可以通过和阻止立法。③ 议会反对一项允许政府借贷的法律，该法律允许科威特政府采取其他海湾国家应对危机的借贷举措。这次否决阻碍了该国制定解决其财政流动性危机的可行方案。然而，在当前的领导层和政治博弈背后，更值得关注的是萨巴赫家族下一代潜在的王位继承人。

二、海湾阿拉伯国家的经济多元化

经济多元化在长期经济增长中发挥着至关重要的作用。在充满活力的经济体中，制造业和服务业往往占据国内生产总值的较大一部分。然而，阿拉伯海湾国家的经济严重依赖资源和预算收入，这也导致其几乎不可能维持长期的经济增长。而在现实中，丰富的自然资源甚至可能会损害宏观经济发展，这种现象被许多经济学家描述为"荷兰病"或资源诅咒。④

（一）经济挑战

对于海湾阿拉伯国家而言，经济多样化问题迫在眉睫。新冠大流

---

① Reuters, "Kuwait's Ruler Hands Some Duties to Crown Prince - Decree", November 15, 2021, https://www.reuters.com/world/middle-east/kuwait-emir-asks-crown-prince-carry-out-some-constitutional-duties-kuna-2021-11-15/.
② Bayly Winder, "Next in Line: Succession and the Kuwaiti Monarchy", Carnegie Endowment for International Peace, August 13, 2020, https://carnegieendowment.org/sada/82471.
③ Courtney Freer, "Kuwait's Political Gridlock is Taking a Toll", *World Politics Review*, April 30, 2021, https://www.worldpoliticsreview.com/articles/29617/political-gridlock-is-damaging-the-kuwaiti-economy.
④ 有关资源诅咒的理论和文献，参见 Jeffrey Frankel, "The Natural Resource Curse: A Survey", Harvard Environmental Economics Program, Harvard Kennedy School, 2010, https://heep.hks.harvard.edu/files/heep/files/dp21_frankel.pdf; Graham A. Davis & John E. Tilton, "The Resource Curse", *Natural Resources Forum*, Vol. 29, No. 3, 2005, pp. 233-242.

行引发的全球经济放缓致使布伦特原油价格从 2020 年初的每桶 64 美元跌至 2020 年 4 月每桶 23 美元的低点。①（见图 1）

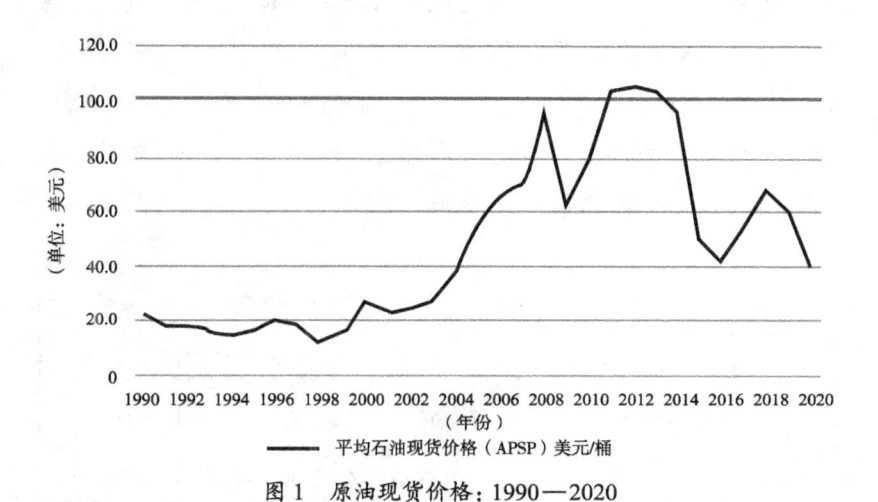

图 1　原油现货价格：1990—2020

（资料来源：International Monetary Fund Data, "Primary Commodity Price System: Spot Crude, US Dollars, Monthly," https://data.imf.org/?sk=471DDDF8-D8A7-499A-81BA-5B332C01F8B9&sId=1547558078595。）

这给海湾阿拉伯君主国的财政平衡带来了巨大压力，预计 2020 年和 2021 年的预算赤字平均为 9.2% 和 5.7%。②考虑人口的快速增长（见表 3），这些国家面临的财政挑战更加不容乐观。许多海湾国家年轻人认为他们很难再达到父辈的收入水平。③

自 2000 年以来，因为油价下跌和人口增长导致海湾阿拉伯国家的 GDP 增长放缓（见图 2），迫使这些国家更加关注其油气资源收入

---

① International Monetary Fund Data, "Primary Commodity Price System: Spot Crude, US Dollars, Monthly," https://data.imf.org/?sk=471DDDF8-D8A7-499A-81BA-5B332C01F8B9&sId=1547558078595.
② International Monetary Fund, "Regional Economic Outlook: Middle East and Central Asia", October 2020, 71, https://www.imf.org/en/Publications/REO/MECA/Issues/2020/10/14/regional-economic-outlook-menap-cca.
③ 访谈当地居民，地点：阿联酋沙迦、沙特利雅得、卡塔尔多哈；时间：2015—2022。

的可持续性。其中巴林和阿曼两国的情况最为紧迫,巴林的石油储量预计将在未来十年内耗尽,阿曼的石油储量将在 25 年内耗尽。① 在此次疫情之前,国际货币基金组织预估,除非海合会国家进行大规模的财政和经济改革,否则它们将在 2034 年之前耗尽其保存的财富。② 而疫情流行和全球石油需求下降可能会进一步缩短这一时间表。2020 年赤字最大的三个国家——科威特、巴林和阿曼——预计将在 2021—2023 年间继续维持赤字规模。③

表3 海湾阿拉伯国家人口:2016—2020

	2016 年	2017 年	2018 年	2019 年	2020 年
海合会总人口	53 446 862	54 929 523	56 003 014	56 905 993	58 664 095
沙特	31 787 580	32 612 641	33 413 660	34 218 169	34 813 867
阿联酋	9 121 167	9 304 277	9 366 829	9 366 829	9 890 400
阿曼	4 414 051	4 559 963	4 601 706	4 617 927	5 106 622
科威特	4 082 704	4 226 920	4 420 110	4 420 110	4 270 563
卡塔尔	2 617 634	2 724 606	2 760 170	2 799 202	2 881 060
巴林	1 423 726	1 501 116	1 503 091	1 483 756	1 701 583

资料来源:The World Bank, "Population of Saudi Arabia, United Arab Emirates, Oman, Kuwait, Qatar and Bahrain", https://data.worldbank.org/indicator/SP.POP.TOTL?locations=QA-SA-OM-AE-KW-BH。

---

① International Monetary Fund, "Economic Diversification in Oil-Exporting Arab Countries", April 29, 2016, 17, https://www.imf.org/en/Publications/Policy-Papers/Issues/2016/12/31/Economic-Diversification-in-Oil-Exporting-Arab-Countries-PP5038#:~:text=The%20non%2Doil%20private%20sector,oil%20and%20gas%20industry%20dwindles.
② Policy Paper, International Monetary Fund, "Economic Diversification in Oil-Exporting Arab Countries", April 29, 2016, 17, https://www.imf.org/en/Publications/Policy-Papers/Issues/2016/12/31/Economic-Diversification-in-Oil-Exporting-Arab-Countries-PP5038#:~:text=The%20non%2Doil%20private%20sector,oil%20and%20gas%20industry%20dwindles.
③ World Bank, *GCC Countries Back on Path to Economic Growth after Contraction Due to the Pandemic*, August 4, 2021, https://www.worldbank.org/en/news/press-release/2021/08/03/gcc-countries-back-on-path-to-economic-growth-after-contraction-due-to-the-pandemic.

近年来，财政赤字和收入下降的双重挑战促使海湾阿拉伯国家推进经济多元化，转向石油和天然气以外的私营部门和数字经济，其中，促进私营部门发展和提倡生产性经济是国家经济多样化的核心。然而，目前为止海湾阿拉伯国家仍过度依赖政府资助项目以及最终由石油和天然气收入支撑的各种消费。

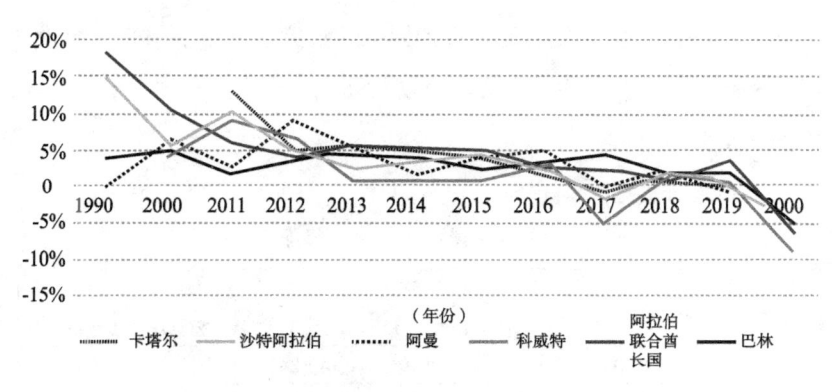

图 2　海湾阿拉伯国家的 GDP 增速：1990—2020

（资料来源：World Development Indicators, https://data.worldbank.org/indicator/
NY. GDP.MKTP.KD.ZG?end=2020&locations=QA-SA-OM-KW-
AE-BH&start=1966&view=chart。）

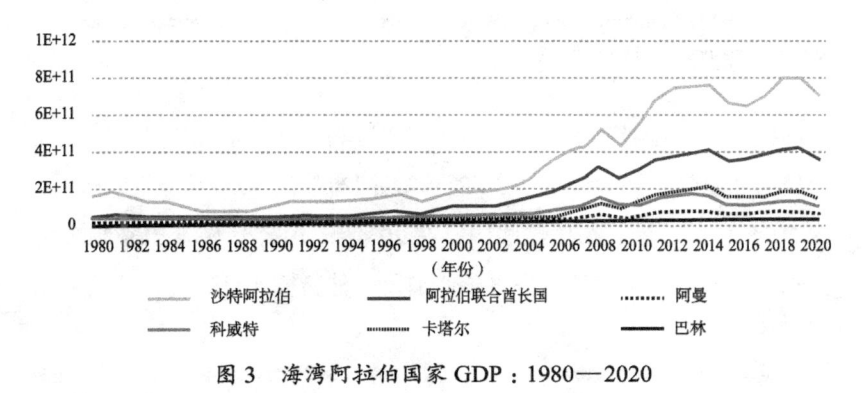

图 3　海湾阿拉伯国家 GDP：1980—2020

（资料来源：World Development Indicators, https://data.worldbank.org/indicator/
NY. GDP.MKTP.CD?end=2020&locations=QA-SA-OM-AE-
KW-BH&start=1965&view=chart。）

（二）国家经济愿景

2014年以来，石油资源丰富的海湾阿拉伯国家遭遇油价长期下跌、人口持续增长压力和财政赤字恶化等问题。从2010年到2014年，平均原油价格约为每桶100美元，而从2015年到2018年初，世界原油价格平均约为每桶50美元，跌幅高达一半。[①] 国际货币基金组织因此警告海湾合作委员会的阿拉伯国家，过度依赖石油将带来金融、经济和政治等多重风险，促进经济增长和就业来源多样化对于这些国家而言至关重要。[②]

表4 海湾阿拉伯国家的人口和经济情况概览

国家	人口	GDP（百万美元）	人均GDP（美元）	债务（百万美元）	债务（%GDP）	赤字（%GDP）
巴林	1 487 000	38 869	26 139	45 047	129.73	-17.86
科威特	4 328 553	105 949	22 684	12 402	11.71	-12.86
阿曼	4 527 000	85 869	18 966	54 031	62.92	-3.24
卡塔尔	2 930 524	179 571	61 276	104 860	58.36	4.39
沙特	35 340 680	833 541	23 586	250 128	30.01	-2.35
阿联酋	9 991 083	358 869	36 285	145 819	34.74	2.14

资料来源：Countryeconomy, https://countryeconomy.com/countries/groups/cooperation-council-arab-states-of-the-gulf。

在这种情况下，海湾阿拉伯国家在过去十年分别发布了一系列发展规划和愿景，如"沙特2030愿景""阿布扎比2030愿景""新科威特2035愿景"等。相比这些国家在20世纪70年代中期以来制定的正式发展规划，目前的经济愿景似乎是一种新模式，通过为公共和私

[①] Daniel Moshashai, Andrew Leber & James Savage, "Saudi Arabia Plans for Its Economic Future: Vision 2030, the National Transformation Plan and Saudi Fiscal Reform", *British Journal of Middle Eastern Studies*, Vol. 47, No. 3, 2020, pp. 381-401.

[②] International Monetary Fund, *Labor Market Reforms to Boost Employment and Productivity in the GCC*, October 5, 2013, https://www.imf.org/external/np/pp/eng/2013/100513.pdf.

营部门制定具体目标和项目来达到整体发展目的。为了将这些计划付诸实践，领导层需要能够反映社会动态和真实情况的可靠信息。然后，国家邀请国际知名咨询机构或公司起草并实施计划。但是，对于当前计划中所涉及的财政改革或者劳动力市场改革等具有广泛经济金融或社会性质的改革，这些计划的实施面临重重挑战。更为重要的是，这些国家的决策者能否切实地接触真实情况和信息尚存在较大争议。而起草这些宏伟国家规划的国际咨询机构或公司，往往是对当地情况和文化知之甚少的外来者，这导致规划的合理性和可执行性大打折扣。

三、海湾阿拉伯国家的新国家主义

伴随着权力集中和经济改革逐步推进，海湾阿拉伯国家（特别是沙特阿拉伯、阿联酋和卡塔尔）正在培育一种新的国家主义，这种国家主义融合了国内政策和外交政策。尽管大多数海湾阿拉伯国家直至1971年才成为独立国家，但这些相对年轻国家的统治精英越来越关注本国认同和相关遗产。① 由于这些阿拉伯海湾国家没有"民族主义"历史，领导人更倾向于利用部落和宗教身份来加强其国内合法性。

与此同时，21世纪的新民族主义和新国家主义以各种形式在世界范围内兴起和传播。而中东地区作为世界上最重要的地区之一，加上其拥有悠久的传统部落主义历史，更加难以摆脱这一潮流的影响。这些资源丰富但难以持久的石油国家的社会契约在未来将面临挑战，因此，他们正在尝试新的方法以面对这一困境，包括试图灌输自力更

---

① Neil Partrick, "Nationalism in the Gulf States", The Center for the Study of Global Governance, Number 5, October 2009, https://core.ac.uk/download/pdf/19578018.pdf.

生的经济理念以减少人们对政府和其他形式的国家福利的期望，同时避免损害执政者的合法性。① 2008 年开始的经济危机凸显了这些国家的政治脆弱性，即这些石油君主国的社会契约建立在国民通过政治顺从换取政府提供的社会稳定和经济收益回报。② 但政府能够提供的经济回报和社会稳定越来越有限。因此，一种根植于爱国主义和国家认同的新国家主义成为统治者重建合法性运动的基础，从"支持我们，因为我们可以为你提供美好的生活"到"支持我们，不是因为我们为你提供福利，而是因为你是这个伟大国家的公民，你爱这个国家，我们是它的领导人"。③ 在这些具有君主政体特质、部落价值观的传统国家中出现的新国家主义，将会在未来数十年产生巨大的社会和政治影响。

（一）国民身份与新国家主义

在过去十年中，海湾阿拉伯国家已采取一系列措施来促进国民身份认同并灌输更强烈的国家归属感，将公民与国家及其领导层紧密联系起来。这标志着上述阿拉伯君主制国家对内政策的转变，而此前这些统治精英将国家动员视为一种政治威胁而非政治资产。④ 政治、经济和地缘政治的紧密结合正在合力推动这些国家的国民认同计划，而塑造这种新兴身份的机制多种多样，包括国庆日、全国对

---

① Calvert Jones, "Social Engineering in Rentier States", in *The Politics of Rentier States in the Gulf*, Project on Middle East Political Science, Washington, DC: Institute for Middle East Studies at the George Washington University, 2019, p. 69.
② Neil Partrick, "Nationalism in the Gulf States", The Center for the Study of Global Governance, No. 5, October, 2009, https://core.ac.uk/download/pdf/19578018.pdf.
③ Calvert Jones, "Social Engineering in Rentier States", in *The Politics of Rentier States in the Gulf*, Project on Middle East Political Science, Washington, DC: Institute for Middle East Studies at the George Washington University, 2019, p. 69.
④ Kristin Smith Diwan, "National Identity and National Projects in the Arab Gulf States", The Arab Gulf States Institute in Washington, June 10, 2016, https://agsiw.org/national-identity-and-national-projects-in-the-arab-gulf-states/.

话和国民服务。① 在过去的二十年里，海湾阿拉伯国家的政府一直在实施自上而下的身份认同项目，以打造同质且可识别的国民身份。这些国家建立了遗产项目、博物馆和档案馆，例如沙特阿拉伯的古城"德拉伊耶门"（Diriyah Gate）项目和阿布扎比的谢赫扎耶德大清真寺。而自2007年以来，卡塔尔政府一直专注于对其国家博物馆进行全面的翻修和扩建，以适应最新的国家叙事。2019年，卡塔尔新国家博物馆向公众开放，在此可以俯瞰老谢赫阿卜杜拉·本·贾西姆·阿勒萨尼（Abdullah bin Jassim Al Thani）的故居。② 恰如政治学家和历史学家本尼迪克特·安德森（Benedict Anderson）所言，"建造博物馆和将'想象'博物馆化都具有深刻的政治意义。"③ 此外，外籍人士和劳工，特别是来自南亚的大量外籍工人，在海湾阿拉伯人口中所占比例很高。针对这一现实，部分海湾国家甚至制定了包容性的国家认同计划以加强国家归属感，建立一种包容所有居民的国民身份，如文化多元和全球融入。④ 各国还广泛地利用社交媒体和网络通信来强化新兴的国家主义。也门冲突和卡塔尔外交危机恰恰反映了这些海湾国家的企图和隆隆作响的国家民族主义情绪。沙特、阿联酋、巴林和卡塔尔都从这些危机中，或多或少增进了本国的新国家主义构建，导致这些"热点"问题强化了整个地区的国家主义和国民认同的复杂性。新国家主义的关键因素在于动员其国民支持国家及其领导人。基于血缘关系的"部落身份"决定了在海湾国家

---

① Kristin Smith Diwan, "National Identity and National Projects in the Arab Gulf States", The Arab Gulf States Institute in Washington, June 10, 2016, https://agsiw.org/national-identity-and-national-projects-in-the-arab-gulf-states/.
② Jocelyn Sage Mitchell & Mariam Ibrahim Al-Hammadi, "Nationalism and Identity in Qatar after 2017: The Narrative of the New National Museum", *Journal of Arabian Studies*, Vol. 10, No. 2, 2020, pp. 256-277.
③ Benedict Anderson, *Imagined Communities*, London: Verso, 2006, p. 178.
④ Kristin Smith Diwan, "National Identity and National Projects in the Arab Gulf States", The Arab Gulf States Institute in Washington, June 10, 2016, https://agsiw.org/national-identity-and-national-projects-in-the-arab-gulf-states/.

如何分配权力和财富,然而,这种传统模式导致了贝都因人或最近定居的人口被相对边缘化。而国民认同长期面临着来自伊斯兰认同、泛阿拉伯主义或地区主义的挑战。因此,权力博弈、人口增长、就业压力、财政挑战、地区竞争以及跨国意识形态和运动等主要因素,共同促使海湾阿拉伯国家推动新国家主义以应对这些风险和挑战。而海湾地区的新国家主义兴起,也深刻反映了社会福利契约的衰落和对公民的需求增加。

(二)强化军事力量

沙特、阿联酋、卡塔尔等国也正在逐步强化军事力量,并以此作为强化统治和国家认同的一种方式。阿联酋、卡塔尔和科威特已开始对男性国民实行征兵制,这些"后食利"国家越来越依赖从军事角度推动他们倡导的国家认同计划,比如国庆庆典和军事阅兵。①

强化自身军事力量在海湾国家的国家形成过程中并非一个陌生元素。军队在沙特阿拉伯的建立中发挥了至关重要的作用,其中沙特家族通过联合瓦哈比派和部落战士(伊赫万)征服了现有的王国领土。但在阿联酋和卡塔尔的国家创建中,军队并未发挥决定性作用,反而是通过外部力量主导和外交谈判驱动。由于传统的社会契约似乎不再能够确保忠诚和凝聚力,军事化提供了一个自上而下的流程以聚焦身份和共同价值观的构建。在此过程中,军事叙事可以提升民众对国家的认同,并将国民凝聚在国家旗帜保卫国家和领导人周围。②

此外,地缘政治的影响——特别是战争和外交危机——也会

---

① Eleonora Ardemagni, "Gulf Monarchies' Militarized Nationalism", Carnegie Endowment for International Peace, February 28, 2019, https://carnegieendowment.org/sada/78472?mkt_tok=eyJpIjoiTkRN...QmdHQW.

② Eleonora Ardemagni, "Gulf Monarchies' Militarized Nationalism", Carnegie Endowment for International Peace, February 28, 2019, https://carnegieendowment.org/sada/78472?mkt_tok=eyJpIjoiTkRN...QmdHQW.

加强国家认同。爱国主义氛围是有形的，国家可以凝聚各个阶层对保卫国家的支持，并鼓励民众展现对军队的支持。[1]沙特对也门冲突的干预使其国家主义和国民认同显得更为紧迫且重要。同时，2017—2021年的海湾外交危机也对卡塔尔的国民认同产生了相同效果。

军队是国家的重要支柱，一些国家领导人可能通过强化军事力量的方式来打造一种基于共同身份认同的爱国情感。2012年至2016年间，卡塔尔的军事采购量增长了282%。2018年，卡塔尔和阿联酋两国的国防开支均占其GDP比重的10%甚至更高。[2]2018年，沙特阿拉伯的军费开支估计为676亿美元，占其GDP的8.8%。这些国家通过增强自身的军事力量，以应对不断涌现的内外部挑战并增强内部凝聚力。[3]

沙特阿拉伯对自身军事力量的重塑在一定程度上反映了王储穆罕默德·本·萨勒曼的权力集中。而阿联酋对自身军事力量的强化则主要由阿布扎比王储推动，以此支持阿联酋作为一个崛起地区大国的长远计划。卡塔尔的军事化更像是一种防御手段，自2017年卡塔尔外交危机以来，它与美国制造商波音公司签署了一项价值120亿美元的采购协议，购买了36架先进的F-15QA战斗机，并于2017年9月与

---

[1] Kristin Smith Diwan, "National Identity and National Projects in the Arab Gulf States", The Arab Gulf States Institute in Washington, June 10, 2016, https://agsiw.org/national-identity-and-national-projects-in-the-arab-gulf-states/; Kristin Smith Diwan, "National Identity and National Projects in the Arab Gulf States", The Arab Gulf States Institute in Washington, June 10, 2016, https://agsiw.org/national-identity-and-national-projects-in-the-arab-gulf-states/.

[2] Eleonora Ardemagni, "Gulf Monarchies' Militarized Nationalism", Carnegie Endowment for International Peace, February 28, 2019, https://carnegieendowment.org/sada/78472?mkt_tok=eyJpIjoiTkRN...QmdHQW.

[3] Pieter Wezeman & Alexandra Kuimova, "Military Spending and Arms Imports by Iran, Saudi Arabia, Qatar and the UAE", SPIRI Fact Sheet, May 2019, https://www.sipri.org/sites/default/files/2019-05/fs_1905_gulf_milex_and_arms_transfers.pdf.

英国签署了一份购买 24 架欧洲台风战斗机的意向书。①

作为强化自身军事力量的重要组成部分，国定假日和国家庆典是渲染军事因素以增强国家认同感的重要契机，部分海湾国家会通过国庆阅兵等军事展示方式实现自己的宣传目的。在海湾外交危机爆发一年后的 2018 年，卡塔尔在当年的国庆庆祝活动中突出了军事展览的部分，其阅兵规模是 2017 年的近三倍。当时，卡塔尔军队高唱爱国歌曲并高呼口号"只要我们用行动证明，卡塔尔就能保持自由"。②

在可预期的未来，政治集权、经济改革、强化国民认同和强化军事力量将持续在海湾阿拉伯国家中扮演重要角色。

四、结语

急剧的社会和经济变化——人口激增、受教育水平和性别平等的提升、新媒体的扩张、社会福利缩减——扩大了海湾国家民众的政治意识、经济需求和社会参与。这些变化破坏了传统政治权威的合法性来源和政治制度，它们让建立兼具合法性和有效性的新社会政治基础和新政治机构变得异常复杂。

海湾地区在"阿拉伯之春"中幸存了下来，但近年来也面临一系列挑战：也门冲突、卡塔尔危机、王位博弈、页岩气革命、大国竞争和年轻一代崛起等等。除了所有上述因素，该地区还呈现出新的国家主义趋势。海湾阿拉伯国家的权力正在从经验丰富的老一代王室成员转移到笃定自信的年轻一代手中，这可能会对这些国家未

---

① Alex Gatopoulos, "How the Gulf Crisis Spurred Qatar to Expand Its Military", Al Jazeera, January 5, 2021, https://www.aljazeera.com/news/2021/1/5/the-dramatic-expansion-of-qatars-military.
② Eleonora Ardemagni, "Gulf Monarchies' Militarized Nationalism", Carnegie Endowment for International Peace, February 28, 2019, https://carnegieendowment.org/sada/78472?mkt_tok=eyJpIjoiTkRN...QmdHQW.

来数十年发展产生深远影响。与此同时，这些国家都在大力推进本国的经济规划，如"阿联酋2021愿景""沙特2030愿景""阿曼2040愿景"等。新的领导层、雄心勃勃的经济计划以及在停滞的全球化下迅速增长的人口，共同孕育了海湾阿拉伯国家的新国家主义。而无论这些变化后续如何演进发展，都标志着海湾阿拉伯国家已经进入深刻的社会、政治和经济的转型期，并对其未来数十年发展产生深远影响。

The Arab Gulf States in Transition: Power Centralization, Economic Transformation and Neo-Nationalism

Wang Tingyi

Abstract: The Arab Gulf States survived through the Arab Spring, but they still have faced a series of challenges in recent years: the Yemen war, the Qatar diplomatic crisis, the game of thrones, the shale gas revolution, the rivalry of great powers and the emergence of a young generation. Along with all these factors, there's a trend of new nationalism springing across this region. The power of Gulf Arab states is transferring from experienced older princes to the hands of a determined young generation, which may shape the future of these states for decades. At the same time, all of these states are launching their national economic projects, such like UAE Vision 2021, Saudi Vision 2030, Oman Vision 2040, etc. The new leadership, ambitious economic projects and rapidly growing population under stalled globalization bred neo-nationalism in the Gulf region. What are the driving forces behind their transition, how do the Gulf states transform, and what are the potential impacts? These are the questions this paper tries to answer.

Keywords: The Arab Gulf States; Transition; Neo-Nationalism

左翼政府与拉美国家的出口实绩*

程文君**

摘要：左右翼执政党是否会对本国出口实绩产生影响？左翼政党是否比右翼政党更倾向保护主义？本文认为，政党的确会对出口实绩产生影响，但与传统观点相反，左翼政府更支持出口，特别是当国内制造业表现不佳时，他们会更倾向于自由贸易立场，而非采取贸易保护主义措施。根据15个拉美及加勒比地区国家从1995年至2019年间的面板数据，本文实证了左翼政党和制造业表现对出口产生的条件效应。此外，本文还通过对贸易类别与贸易伙伴国进行分类，来更准确地评估这种效应在何种贸易类型、哪些贸易伙伴中存在。本文发现，当国内制造业增加值占GDP的百分比较低时，左翼政府反而会采取更多的自由贸易立场。这种影响特别存在于初级产品出口和与除中国以外的贸易伙伴中。

关键词：党派；出口；拉丁美洲；左翼

一、绪论

政治党派会对贸易绩效产生影响吗？虽然学界对国际贸易的政治经济学做了大量研究，但鲜有学者关注党派对贸易的影响。相反，部分研究国内政治的学者认为，由于政党的组成结构具有趋同性，因此

---

* 本文译者为王聪。
** 程文君，复旦大学国际关系与公共事务学院。

影响贸易政策的因素会是产业层面的变量，而非党派。[1]另一种秉持社会联盟的观点认为，是利益集团的游说而非党派本身影响了贸易政策。[2]在国际关系领域，政党的影响也被置于次要地位，他们认为决定贸易绩效的是一国的国际地位。例如，霸权稳定论（Hegemonic Stability Theory）认为，霸权国对小国有着绝对的贸易优势[3]；又如，依附论（Dependency School）认为，居于中心地位的国家对处于边缘和半边缘地位的国家存在贸易优势。[4]根据以上这些传统理论，贸易绩效的差异应该存在于国与国之间，而非国家内部。事实上，由于国际贸易具有可预测的分配效应，政治家们很可能为了赢得选民的支持而关注某些贸易政策。若如此，政党可能会大力发展某项能够体现其选民利益的贸易政策。通过研究贸易中的受益者和受损者，我们可以了解在全球化的当下，贸易如何造成收入分配上的冲突及其政治后果。

根据斯托尔珀-萨缪尔森贸易模型（The Stolper-Samuelson Theorem）的分配效应，各党派内部在贸易问题上应该会保持统一，各党派之间则会根据阶级属性的不同有着各自的贸易立场。但现实情况更为复杂，无论个人、公司还是国家参与国际贸易时，都会从专业化的分工和高效的资源配置中获益或受损。研究国际贸易带来的结果需阐明其特定的时间和空间。例如，在20世纪60年代的拉丁美洲，以民粹主义为特征的左翼政府曾与城市工人关系密切，后者要求政府征收进口税以保护国内产业。然而，自20世纪90年代中期新自由主义改革以来，拉美国家的右翼政府坚持自由开放的市场导向。因此，基于

---

[1] Michael Hiscox, *International Trade and Political Conflict: Commerce, Coalitions and Mobility*, NJ: Princeton University Press, 2002.
[2] Gene Grossman & Elhanan Helpman, "Protection for Sale", *American Economic Review*, Vol. 84, No. 4, 1994, pp. 833-850.
[3] Stephen Krasner, "State Power and the Structure of International Trade", *World Politics*, Vol. 28, No. 3, 1976, pp. 317-347.
[4] Raúl Prebisch, *El Desarrollo Económico de América Latina y Algunos de Sus Principales Problemas*, Santiago de Chile: CEPAL, 1949.

贸易问题的阶级冲突并非存在于真空之中，而是存在于"内嵌自由主义"（Embedded Liberalism）内，并将在政府主导的环境内持续一段时间。正如卡尔·波兰尼（Karl Polanyi）在解释"双向运动"（Double Movement）时所说，经济总是被嵌入社会内部，随着自由放任经济的发展，寻求社会保护的需求也相伴而生。[1]但我们尚不清楚，党派因素在其中究竟如何发挥作用。有关财政和货币政策的研究表明，政党的分化表现为左翼政党倾向于增加政府开支和引导产业政策，右翼政党则青睐降低政府开支、平衡预算和降低通货膨胀的政策。[2]那么，这种分化是否同样会对贸易政策产生影响？

此外，倘若忽略了全球生产模式的发展趋势，也无法充分理解国际贸易带来的分配效应。鲍德温（Richard Baldwin）曾预言，新的一轮全球化进程会将贸易的重心从成品贸易转移至生产阶段的零部件加工贸易。[3]这就需要研究者关注到供应链问题。克鲁格曼（Paul Krugman）也发现，虽然国家间的要素价格差异是影响贸易发展的因素之一，但许多贸易是发生在要素价格相似的国家之间的。他发现，影响国际贸易的根本原因，不是国家之间的差异，不是机会成本，也不是要素的可得性，而是规模收益（return to scale）的持续增长。

很少有跨国研究关注发展中国家的党派与贸易之间的关系，已有的文献多以美国和西欧发达国家的经验作为案例。西蒙斯（Beth Simmons）指出，在两次世界大战期间，部分国家的关税变化受到党派立场的强烈影响，议会中的左翼政党支持削减关税壁垒。[4]罗戈夫斯基

---

[1] Karl Polanyi, *The Great Transformation: The Political and Economic Origins of Our Time*, Boston: Beacon Press, 2001 [1957].
[2] Carles Boix, "Political Parties and the Supply Side of the Economy", *American Journal of Political Science*, Vol. 41, No. 3, 1997, pp.814-845; Geoffrey Garrett, *Partisan Politics in the Global Economy*, New York: Cambridge University Press, 1998.
[3] Richard Baldwin & Rikard Forslid, "The Development and Future of Factory Asia", in Benno Ferrarini & David Hummels (eds.), *Asia and Global Production Networks—Implications for Trade, Incomes and Economic Vulnerability*, Cheltenham: Edward Elgar, 2014.
[4] Beth Simmons, *Who Adjusts?*, Princeton, NJ: Princeton University Press, 1994.

（Ronald Rogowski）在党派与生产要素之间曾构建起松散的关联性。①他利用斯托尔珀-萨缪尔森模型做出预测：如果一个国家的土地和资本充裕，而劳动力稀缺，那么左右两翼政党就会出现政策分歧，左翼支持保护主义，而右翼支持自由贸易。考虑到贸易的分配效应和全球生产趋势的变化，发展中国家的党派与贸易实绩的关系在新时空背景下是怎样的？

本文通过分析1995年至2019年间15个拉丁美洲国家的面板数据（panel data），发现了党派的影响，但影响的作用机制与传统观点的预测相反。我们发现，在新自由主义（Neoliberalism）式微后，拉美国家的左翼政府也都采取了有利于出口的政策。在其他变量不变的情况下，党派对出口具有重要影响，这种影响还取决于国内制造业的表现。与进口替代工业化时期的理念不同，当国内制造业增加值占国内生产总值比重较低时，左翼政府反而更倾向于出口，而非建立贸易壁垒来保护国内制造业的发展。在此基础上，我们还将这15个拉美国家的贸易类别和贸易伙伴予以细分，来检验上述条件效果是否同样适用，从而更加准确地评估党派对出口绩效的影响以及这种影响的作用机制。

本文安排如下：第二节将探讨拉丁美洲左翼政党所持贸易立场的形成背景，同时在梳理已有贸易理论的基础上建立起研究假设；第三节详细介绍各类变量；第四节阐述统计结果；第五节将把阿根廷总统克里斯蒂娜·基什内尔（Cristina Kirchner）两届任期中的贸易政策作为案例研究；第六节给出结论和讨论。

二、研究背景与假设

自20世纪80年代末和90年代初以来，几乎所有的拉美国家都

---

① Ronald Rogoswski, *Commerce and Coalitions: How Trade Affects Domestic Political Alignments*, Princeton, NJ: Princeton University Press, 1989.

放弃了进口替代工业化,开展了新自由主义改革。各国向市场导向的转变似乎与拉美地区很多右翼政党的意识形态相一致。1958年至1964年间,智利总统豪尔赫·亚历山德里(Jorge Alessandri)领导的保守党代表了战后众多拉美右翼政党的立场,即更倾向于市场手段而非国家干预。普遍认为,右翼政党取得了新自由主义改革中的核心领导地位,从而进一步加大了拉美国家的市场改革。① 韦泽霍迈尔(Nina Wiesehomeier)和伯努瓦(Kenneth Benoit)曾邀请专家评估了18个拉美国家不同政党和政党领袖的政策立场。② 专家们为各政党和总统打分,赋分范围为1—20分,在经济议题上的赋分越高,表明该政党和政党领袖对市场的支持程度越高。调查结果显示,18个国家的右翼政党及其领袖对自由贸易和全球化的支持度均在10分以上。

然而,新世纪以来拉美国家又经历了"粉红浪潮"、集体"向左转",左翼领袖纷纷上台。理查森(Neal Richardson)发现,一种新兴的民粹主义能够将"为城市工人提供福利"和"促进出口"结合起来。③ 对这类新兴民粹主义来说,其核心要义在于坚持用大宗商品出口取代限制出口政策。他以阿根廷为例,认为基什内尔执政联盟通过压低汇率出口初级产品,同时征收出口税对国内工资商品给予补贴。同样在委内瑞拉,人们普遍认为,总统乌戈·查韦斯(Hugo Chávez)利用石油出口为其政治事业提供资金。④ 这与研究资源诅咒的学者的观点类似,即认为自然资源的先天优势会对政策产生影响。大部分收入源于自然资源的国家倾向于推行中央集权政策,因

---

① Kevin Middlebrook (ed.), *Conservative Parties, the Right, and Democracy in Latin America, Baltimore*, Baltimore: Johns Hopkins University Press, 2000.
② Nina Wiesehomeier & Kenneth Benoit, "Presidents, Parties, and Policy Competition", *Journal of Politics*, Vol. 71, No. 4, 2009, pp. 1435-1447.
③ Neal Richardson, "Export-Oriented Populism: Commodities and Coalitions in Argentina", *Studies in Comparative International Development*, Vol. 44, No. 3, 2009, p.228.
④ Michael Shifter, "In Search of Hugo Chávez", *Foreign Affairs*, Vol. 85, No. 3, 2006, pp. 45-49.

为资源出口带来的丰厚收益可以为政治领导人实施政策提供灵活的财政空间。①

观察贸易对象与贸易种类同等重要。根据联合国贸易和发展会议（UNCTAD）的数据，来看一下10个主要拉丁美洲国家的总体出口情况。不难发现，拉美国家的制造业出口只占全世界制成品出口总额的极小一部分，甚至占比还缩小了——从2000年的4.6%到2018年的3.89%。与此同时，初级产品出口占全世界初级产品出口的比重虽然有所减少，但仍占世界初级产品出口总额的10.03%。有趣的是，仔细观察这十个国家的出口额占中国进口额的百分比，会发现拉美国家出口的初级产品和制成品在中国的总进口中所占份额均大幅增长。从2000到2018年，拉美国家的初级产品和制成品出口在中国总进口中所占比分别从5.83%和1.44%上升到14.38%和8.12%。

表1 解释变量汇总

	标准正态分布	平均值	标准偏差	最小值	最大值
左翼党派虚拟变量	368	0.522	0.500	0	1
制造业增加值占GDP（%）	370	15.187	2.795	9.550	22.487
人均GDP（对数）	370	8.565	0.718	7.006	9.623
汇率	368	3.180	2.759	-1.733	9.375
政体Ⅳ	360	7.378	5.512	-88	10
通胀率	354	1.873	0.916	-2.216	4.749
外国直接投资占GDP（%）	369	3.570	2.481	-2.450	12.197
大宗商品价格指数	360	5.781	19.572	-36.232	36.697

---

① Kurt Weyland, "The Rise of Latin America's Two Lefts: Insights from the Rentier State Theory", *Comparative Politics*, Vol. 41, No. 2, 2009, pp. 145-164; Manuel Hidalgo, "Hugo Chávez's Petro-Socialism", *Journal of Democracy*, Vol. 20, No. 2, 2009, pp. 78-92.

表2 数据来源

变量名	描述	来源
因变量		
出口	某一国家在某一年的出口,可以按合作伙伴和类别进行分类	联合国贸易和发展会议数据
自变量		
左翼党派虚拟变量	虚拟变量,左翼政府领导人标记为1,其他为0	世界银行政治体制数据库
制造业增加值	制造业增加值占GDP的百分比	世界银行
控制变量		
人均GDP(对数)	人均GDP取对数(常数:2010美元)	世界银行
通胀率	通胀指数	世界银行
汇率	汇率	世界银行
政体Ⅳ	民主程度的值域:-10—10	政体Ⅳ
外国直接投资	外国直接投资占GDP百分比	世界银行
大宗商品价格指数	大宗商品价格指数(2015=100)	联合国贸易和发展会议数据

通过进一步观察10个拉丁美洲国家在2000年至2018年间向多个目的地的出口增长情况,发现在初级产品和制成品出口方面,大多数拉美国家对中国的出口增长率均高于其与发达国家以及其他发展中国家的出口增长率。这充分说明了新世纪以来中拉在贸易上日益联系紧密的现实。

随着全球化进一步加深,全球生产网络的兴起和全球贸易的欣欣向荣,加之20世纪80年代后期以来,大多数适应进口替代工业化的公司倒闭,拉丁美洲国内市场进一步受到出口导向浪潮的影响。① 以

---

① Victoria Murillo, "From Populism to Neoliberalism: Labour Unions and Market Reforms in Latin America", *World Politics*, Vol. 52, No. 2, 2000, pp. 135-168; Erik Wibbels & Moisés Arce, "Globalization, Taxation, and Burden-Shifting in Latin America", *International Organization*, Vol. 57, No. 1, 2003, pp. 111-136.

表3 出口年均增长率（2000—2018年）

（单位：%）

	初级产品			制成品			劳动密集型和资源密集型制造业		
	发达国家	发展中国家（不含中国）	中国	发达国家	发展中国家（不含中国）	中国	发达国家	发展中国家（不含中国）	中国
阿根廷	3.20	5.27	11.24	0.70	1.52	-0.75	-5.05	1.02	2.48
玻利维亚	10.67	12.92	28.77	8.65	3.02	31.85	-1.56	0.94	24.91
巴西	5.30	15.88	27.89	3.91	5.85	19.06	0.29	4.35	18.01
智利	5.49	6.54	19.54	4.77	5.08	19.16	5.56	6.24	11.52
哥伦比亚	4.11	15.81	32.82	1.12	2.33	22.37	-1.05	2.06	10.44
哥斯达黎加	4.02	9.50	7.14	3.78	6.92	3.65	-9.22	6.51	3.40
厄瓜多尔	7.94	8.61	15.21	10.62	7.27	30.65	5.95	5.60	29.23
墨西哥	3.54	7.90	35.22	4.03	5.79	25.56	0.58	2.85	18.35
秘鲁	9.04	7.68	12.24	2.20	7.79	30.15	3.25	9.22	20.01
委内瑞拉	-2.21	1.06	35.04	-7.85	-0.51	17.18	-16.30	1.81	19.90

资料来源：联合国贸易和发展会议（UNCTAD）数据。

出口为导向的企业成功地游说政界人士，后者反过来为更广泛的、以市场为导向的贸易改革提供支持，[1] 由此引出本文的第一个假设：

假设一：在其他条件相同的情况下，在新自由主义和后新自由主义时期，左翼政府领导下的拉丁美洲国家出口更多产品，特别是初级产品。

虽然多数拉丁美洲国家的进口替代工业化因债务危机而结束，但进口替代工业化仍遗留了重要的社会与政治影响。进口替代工业化同

---

[1] Karen Remmer, "The Politics of Neoliberal Economic Reform in South America", *Studies in Comparative International Development*, Vol. 33, No. 2, 1998, pp. 3-29.

时也是一项目标明确的政治项目,依托于城市实业家[①]、有组织的产业工人和城市中产阶级结成的政治联盟,其政治遗产不容小觑。进口替代工业化的政治交易通常以牺牲农业部门为代价。[②]许多学者注意到,拉美各国国内制造业利益和劳工组织的实力仍存在关联。由此预计,在进口替代工业化影响力尚存最多的地方,国内制造业领域将出现一个更大的保护主义联盟。

另一组相关文献涉及出口的"资源诅咒论"(resource curse),自此引出的出口与工业发展的观点一直被广泛讨论。一方面,如果一国的石油、矿产品和农产品丰富,会让国家陷入资源陷阱从而阻碍国内工业的发展[③],由此推测出一个反向效应——工业化程度越深的国家越不依赖初级产品出口。另一方面,这种说法似乎值得深究,因为大宗商品贸易增长也可能有助于国内经济发展,并在某种程度上改善国内工业生产。本文尝试验证此观点,看它能否用于论证国家出口绩效与党派的关系。大多数拉丁美洲国家都是发展中国家,它们的经济规模往往比主要工业化国家小,更可能专门从事基础商品的出口。因此,对其进口商品和出口商品来说,它们可以被视为"价格接受者"。也就是说,这些国家贸易商品的价格通常由世界市场决定。在此基础上,引出第二个假设。

假设二:在所有其他条件相同的情况下,当国内制造业表现不佳时,左翼政府会出口更多的初级产品。在制造业增加值占国内生产总值的百分比更高时,国内对制造业的保护更强。

为了模拟贸易的分配效应,国际政治经济学的研究通常依赖两个传统的贸易模型,这两大模型预测了明确的冲突。斯托尔珀-萨缪尔

---

① Marcus Kurtz & Sarah Brooks, "Embedding Neoliberal Reform in Latin America", *World Politics*, Vol. 60, No. 2, 2008, pp. 231-280.
② Jeffry Frieden, *Debt, Development, and Democracy: Modern Political Economy and Latin America*, Princeton: Princeton University Press, 1991.
③ Jeffrey Sachs & Andrew Warner, "The Curse of Natural Resources", *European Economic Review*, Vol. 45, No. 4-6, 2001, pp. 827-838.

森模型根据生产要素的稀缺程度及其所有者的阶级路线展开推论，预测左右翼之间存在分歧，左翼主张保护主义，右翼赞成自由贸易。[①] 李嘉图-维纳（Ricardo-Viner）的部门模型沿着可交易和不可交易行业的部门路线进行推导，[②] 认为左右两翼政党对待全球贸易的态度与部门的生产水平相关，出口绩效取决于国内产业分工。本文的推论综合了以上两种模型，认为不仅党派会给出口绩效带来影响，而且国内制造业的表现也与出口绩效存在关联。

三、分析框架

本文的核心实证命题如下：自"粉红浪潮"以来，拉丁美洲左翼政府一反进口替代工业化时期的做法，采取了更多符合自由贸易立场的措施，对外出口大量初级产品，在国内制造业表现不佳时，甚至出口更多，而非建立贸易保护。本文将对1995年至2019年间15个拉美国家[③]的跨国数据进行分析，并在此基础上划分贸易类别与贸易伙伴，进一步判断能否支持本文的预测。本文将贸易伙伴分为发达国家、除中国以外的发展中国家、中国这三类。

在开展正式的研究前，有三个方面的假定需要澄清。第一，本文不探讨政党是否能够准确反映其选民的利益。本文假设在民主环境中，政党为了选举，能够体现选民的利益倾向。第二，将不同工业化程度下的分配效应做同一假定，不打开是否工业发展阶段不同会影响贸易带来的分配效应这一盲盒，因为拉美国家并没有在这一段时间内

---

① Ronald Rogoswski, *Commerce and Coalitions: How Trade Affects Domestic Political Alignments*, Princeton, NJ: Princeton University Press, 1989.
② Jeffry Frieden & Ronald Rogowski, "The Impact of the International Economy on National Policies: An Analytical Overview", in Robert Keohane & Helen Milner (eds.), *Internationalization and Domestic Politic*, Cambridge: Cambridge University Press, 1996, pp. 25-47.
③ 这15个国家分别为阿根廷、玻利维亚、巴西、智利、哥伦比亚、哥斯达黎加、厄瓜多尔、萨尔瓦多、洪都拉斯、墨西哥、尼加拉瓜、巴拉圭、秘鲁、乌拉圭和委内瑞拉。

有工业化水平本质上的飞跃，大多数拉美国家都处于去工业化的趋势中。第三，之前提出了因果机制，该机制通过选举将贸易的分配效应同政策的供给结合起来。但是，本文尚未对此因果机制做出深入阐述（见图1）。在本文中，我们将侧重于测试结果的相关性，即党派性和出口绩效，以及国内制造业水平的条件效应。

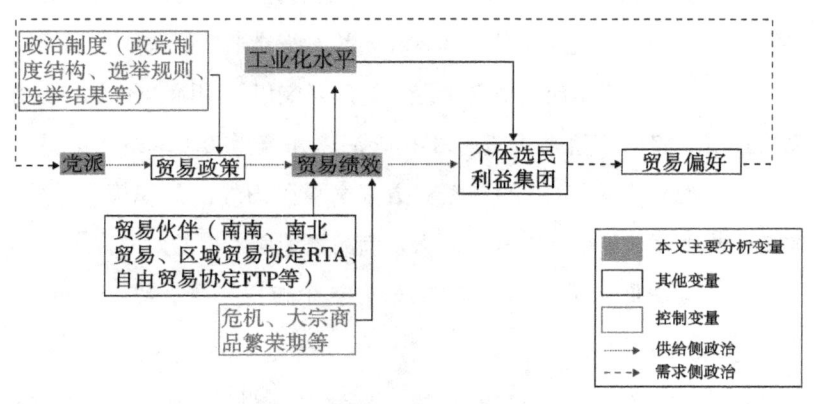

图1　分析框架图

本文分析的因变量是"出口"，即根据《国际贸易标准分类（第三次修订版）》的商品分类计算得出的商品贸易额，使用"千美元"作为计数单位。数据来源为《联合国商品贸易统计数据库》（UN COMTRADE），此数据库提供了分类统计贸易伙伴与贸易产品的原始贸易数据，因此我们有拉美国家出口至发达国家、除中国以外的发展中国家以及中国的贸易总额及分类别的出口额。拉美国家是主要的初级产品出口国，因此本文重点关注了他们的初级产品出口。在研究制成品出口类型时，本文重点关注了低附加值的劳动、资源密集型制成品（labor-intensive and resource-intensive manufactures）和工业制成品（manufactured goods）。

本文分析的主要自变量是党派。通过使用一个虚拟变量（dummy variables）来检验关于党派性的假设，该变量将左翼政府执政领导赋值为 1，将其他赋值为 0。此变量的数据来源为《世界银行数据》（World Bank Data）中的《政治体制数据库》（Database of Political Institutions）；再使用某一年制造业增加值占国内生产总值的百分比（世界银行数据）来表示国内工业化的绩效。

本文对可能影响贸易的政治和经济变量采取了一系列控制措施。其他一些研究认为国家政体类型对出口有着重要影响，越民主的国家出口越多。本文使用政体Ⅳ（Polity Ⅳ）评分来控制政体类型的影响。为了解全球资本流动对各个经济体的影响以及国际、国内市场约束的强度，将外商直接投资（FDI）、汇率和通货膨胀率纳入考量范围。本文使用人均 GDP 的自然对数来衡量国内经济的规模。最后，本文还使用商品价格指数来控制大宗商品繁荣期带来的效应。

本文运用面板数据（该数据横跨 15 个拉美国家，纵跨 1995—2019 年）展开评估：

$$出口_{it} = \beta_0 + \beta_1 党派_{it} + \beta_2 制造业绩效_{it} + \beta_3 党派_{it} * 制造业绩效_{it} + \gamma X_{it} + \varepsilon_{it}$$

在上述模型中，"出口"即 i 国在 t 年的出口额；"β_1"表示 i 国在 t 年的党派效应；"β_2"表示 i 国在 t 年的制造业绩效；向量（X_{it}）控制了国家和年份的固定效应。此外，还需要进一步的稳健性检验（robust check）。

四、结果与讨论

表 4 是本文的分析结果。模型 1、2 考察了党派和制造业绩效对 15 个拉美国家初级产品出口的影响。模型 3、4 和模型 5、6 将因变量改为劳动、资源密集型制造业以及工业制成品。通过观察模型 1 和模型 2 发现，政党变量在 $p<0.01$ 的可信度上有显著的统计学影响，而且是正向作用。制造业绩效同样会产生正向作用。这一发现为假设 1 提供了支持。此外，两个主要自变量之间的交互作用支持了假设 2，

表4

解释变量	初级产品		劳动密集型和资源密集型制造业		制成品总数	
	模型1	模型2	模型3	模型4	模型5	模型6
左翼党派（虚拟变量）	0.787***	0.663***	0.195	-0.009	0.550***	0.305*
	（4.66）	（3.79）	（0.74）	（0.03）	（3.14）	（1.77）
制造业增加值	0.045***	0.056***	0.067***	0.092***	0.054***	0.056***
	（4.25）	（5.13）	（4.10）	（5.70）	（5.01）	（5.26）
左翼党派*制造业增加值	-0.052***	-0.047***	-0.014	-0.002	-0.038***	-0.022**
	（-4.83）	（-4.20）	（-0.80）	（-0.10）	（-3.38）	（-1.99）
人均GDP（对数）		1.116***		1.393***		1.320***
		（5.54）		（4.65）		（6.63）
通胀率		0		0.004		0.002
		（-0.01）		（1.59）		（0.99）
政体Ⅳ		0.004		0.004		0
		（1.51）		（1.15）		（0.09）
汇率		0		-0.117***		-0.042***
		（-0.00）		（-5.45）		（-2.92）
外国直接投资		-0.032***		0.004		0.016**
		（-4.58）		（0.40）		（2.34）
大宗商品价格		0.147***		0.054**		0.117***
		（8.98）		（2.22）		（7.20）
常数	14.394***	3.747**	12.226***	0.068	13.362***	1.421
	（78.21）	（2.29）	（42.53）	（0.03）	（70.14）	（0.88）
控制年份	是	是	是	是	是	是
观察值	363	330	363	330	363	330
r2	0.884	0.901	0.391	0.498	0.812	0.842
r2_a	0.87	0.89	0.31	0.42	0.79	0.82

注：*、** 和 *** 分别表示10%、5%和1%的显著水平。

即党派和国内制造业绩效均受到对方值的影响。虽然很难通过回归系数解释这种互动关系的程度，但可以说，当国内制造业发展较好时，党派的最初积极影响便会减弱；当国内制造业发展不好时，党派的最初积极影响反而会加强。模型 3—6 表明，这种条件效应同样存在于制成品出口中，但并不存在于劳动密集型和资源密集型制造业出口中。

表 5 列出了模型 7—12 的结果。模型 7—12 是按照贸易伙伴（即发达国家、不包括中国的发展中国家和中国）对出口进行了分类。有趣的是，通过模型 7、8、9、10 发现，发达国家和不包括中国的发展中国家存在同样的效应，但与向中国出口产品没有明显的关联。这表明，由左翼政府执政的拉美国家向发达国家出口更多的初级产品，但是否左翼执政并不影响对中国的出口。上述结果与之前的描述性数据相吻合，即新世纪以来拉美国家向中国的初级产品出口和制成品出口在中国总进口中的比重均有相当大的增长。

表 5

解释变量	出口至发达国家的初级产品		出口至发展中国家（不含中国）的初级产品		出口至中国的初级产品	
	模型 7	模型 8	模型 9	模型 10	模型 11	模型 12
左翼党派（虚拟变量）	0.772***	0.602***	0.556***	0.472**	0.323	0.481
	(3.92)	(2.83)	(2.96)	(2.35)	(0.44)	(0.66)
制造业增加值	0.051***	0.055***	0.031***	0.042***	0.008	0.007
	(4.18)	(4.17)	(2.68)	(3.37)	(0.18)	(0.16)
左翼党派*制造业增加值	-0.049***	-0.040***	-0.039***	-0.035***	-0.014	-0.031
	(-3.92)	(-2.95)	(-3.26)	(-2.77)	(-0.30)	(-0.66)
人均 GDP（对数）		0.859***		0.956***		-0.94
		(3.50)		(4.12)		(-1.12)

续表

通胀率		-0.002		-0.002		-0.023***
		（-0.89）		（-0.92）		（-3.28）
政体Ⅳ		0.005*		0.001		-0.008
		（1.69）		（0.30）		（-0.81）
汇率		-0.014		-0.015		0.154**
		（-0.82）		（-0.87）		（2.53）
外国直接投资		-0.020**		-0.033***		-0.054*
		（-2.41）		（-4.13）		（-1.86）
大宗商品价格		0.111***		0.169***		0.570***
		（5.56）		（8.94）		（8.35）
常数	13.739***	5.661***	13.251***	4.020**	9.509***	12.750*
	（63.98）	（2.85）	（64.87）	（2.14）	（11.78）	（1.87）
控制年份	是	是	是	是	是	是
观察值	363	330	363	330	361	329
r2	0.794	0.813	0.889	0.893	0.747	0.785
r2_a	0.77	0.78	0.87	0.88	0.71	0.75

注：*、** 和 *** 分别表示 10%、5% 和 1% 的显著水平。

表6显示，左翼党派对劳动、资源密集型制造业向发展中国家（不包括中国）的出口存在积极影响，但对发达国家和中国的影响并不显著，这可能涉及南南贸易和南北贸易中的产品生产网络。尽管如此，本文发现的是一种相关关系而非因果关系。以左翼政党因素对向中国的出口呈不显著相关为例，可以给出两种可能性解释。一是无论哪个党派都会向中国出口产品；二是中国欢迎拉美国家的出口，而不考虑拉美国家的政党执政情况。这两种解释都说明了，中拉经济关系的相互依存性超越了国内党派政治。在表4中发现，党派变量对15个拉美国家制成品出口的影响并不显著。这与研究新时期以出口为导向的民粹主义文献所持观点一致，即左翼政府热衷于出售初级产品，以及基于资源的资源密集型产品。

在控制变量方面，人均GDP与出口之间存在显著的正向关联，

表6

解释变量	出口至发达国家的劳动、资源密集型制造业		出口至发展中国家（不含中国）的劳动、资源密集型制造业		出口至中国的劳动、资源密集型制造业	
	模型13	模型14	模型15	模型16	模型17	模型18
左翼党派（虚拟变量）	-0.048	-0.205	0.556***	0.472**	-0.028	0.127
	(-0.15)	(-0.63)	(2.96)	(2.35)	(-0.04)	(0.16)
制造业增加值	0.078***	0.108***	0.031***	0.042***	0.05	0.06
	(3.82)	(5.33)	(2.68)	(3.37)	(1.05)	(1.18)
左翼党派*制造业增加值	0.001	0.01	-0.039***	-0.035***	-0.001	-0.01
	(0.07)	(0.48)	(-3.26)	(-2.77)	(-0.02)	(-0.19)
人均GDP（对数）		1.233***		0.956***		-2.407**
		(3.27)		(4.12)		(-2.54)
通胀率		0.002		-0.002		-0.004
		(0.63)		(-0.92)		(-0.51)
政体Ⅳ		0.004		0.001		-0.008
		(0.83)		(0.30)		(-0.71)
汇率		-0.136***		-0.015		-0.147*
		(-5.04)		(-0.87)		(-1.91)
外国直接投资		0.009		-0.033***		0
		(0.68)		(-4.13)		(0.00)
大宗商品价格		0.022		0.169***		0.656***
		(0.73)		(8.94)		(8.29)
常数	11.467***	0.924	13.251***	4.020**	4.681***	20.232***
	(32.13)	(0.30)	(64.87)	(2.14)	(5.58)	(2.64)
控制年份	是	是	是	是	是	是
观察值	363	330	363	330	354	325
r2	0.177	0.291	0.889	0.898	0.628	0.628
r2_a	0.07	0.18	0.87	0.88	0.58	0.57

注：*、** 和 *** 分别表示10%、5%和1%的显著水平。

表7

解释变量	出口至发达国家的制成品		出口至发展中国家（不含中国）的制成品		出口至中国的制成品	
	模型19	模型20	模型21	模型22	模型23	模型24
左翼党派（虚拟变量）	0.347	0.276	0.374*	0.112	-0.042	0.123
	（1.62）	（1.23）	（1.92）	（0.58）	（-0.05）	（0.15）
制造业增加值	0.033**	0.036**	0.054***	0.058***	-0.066	-0.013
	（2.48）	（2.56）	（4.50）	（4.84）	（-1.20）	（-0.26）
左翼党派*制造业增加值	-0.026*	-0.021	-0.026**	-0.009	0.018	0.006
	（-1.93）	（-1.46）	（-2.06）	（-0.77）	（0.31）	（0.11）
人均GDP（对数）		0.593**		1.326***		-1.174
		（2.29）		（5.95）		（-1.25）
通胀率		0.002		0.001		-0.017**
		（0.93）		（0.34）		（-2.11）
政体Ⅳ		0.001		0.001		-0.007
		（0.40）		（0.54）		（-0.65）
汇率		-0.019		-0.048***		-0.298***
		（-1.01）		（-3.00）		（-4.42）
外国直接投资		0.023**		0.007		0.042
		（2.55）		（0.96）		（1.29）
大宗商品价格		0.111***		0.138***		0.611***
		（5.27）		（7.61）		（7.98）
常数	12.995***	7.062***	12.400***	0.298	7.711***	13.195*
	（55.70）	（3.36）	（58.62）	（0.17）	（8.01）	（1.73）
控制年份	是	是	是	是	是	是
观察值	363	330	363	330	363	330
r2	0.613	0.631	0.84	0.871	0.649	0.72
r2_a	0.56	0.58	0.82	0.85	0.6	0.68

注：*、** 和 *** 分别表示10%、5%和1%的显著水平。

这表明单个经济体的规模在自由贸易中的重要性。政体Ⅳ未产生影响，表明民主制度对自由贸易立场的影响微乎其微。汇率对贸易产生负面作用，证实了货币贬值可以促进出口。特别值得注意的是，外国直接投资对劳动密集型和资源密集型制造商的出口存在积极影响，表明对拉美国家的外国直接投资与特定产业价值链中的产业间贸易存在某种关联。在大多数情况下，通货膨胀对贸易有积极影响，这不足为奇，因为该指标与反映国内经济活动的制造业增加值有关。此外，在控制了大宗商品价格指数后，仍不影响党派变量对出口的显著影响。

五、案例研究

贸易政策发挥着重要作用，拉美国家如何利用大宗商品繁荣期的红利？根据全球贸易预警（Global Trade Alert，简称 GTA）组织的数据，本文汇总了 2008 年至 2018 年间 10 个主要拉美国家的 2664 项贸易干预措施。全球贸易预警数据库包含各种形式的政府行为，上至国家立法，下至合同条款。该团队记录的每一项政府公告，也就是本文所汇总的每一个观察值均包括至少一个新出台的政府承诺，该承诺会改变国内或国外的市场条件。例如，当某政府宣告向钢铁生产商提供新的出口补贴时，此公告便会被记录为采取单项干预措施的一次国家行为。

GTA 数据库条目提供如下信息：政策的变化方向（转向更为保守或转向自由化政策）、具体的政策工具、该政策工具的宣布日期和实施日期（如有）、该政策针对的具体部门和产品等。白色柱形图表示该干预措施很大程度上会歧视外国商业利益。灰色柱形图表示该干预措施在非歧视性基础上推行自由化措施（即采取了开放国内市场的措施）。斜线柱形图表示一些有可能歧视外国商业利益的政策。"对内"（inward）指扭曲、实施政策干预的国内市场政策，"对外"（outward）指与资金外流限制有关的政策变化。"对外补贴"指用于出口激励和贸易融资干预的补贴。（国家给予出口公司的补贴可以被归类为对

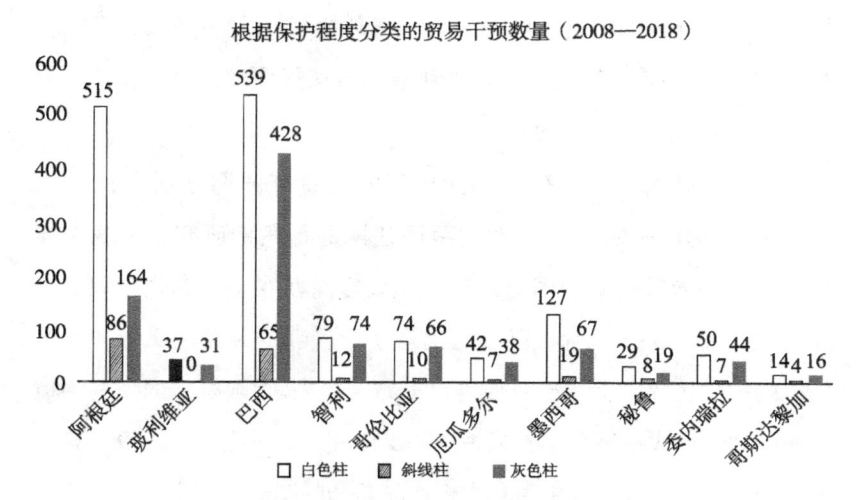

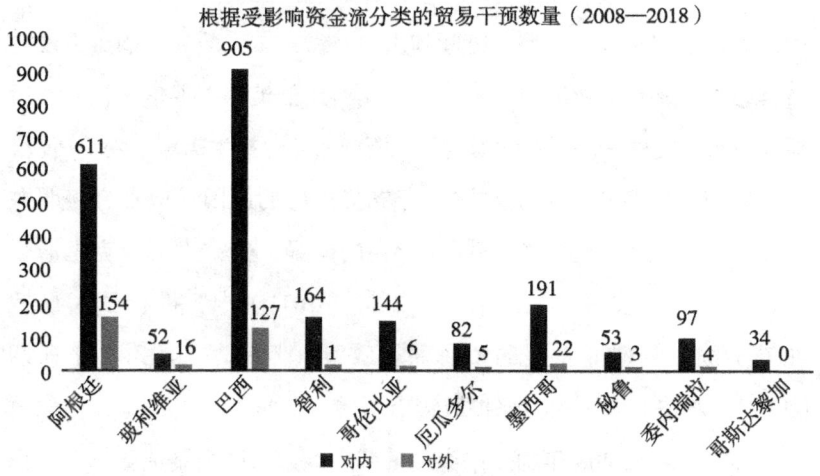

根据保护程度分类的贸易干预数量（2008—2018）

根据受影响资金流分类的贸易干预数量（2008—2018）

	白色柱	斜线柱	灰色柱	对内	对外	对外补贴
阿根廷	515	86	164	611	154	19
玻利维亚	37	0	31	52	16	0
巴西	539	65	428	905	127	119
智利	79	12	74	164	1	0
哥伦比亚	74	10	66	144	6	3
厄瓜多尔	42	7	38	82	2	0
墨西哥	127	19	67	191	22	3
秘鲁	29	8	19	53	3	3
委内瑞拉	50	7	44	97	4	1
哥斯达黎加	14	4	16	34	0	0

图 2 拉美国家的贸易干预政策

（资料来源：作者根据全球贸易预警数据库汇总。）

外补贴,享受补贴的公司的产品只在国外销售。)通过图2,可以看到10个拉美国家中巴西和阿根廷凭借其市场规模和人口,在贸易上采取了最多的国家干预措施。

克里斯蒂娜·基什内尔的两届阿根廷总统任期分别为2007—2011年和2011—2015年。对这两届任期进行案例研究,发现左翼政党的贸易激励措施与国内制造业绩效之间存在动态关联。理查森(Neal Richardson)认为,阿根廷出现了一种新的民粹主义变体,将传统的拉美民粹主义与出口促进政策结合起来。①阿根廷的大豆种植迅速扩大,取代牛肉和小麦成为主要出口商品,近年来,大豆及其衍生品创造的出口收入是牛肉和小麦产品总和的三倍。与牛肉和小麦不同,大豆不用于国内消费,因此其出口对城市工人的有效购买力没有直接影响。基什内尔政府利用这一事实,压低汇率以促进出口,然后对大豆出口征税,用以补贴国内的工资商品(包括牛肉和小麦)消费。

理查森的观点解释了左翼政府支持出口的原因,但没有表明左翼政府在国内制造业绩效不同时存在的差异。研究发现,克里斯蒂娜·基什内尔在其第一个任期(2007—2011)内,推行了大量旨在鼓励国内制造业发展的贸易保护政策。但是,在其第二个任期(2011—2015)内,此类保护政策有所减少。也就是说,基什内尔政府在2002年至2008年的大宗商品繁荣期结束、国内制造业衰退后仍然采取了更加自由化的立场。图3显示了自2007年以来阿根廷贸易政策干预的数量。随着国内制造业增值占GDP百分比的降低,贸易保护措施也在减少(见图4)。

仔细观察干预类型的内容,可以发现在基什内尔的第二个任期,

---

① Neal Richardson, "Export-Oriented Populism: Commodities and Coalitions in Argentina", *Studies in Comparative International Development*, Vol. 44, No. 3, 2009, p.228.

图 3　阿根廷贸易政策干预数目

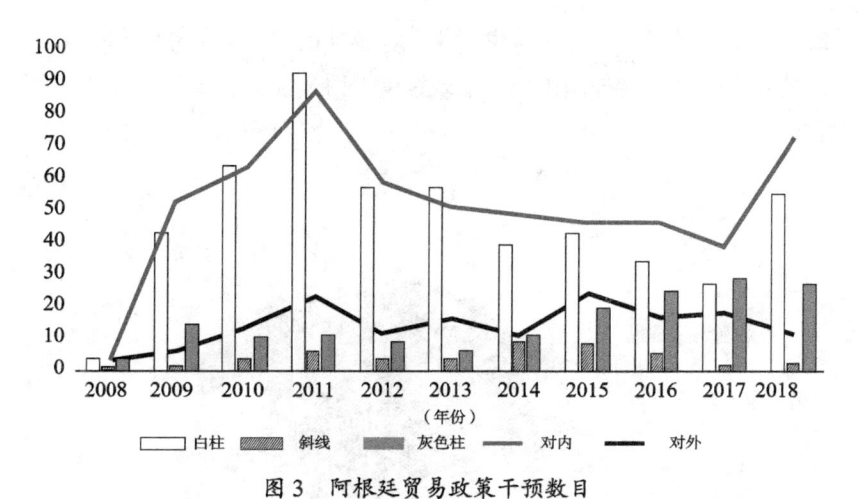

（资料来源：作者根据全球贸易预警数据库汇总。）

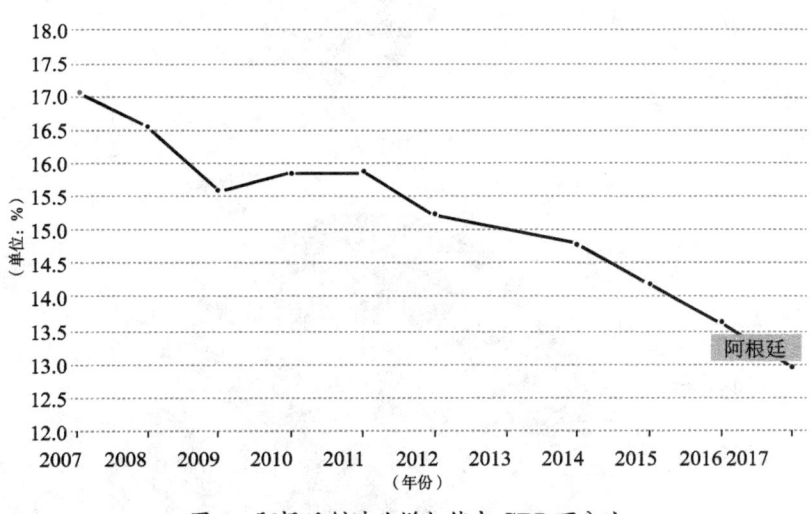

图 4　阿根廷制造业增加值占 GDP 百分比

（资料来源：世界银行数据。）

干预措施变得更加多样化。和第一任期时相比，传统的进出口政策工具如出口禁令、关税和配额、出口税收激励、针对进口征收国内商品税等，在干预政策总量中所占比重有所减少。反规避、反倾销和反补贴等贸易保护措施也有所减少。相反，基什内尔增加了补贴和国家援助的政策，如针对外国市场的财政援助、财政拨款、实物援助和国家贷款等。

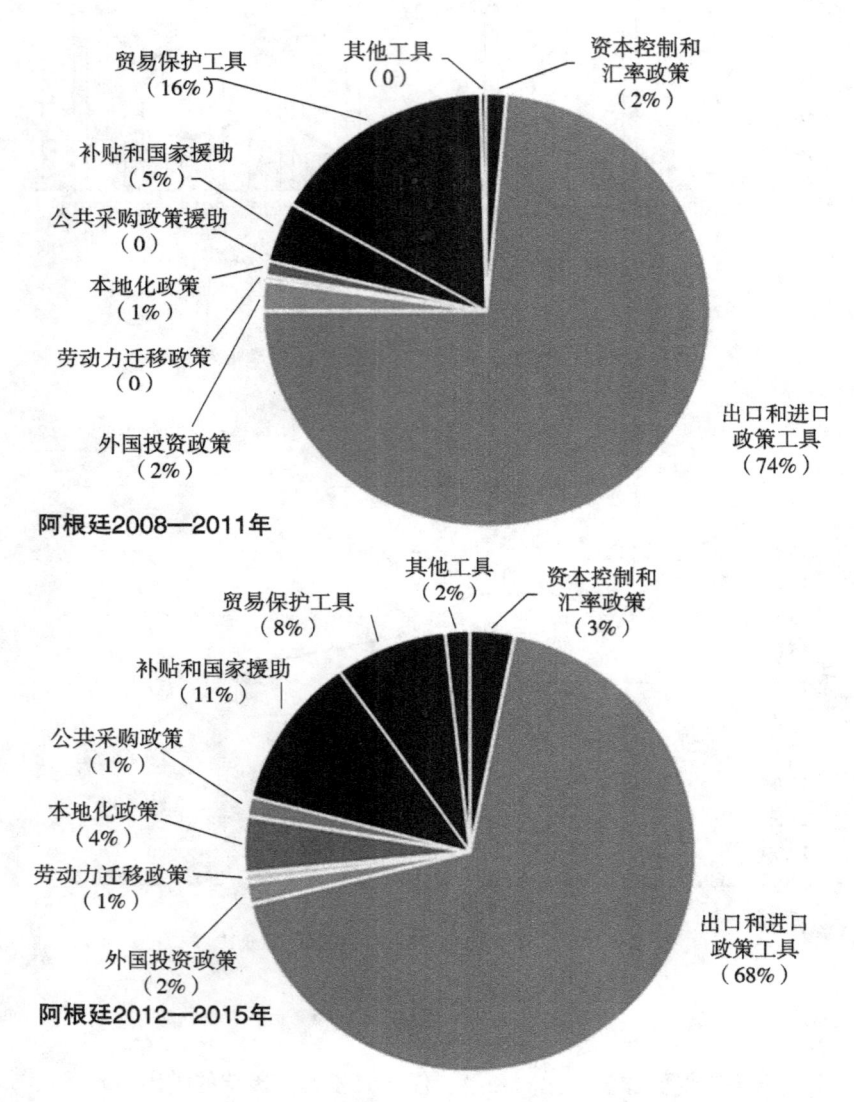

阿根廷2008—2011年

- 贸易保护工具（16%）
- 其他工具（0）
- 资本控制和汇率政策（2%）
- 补贴和国家援助（5%）
- 公共采购政策援助（0）
- 本地化政策（1%）
- 劳动力迁移政策（0）
- 外国投资政策（2%）
- 出口和进口政策工具（74%）

阿根廷2012—2015年

- 贸易保护工具（8%）
- 其他工具（2%）
- 资本控制和汇率政策（3%）
- 补贴和国家援助（11%）
- 公共采购政策（1%）
- 本地化政策（4%）
- 劳动力迁移政策（1%）
- 外国投资政策（2%）
- 出口和进口政策工具（68%）

图 5 基什内尔两届任期内的贸易政策干预类型

（资料来源：作者根据全球贸易预警数据库汇总。）

六、结论和讨论

本文依据 1995—2019 年 15 个拉丁美洲和加勒比国家的面板数据，发现了党派对出口绩效的影响，但得出的结论与传统观点的预测相反。更倾向于出口的是左翼政党，而非右翼政党。在其他诸多因素不变的情况下，左翼政党会对出口绩效产生正影响，这也取决于国内制造业的表现。当国内制造业增加值占 GDP 的百分比较低时，左翼政府反而会采取更多的自由贸易立场。这种影响特别存在于初级产品出口和与除中国以外的贸易伙伴中。

本研究旨在通过研究党派和国内工业化表现对出口的影响，来增进人们对以往贸易理论的理解。第一，本文的论证与实证表明，经典贸易模型的分配效应研究有其意义，但现实情况更为复杂。第二，本研究有助于理解南南国家间的经济关系。虽然目前尚不清楚南南贸易在多大程度上超越了南北贸易的非对等性，但按照贸易伙伴和类别展开比较，有助于了解新兴贸易模式的动态。在现有基础上需要进一步对发展中国家的供应链和目的地市场展开深入讨论。第三，本研究提供了审视中拉关系的新视角，而不是简单地断言中国将动摇美国在拉丁美洲的影响力。一些文献将"北京共识"（Beijing Consensus）解释为一种挑战"华盛顿共识"（Washington Consensus）的政治经济模式。本文的实证结果显示，左翼政府热衷于出售初级产品的事实主要发生在发达国家和其他发展中国家（不包括中国）。中拉之间越来越紧密的贸易关系超越了国内政治的影响，拉美的国内因素如党派对中国和拉美国家在经济上的"相互依赖"影响不大。

为了进一步了解党派与出口绩效之间的关系，今后将对两个领域展开深入研究。首先，需要重新审视不同发展阶段（特别是制造业绩效好和差时）的国家干预措施，包括贸易政策、产业政策和福利政策。其次,需要关注南南经济关系在全球生产网络中形成的新模式,以及该模式与南北经济关系有哪些相同或不同之处。既要思考南南贸易中的供应链和目的地市场如何重塑国内的"赢家"与"输家",也需要寻找南南贸易中不同发展中国家区域间的不均衡结果。

Partisanship and Export Performance: The Conditional Effect of Left-Wing Government on Latin America's Exportation

Cheng Wenjun

Abstract: Are there noticeable differences among political parties over the countries' export performance? Are left-wing parties more protectionist in free trade than right-wing parties in Latin American countries, where Import Substitution Industrialization remains a legacy? This paper argues that partisanship matters, but the effects on export are more heterogeneous than previous research has acknowledged. Contrary to conventional wisdom, the left-wing governments favor exportation, and they export more instead of being protectionist when domestic industries have underperformed. Cross-country data of 15 Latin American and Caribbean countries from 1995 to 2019 supports our prediction of the conditional effect, leading to a variation in their export performance. We also test such a conditional effect on the subdivision of trade categories and trading partners, to assess more accurately how exactly this effect plays out. These findings have implications for the studies of trade and for Sino-Latin American relations in a changing global context.

Keywords: Partisanship; Export; Latin America; Left-wing

南非经济特区发展案例研究：以库哈为例

杨崇圣[*]

摘要：本文通过案例研究对南非发展最早、规模最大的园区——库哈园区的主要优势和面临问题进行分析。通过文献排查，笔者发现针对库哈园区的研究较少，研究焦点各异，且没有与在园区发展方面相对创新的理论体系有所结合。基于此，分析库哈发展的利弊后，笔者通过观察南非园区发展建设的三个主要参与者——政府、园区管理方（库哈发展公司）和园区企业，并分析其参与状况，明确问题的归属，为解决这些问题提供可参考的思路。

通过对库哈园区发展的利弊分析，笔者发现，南非各级政府对园区的认知和管理会对库哈的发展产生较大影响，而且投资者也确实对此有所顾虑。南非的政治环境特殊，多党制导致各级政府行政体系中党派林立，行政手续和政策实施过程繁冗。劳动法对员工的过度保护、工会势力强大且频频发生的罢工事件，都会降低投资热情。此外，南非根深蒂固的贫困和教育问题也一定程度降低了人才市场的竞争力。

南非政府和制定园区发展战略的相关部门应充分了解园区的发展路径以及它们应在园区发展的各个阶段扮演何种角色，发挥什么职能，和园区管委会如何形成互补机制，这样才能更好地服务园区企

---

[*] 杨崇圣，清华大学国际与地区研究院助理研究员、牛津大学圣安东尼学院博士后研究员。研究区域为撒哈拉以南非洲，研究国别为南非，主要研究方向包括园区经济、非洲城镇化进程、管理理论和实践。

业，促进园区企业之间、园区企业和管委会之间、园区企业和政府部门之间的良性互动，让园区的核心竞争力和比较优势变得更加显著。

关键词： 园区发展；经济特区；南非；南非园区；库哈园区

一、南非和库哈园区概况

南非第一个工业开发区库哈（Coega）建立于2000年，而后12年间在全国范围内陆续建立了4个园区。南非贸易与工业部（Department of Trade and Industry，DTI，下文统称为贸工部）于2012年对南非4个工业开发区（Industrial Development Zones，IDZ）进行整体评估，认为这些园区的发展并未达到当初设定的预期目标，甚至可以判定为"失败"。为了更有效地推行园区发展，南非政府把所有工业开发区转型成经济特区（Special Economic Zones，SEZ）并于2014年通过《经济特区法案》（Special Economic Zone Bill），明确了南非园区的转型和发展目标并对南非国境内各个园区规划做出框架性说明。

库哈园区由库哈发展公司（Coega Development Corporation, CDC）运营和管理。库哈园区占地9003公顷，其中有5650公顷土地的基础设施较为完善，可供出租。园区位于南非东南部，东开普省的伊丽莎白港（Port Elizabeth）以东20公里处，毗邻尼奎拉（Ngqura）深水港。[1][2] 库哈发展公司归南非贸工部持有，并分别获得南非贸工部36亿兰特和东开普省11亿兰特的资金支持。[3] 东开普省政府拥有公司部

---

[1] 伊丽莎白港和尼奎拉深水港都是纳尔逊·曼德拉湾市（Nelson Mandela Bay Municipality）的一部分。2001年，伊丽莎白港市与相邻城镇Uitenhage、Despatch以及一部分周边农村地区合并成为一个新的城市行政区划，被命名为纳尔逊·曼德拉湾市。

[2] Coega Development Corporation (CDC), "Coega in Numbers", 2019, http://www.coega.co.za/files/Coega_Advert_Coega%20in%20numbers_v22_-_revised%20Jul2019.pdf.

[3] BRICS Business Council, *Investment Guide of the BRICS Countries: South Africa*, BRICS Business Council, 2017, p. 9.

分股份，并通过东开普发展公司参与管理。①

（一）园区管委会：库哈发展公司

库哈发展公司为南非国有企业，其总部设在纳尔逊·曼德拉湾市。该企业的目标是赋能库哈园区，强化投资潜力，进而促进其所在的东开普省和其他区域的社会经济发展。企业现有员工415人。②

南非政府于1997年对库哈所在区域及园区项目可行性进行调研，确定了该项目的重要价值，并于1999年成立了库哈发展公司。2001年12月，库哈发展公司被指定为南非首家专职运营园区发展的机构。2002年，园区开始配套的基础设施建设。2003—2005年，园区内的相关功能模块都相继竣工，如商务中心、员工宿舍和会议中心等。2007—2010年，园区和多家企业签约，尼奎拉深水港的第一个码头竣工并开始试用。③2008年，公司将其产品体系转型，并主要专注于三个领域：库哈园区管理和运营、商业服务，以及项目管理和咨询服务，其中园区的开发和运营属于其核心战略。库哈发展公司相当于库哈园区的管委会，对园区的各类事项和整体发展负责。④2012年，南非政府对南非各园区进行评估，并决定把以往的工业开发区转型为经济特区，库哈也从原本的"库哈工业开发区"（Coega IDZ）改名为"库哈经济特区"（Coega SEZ）。

在管理方面，有两套行政体系参与库哈发展公司及其园区的运作，一为东开普省政府及其下属的经济发展、环境事务和旅游部

---

① Coega Development Corporation (CDC), "Integrated Annual Report 2018/2019", 2019, https://www.coega.co.za/DataRepository/Documents/iljJqATjUPhZFnucPTbxNcQ5K.pdf.
② Coega Development Corporation (CDC), "Coega in Numbers", 2019, http://www.coega.co.za/files/Coega_Advert_Coega%20in%20numbers_v22_-_revised%20Jul2019.pdf.
③ Coega Development Corporation (CDC), "CDC Profile Booklet 2020 – Mandarin", 2018, https://extranet.coega.co.za/ealbum/content/COEGA_Profile_Booklet_2020-Mandarin/html5forpc.html.
④ Coega Development Corporation (CDC), "Investor Portfolio", 2019, http://www.coega.co.za/CoegaFastFacts.aspx?objID=111.

(Economic Development, Environmental Affairs and Tourism），另一为南非贸工部以及纳尔逊·曼德拉湾市政府。[1]

（二）库哈园区产业分布

库哈工业开发区于1999年成立，是南非目前最大的园区。2012年南非政府启动经济特区项目后，改名为库哈经济特区。库哈是按集群理念设置的园区，旨在把核心产业和其供应链紧密镶嵌在一起，创造经济价值，刺激区域经济发展。

库哈园区由14个区域外加一个物流园组成，园区内有道路连接，物流体系包括公路、铁路、航空和海运。库哈的产业重点聚焦于金属冶金、汽车制造、业务流程外包（Business Process Outsourcing, BPO）、化工、农产品加工、物流、能源和海产养殖。

（三）库哈园区运营状况

库哈官网数据显示，自1999年建立以来，库哈园区创造了120 990个就业岗位，为超10万人提供了就业技能培训。[2] 2018—2019年，库哈共有投资企业45家，投资总额95.3亿兰特。此外，预计接下来会新增投资企业（Number of Investors Secured）18家，预计承诺投资价值（Value of Investment Pledged）可达20.6亿兰特。同一财年，园区新增8016个建筑工作岗位（Number of Construction Jobs Created），并对7406名人员进行了职业培训。园区同财政年的营收为5.238亿兰特，来源包括园区和库哈发展公司旗下的其他并行运营项目。从图1可知，建筑工作岗位、累计操作作业岗位（Number of Cumulative Operational Jobs）两项实际数据和预期指标有所差距；中小微企业采购支出（Pro-

---

[1] Coega Development Corporation (CDC), "Coega Development Corporation", 2020, http://www.coega.co.za/Content.aspx?objID=75.
[2] Coega Development Corporation (CDC), "Coega in Numbers", 2019, http://www.coega.co.za/files/Coega_Advert_Coega%20in%20numbers_v22_-_revised%20Jul2019.pdf.

curement Spend on SMMEs）略低于计划的 35%，达到了 33%，原因是南非政府整体开支减少，尤其在基础设施项目上的有明显缩减。其他五项实际数字均持平或超过预期。①

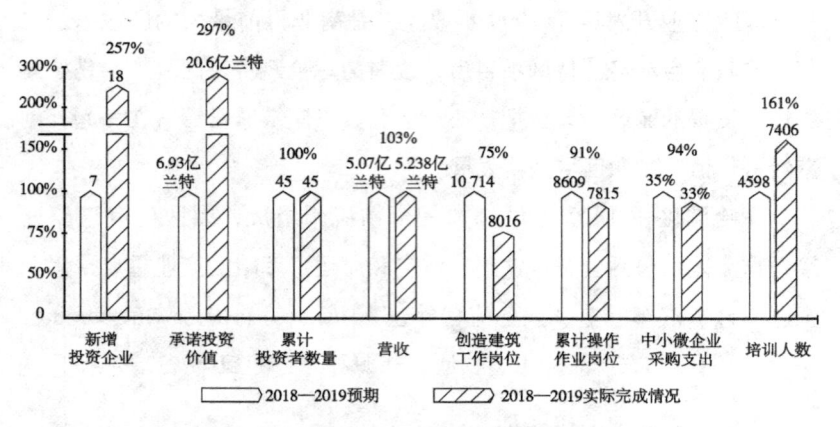

图 1　库哈园区 2018—2019 年度业绩和指标对比

（资料来源：Coega Development Corporation [CDC], Integrated Annual Report 2018/2019, 2019, p. 10。）

如图 2 所示，2018—2019 年度是库哈园区制定的 2015—2020 年 5 年战略计划的第四年。相较于整体 5 年规划，2018—2019 年度所完成的主要业绩指标超过 138.6%。原定 5 年目标的预计承诺投资额度为 94.13 亿兰特，实际承诺投资总额为 421.3 亿兰特，超额完成了 448% 的预期投资承诺。② 该项指标显著的主要原因是库哈和一些大规模的跨国企业达成了合作意向，比如北汽集团（BAIC）对库哈高达 110 亿兰特的巨额投资计划。③

---

① Coega Development Corporation (CDC), "Integrated Annual Report 2018/2019", 2019, https://www.coega.co.za/DataRepository/Documents/iljJqATjUPhZFnucPTbxNcQ5K.pdf.
② Coega Development Corporation (CDC), "Integrated Annual Report 2018/2019", 2019, https://www.coega.co.za/DataRepository/Documents/iljJqATjUPhZFnucPTbxNcQ5K.pdf.
③ 《出海记丨北汽建南非 40 年来首家新车厂首款整车下线》，2018, http://www.cankaoxiaoxi.com/finance/20180727/2299684.shtml.

在园区累计投资者数量（Number of Cumulative Operational Investors）、营收（Revenue Generation）、中小微企业采购支出和职业培训人员数量（Number of People Trained）四项指标中，2018—2019 年度实际完成度分别是 90%、83%、90% 和 97%，进展速度较为显著。但建筑工作岗位数量这一指标，完成度和预期还有较大差距，仅有 54%，实际创造了 28 088 个就业岗位。[①]

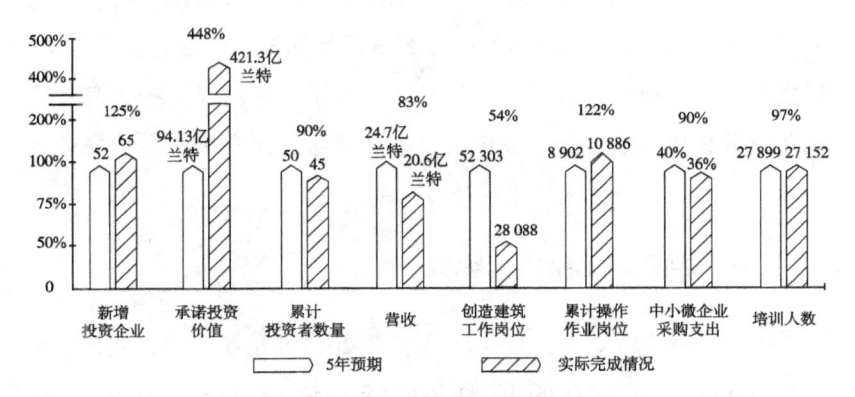

图 2　库哈园区 2018—2019 年度业绩和五年整体指标对比

（资料来源：Coega Development Corporation [CDC], Integrated Annual Report 2018/2019, 2019, p. 11。）

总体来说，相较于转型成经济特区的前几年，随着库哈发展公司对园区运营和管理经验的增加，南非各级政府和相关部门的积极扶持，招商引资力度的加大，2018—2019 年园区整体表现有明显的提升。但是，从库哈发展公司公布的年报数据来看，在就业增长维度，2019 年是 5 年计划的第 4 年，但只完成了 5 年整体计划的一半；而对于南非政府来说，大力发展园区经济的一个重要目的就是解决就业率过低的问题。因此，库哈仍面临巨大挑战。

---

① Coega Development Corporation (CDC), "Integrated Annual Report 2018/2019", 2019, https://www.coega.co.za/DataRepository/Documents/iljJqATjUPhZFnucPTbxNcQ5K.pdf.

二、关于库哈园区的现有研究聚焦

通过对库哈园区现有研究的梳理，笔者发现，针对该园区的研究数量有限，且时间跨度较广，从 2003 年到 2019 年，收集到的与库哈园区有直接关系的研究共 7 篇，其中 6 篇为学术论文，1 篇为库哈园区管委会提供的内部报告。这些文献涉及的学科包括管理学、经济学、公共管理和人类学，所使用的研究方法有案例研究、实证分析、三角校正法和田野调查，主要从库哈的发展问题、政策建议、民生生活、企业责任等研究话题切入。为了更好地以这些研究者的视角来分析库哈园区的发展脉络，本文将这些研究按时间顺序进行梳理。

（一）库哈相关研究回顾

约翰·路易斯（John M. Luiz）在其 2003 年的研究中，从公共管理的角度对南非区域发展问题给出了政策建议。他指出，南非在区域发展问题上，总是受到意识形态和政治影响的牵绊，而不是从经济层面进行考量。他对大鱼河空间发展项目（Fish River SDI）[①]进行了评估，该项目是南非空间发展整体战略中的重要组成部分。项目分为三个阶段：第一阶段为启动阶段，时间为 1997 年；第二阶段明确了需要优先发展的库哈园区和东伦敦园区及其周围的经济，时间为 1998 年；第三阶段则是其后的实施阶段。作者通过对三个阶段的跟踪研究，发现在项目落地即实施阶段，项目的进展一直较为缓慢，其中一个重要原因是各层级政府及相关部门缺少清晰的发展共识，政客和技术专家之间的关系紧张。作者建议政府在制定区域发展政策时，应切实考虑把宏观经济要素和部门政策结合，并合理利用政府资金。如果

[①] 鱼河全名为大鱼河（Great Fish River），流经东开普省，长约 644 千米。为与纳米比亚的鱼河（Fish River）区别，故称"大鱼河"。

南非政府执意把发展焦点放在可持续发展能力不高、生存能力较差的发展项目上，可能会重蹈前政府错误实施空间干预政策的覆辙。作者当时对库哈园区项目持怀疑态度。第一，园区项目的规划决策隶属不同的政府机构，责任边界不明晰，各级政府和机构互补协助效率低下，导致该项目推迟；第二，投资者认为政府各部门职责不明晰，需要和不同部门进行多重联系，而不是简单的一站式注册流程；第三，库哈的发展潜力不高，包括交通基础设施和就业岗位有限等。[1]

2003年，库哈园区建立初期，布里吉特·劳勒（Brigitte Lawler）依据彼时库哈的基本情况，结合世界范围内的经验，在其论文中尝试评估南非的工业发展区项目能否真正刺激经济增长，并讨论了如何最大限度地发挥工业发展区的功能，提升国民经济效益。研究得出两个重要结论，一是工业发展区的工业本土化和供给侧特性将为出口导向型经济的集中增长创造条件；二是应该邀请具有丰富园区运营经验和专业知识的私营机构来对园区进行管理，以便优化园区的服务和运作。作者同时就运营企业的选择给出了建议。此外，作者认为库哈能通过提供世界级且专业的基础设施，来吸引外国直接投资并提升南非竞争力；但作者同样指出如果南非不能在园区和附近提供基础设施和交通物流网络来作为园区硬件的话，这个项目则是纸上谈兵。[2]

劳埃德·埃瑟林顿（Lloyd Etherington）2014年通过对库哈园区的案例研究指出，建立库哈的主要目的是为所在区域创造更多就业机会。库哈园区有专门的技能培训部门采用各种方案和项目对当地的居民进行就业培训。通过培训地方政府和库哈园区内外企业所需的职业技能，让受培训者在就业选择中，身兼一技之长，达到授人以渔的目的。[3] 同

---

[1] John M. Luiz, "The Relevance, Practicality and Viability of Spatial Development Initiatives: A South African Case Study", *Public Administration and Development*, Vol. 23, No. 5, 2003, pp. 433-443.
[2] Brigitte Lawler, "The South African Government's Initiative to Optimise the Economy Through the Industrial Development Zones", Dissertation: University of Natal, 2003.
[3] Lloyd Etherington, "The Impact of Industrial Development Zones on Employment in South Africa: A Coega IDZ Case Study", Academia, 2014.

时，作者还发现，虽然从数据上来看，库哈园区在就业岗位创造上呈现增长趋势，但是有相当比例为临时建筑岗位，这将会对解决区域失业问题产生不利影响。作者提议库哈园区应着眼于在其园区范围内持续创造更多的长期或操作作业岗位，而不是短期或临时的建筑作业岗位，这样对区域经济会有持续性积极影响。作者认为，总体来说，库哈园区在创造就业和提升技能方面做出的贡献是有目共睹的，且符合南非政府制定的通过园区经济刺激区域发展和降低失业率的目标。[1]

蒂万娜·德莫斯·诺曼（Tiwanna DeMoss-Norman）的研究从人类学的视野展开，探讨了个人从城郊非正规住区搬迁到新的住房开发社区后所面临的困境。1999年，库哈发展公司和伊丽莎白港市政府因要修建库哈工业发展区，需要对现在库哈园区所在地内300户居民实施搬迁计划，该计划名为威尔斯庄园项目。基于此背景，作者发现一些居民在搬入新居后丧失了社区归属感、开放感和社会信任感，据此进一步分析了安置工程如何影响从非正规住区搬迁的人的社会凝聚力、信任和社区参与。同时，文章对库哈发展公司和伊丽莎白港市政府的安置措施做出解读。双方为搬迁到威尔斯庄园的居民提供打包式安置方案，除初期援助和住房外，还包括向每个家庭中至少一名成员提供一年的就业技能培训，为库哈园区的项目做准备；为每个家庭提供一个在库哈的就业岗位；以及每户再额外获得3000兰特的安家费用。该研究除从迁徙居民的视角出发进行讨论外，还对企业社会责任以及政府行为做出解读，指出在迁入区域应镶嵌更多的公共基础设施，并为居民创造更多获得持续收入的就业机会。[2]

麦芬咨询机构（Muffin Consulting）2016年的报告详细分析了库哈园区与园区外的当地产业融合状况及对就业产生的影响。该报告评

---

[1] Lloyd Etherington, "The Impact of Industrial Development Zones on Employment in South Africa: A Coega IDZ Case Study", Academia, 2014.
[2] Tiwanna DeMoss-Norman, "From Informal Settlements to Formality: A Resettlement Group's Adaptation to a Newly Planned Community in Port Elizabeth, South Africa", *Economic Anthropology*, Vol. 2, No. 1, 2015, pp. 224-240.

估了库哈园区和纳尔逊·曼德拉湾物流园至成立以后对当地和所在东开普省的影响，旨在帮助库哈发展公司和南非各级相关政府深化了解库哈园区对区域经济乃至东开普省的影响。该报告由库哈发展公司委托麦芬完成。报告主要采用了三角校正法，通过数据收集、访谈调查、文献分析和回归统计等方法，提炼出对库哈园区发展有重要参考意义的建议。报告中与投资者相关的调查分析共分为四大类：经济影响（Economic impact）、政府支持（Government support）、与本地企业联系（Linkages with local firms）和园区支持（Special economic zone support）。①

在经济影响反馈上，15家反馈企业中，有9家创造了超100个全职工作岗位。2014—2015年，反馈的13家公司中有9家平均创造了1—25个兼职岗位，1家公司雇用了26—50名兼职员工，2家公司除全职员工外还雇用了超100名兼职员工。报告认为，基于南非大多数失业者为青壮年的现状，这些兼职机会能有效缓解持续的失业现象。但劳埃德在其研究中指出，库哈园区应该创造更多的长期或操作作业岗位来刺激区域经济的增长。②

在本地企业联系调查反馈中，报告显示园区企业每年花费数十亿兰特从当地供应商采购各类商品和服务，所有反馈对象都确认他们有当地供应商。有过半企业表示其和生产有关的商品采购中，78%的支出都花费在纳尔逊·曼德拉湾和东开普省。这些支出包括原材料、电信设备、化学药品、各类支持服务以及物流等。③

在对政府支持力度的反馈中，47%的投资者表示受到政府行动的积极影响，主要体现在直接沟通、南非贸工部的激励措施、南非工业发展公司（Industrial Development Corporation，IDC）的资金提供，以

---

① 咨询调查发起时间为2016年4月至5月，反馈率为50%。受访企业有60%在库哈园区，其余40%在隶属库哈的纳尔逊·曼德拉湾物流园。
② Lloyd Etherington, "The Impact of Industrial Development Zones on Employment in South Africa: A Coega IDZ Case Study", Academia, 2014.
③ Muffin Consulting, *Coega's Integration with the Local Industries outside of Its Zones and Impact on Employment Creation*, 2016, p. 80.

及"经济发展部（the Department of Economic Development，DED）为降低原材料成本而引入废金属价格参考体系"。也有四分之一的受访者认为产生了负面影响，主要来自缴纳清关关税、由于南非政府问题带来的货币贬值和不利的政治环境影响了营商信心。此外，中国和欧洲的园区企业相关人员对南非政府领导层的廉洁程度有所担忧。值得一提的是，64%的投资者认为政府的奖励措施或工业化方案，对于他们是否在园区内搭建设施方面的决定没有任何影响。其余36%的受访者则认为确实产生了一定的影响，这部分中大多为与汽车行业相关的企业。①

在对园区支持的反馈中，有关入驻库哈的主要优势考量反馈方面，38名受访者中有93%的人认为库哈园区和其配套物流园选址理想；但也有受访者表示，库哈并不是南非唯一的可入驻园区选项。在被问及选择入驻库哈的理由时，26位受访者中有50%的人认为临近港口是其入驻库哈的主要原因。与此同时，64%的受访者认为入驻库哈和物流园的缺点也很明显，比如员工缺乏可靠的公交设施、企业采购设备选择有限、离伊丽莎白港过远、缺乏显著激励机制、缺乏用电费用补贴、办公空间有限、缺乏灵活性、高租赁费用和公共设施费用、缺少从出租方降低成本的机会等。但总体来说，92%的被调查者对库哈园区的未来前景持高度信心。②

报告中与家庭背景相关的调查和分析共三类：人口统计（demographics）、创造体面工作（creating decent work）和生活质量（quality of life）。人口统计数据显示，库哈园区的女性劳工占44%。园区18—45岁的人口占就业人口的68%。就业者中大多数是非洲裔，占42%；其次是有色人种，占31%；白人占25%；亚洲人占2%。约

---

① Muffin Consulting, *Coega's Integration with the Local Industries outside of Its Zones and Impact on Employment Creation*, 2016, p. 80.
② Muffin Consulting, *Coega's Integration with the Local Industries outside of Its Zones and Impact on Employment Creation*, 2016, p. 80.

53%的受访者已婚，25%为单身，10%离婚，5%为同居。约56%的员工拥有房产，31%的人租房，其他人既无房也不租房。

在创造体面工作反馈中，91%的受访者认为所做工作有益，另有75%觉得工作更为投入，相较以往使用了更多技能。约80%受访者认为，他们执行的工作任务种类有所增加，69%受访者认为责任感有所加强。在就业保障方面，72%的受访者觉得其工作有保障，19%不确定，9%觉得没有保障。受访人群对目前工作的满意度普遍较高，69%的受访者表示对工作满意，7%为不满意，24%为不确定。①

生活质量的反馈结果显示，36%的家庭年收入超35万兰特，19%收入在20万至35万兰特之间，13%收入低于6万兰特；另有9%收入介于10万至15万之间，以及余下9%介于15万至20万兰特之间。在处理债务程度方面，大约30%的家庭表示能偿还账单，44%表示能承担但会有些吃力，11%表示非常吃力，另有13%表示无力偿还。超过54%受访者在过去12个月里需借钱来满足日常开销。超47%受访者主要从家人那里借钱，25%从银行借钱，18%从朋友那里借钱，6%是从放债人那里借钱，3%是从现金周转行借钱。②

麦芬的咨询报告基于库哈园区投资者和园区员工两个群体相关信息和不同问卷的反馈，对园区管委会容易忽视的细节作出了翔实的补充，为讨论库哈与园区外的本地产业的融合和对就业的影响提供了更多思路和建议。

西维韦·姆其茨瓦（Siviwe Mditshwa）和罗赞达·亨德里克斯（Rozenda Hendrickse）2017年的研究评估了库哈和东伦敦园区所采用的"政府-社会资本合作模式"（Public-Private Partnership，PPP）

---

① Muffin Consulting, *Coega's Integration with the Local Industries outside of Its Zones and Impact on Employment Creation*, 2016, p. 80.
② 现金周转行（Cash converters）：南非进行小额借贷和二手交易的机构，既有用二手物品交易来换取现金服务，也有现金借贷业务。交易门槛所需信用等级较低。

所带来的财务影响和社会经济影响。文章认为，既然库哈和东伦敦园区能采用PPP模式，在特定区域内创造就业、减少贫困和发展技能，那么该模式理论上在各级城市也能实施。虽然在东开普省布法罗市（Buffalo City）和纳尔逊·曼德拉湾市推行的PPP模式并未对各种经济问题带来明显改善，但PPP模式仍对各级城市的管理和经济发展有借鉴意义。有研究通过问卷调查分析指出，在该模式下，南非各级政府应鼓励私营企业与政府合作，共同参与公共基础设施的建设，但项目的规划和管理应该移交政府部门，这样对有效服务方面有积极影响。[1] 虽然该研究讨论的重点是PPP模式的有效运用，但是也为南非园区的功能思考赋予了更多空间，即园区不仅是经济发展的试验田，同时也是政府进行政策机制、工具、手段演练的孵化器。

丽莎·汤普森（Lisa Thompson）2019年通过实地调研和文本分析，对库哈园区的发展进行了批判性思考。她认为，园区是促进工业化、产品多样化和创造就业的一种手段，且这三个特点和南非的发展轨迹息息相关。但对于库哈园区的种种"成功故事"，作者却认为有过誉之嫌。通过实地考察，她提出了库哈发展的三个主要问题。第一，园区提供的就业技能培训其实并不足以满足园区企业或投资者的需求，并导致频频出现专业技能和岗位需求不匹配情况。园区所在区域的大部分居民都缺乏从事更为专业或精细化的职业技能，这表明库哈在职业培训的设计上有缺陷。第二，在创造长期就业岗位方面，库哈取得的成绩非常有限，当地的长期就业岗位不到1000，大多数中小企业对2016年和2017年两年间库哈在就业创造方面的表现都表达了失望和不满。第三，库哈在2016年到2017年间吸引的投资额有限，而园区前期开发耗资巨大，如不能创造可持续收益，则会让先期投入

---

[1] Siwiwe Mditshwa & Rozenda Hendrickse, "Coega and East London Industrial Development Zones (IDZs): the Financial and Socio-economic Impact of the Eastern Cape IDZs and Their Prospects", *Public and Municipal Finance*, Vol. 6, No. 3, 2017, pp. 7-16.

的巨额资金回笼无望。①

（二）研究的局限和启发

可以看到，2013年到2014年，对库哈的专项研究几乎为零。通过对库哈园区相关的研究，结合迄今库哈的实际发展情况可以发现，约翰·路易斯关注的部分问题已得到解决，比如基础交通设施和园区一站式服务等。布里吉特·劳勒建议的引入第三方有园区运营和管理经验的企业来主导园区发展的方案，实际上并没有实现，取而代之的是南非政府成立了一个国有企业——库哈发展公司。在所有文献中，缺乏更多可持续性且高质量就业人员的培养和供给是关注度最高的问题，也是库哈现在依然亟待解决的问题。

相较于中国园区案例研究范式、视角和学科的多样，库哈园区相关研究手法比较单一，讨论问题的角度也有局限。其中表现最明显的便是缺乏对园区发展系统性和阶段性的优缺点的梳理和总结。比如相比其他同类园区——撒哈拉以南其他非洲国家的园区，南非的园区有何比较优势。作为公认的南非发展最早和最快的园区，库哈在实际运营中出现的问题，其负责的行为主体有无明确划分？诸如此类的问题，需要更多学者的参与。

而在有关库哈园区发展的研究中，笔者获得的最大的启发是，尚没有研究对园区发展的参与者角色和职能进行明确讨论和划分。园区发展的参与者应该包含三个行为主体：政府及相关机构、园区管理者和园区企业。结合现有文献，通过表1的汇总可以发现，虽然大部分研究都涉及园区发展的三个行为主体，但是并未就园区管理者的职能进行展开说明。同时需要指出，因为库哈的全资国企背景，学者们是

---

① Lisa Thompson, "Alternative South–South Development Collaboration? The Role of China in the Coega Special Economic Zone in South Africa", *Public Administration and Development*, Vol. 39, No. 4-5, 2019, pp. 193-202.

基于"园区管理者即政府部门"的共识进行讨论，并未对"园区管理者如果不是政府部门或机构"这一假设进行延展。这也意味着，从园区发展参与者这个层面来分析南非园区的发展，应该有更多的可能性及更广的探讨空间。

表1 库哈相关研究中对园区参与者的讨论

现有研究作者及年份	园区发展的参与者		
	政府及相关机构	园区的管理者	园区企业
约翰·路易斯（2003）	√		
布里吉特·劳勒（2003）		√	
劳埃德·埃瑟林顿（2014）	√	√	
蒂万娜·德莫斯·诺曼（2015）			
麦芬咨询（2016）	√	√	√
西姆韦·姆其茨瓦、罗赞达·亨德里克斯（2017）	√		
丽莎·汤普森（2019）	√		√

三、园区发展主要优势

库哈园区的发展优势，主要可以从四个方面概括，分别是园区的区位优势和基础设施建设相对完善、南非政府对园区发展的扶持力度较大、库哈发展公司对就业培训体系的持续投入和改善以及南非整体投资和营商环境的稳定。

（一）区位和基建优势

库哈的地理区域优势比较明显。园区位于南非东南部海岸，毗邻印度洋，距离伊丽莎白港市城区约20公里车程。园区地处南半球东西航线的主线道上，东西往来航班频繁。园区和南非各市以及其他非洲国家均有铁路连接，同时园区主干道和南非国家N2高速公路无缝衔接，确保能抵达南非各地。

在海运方面，库哈的优势更加明显，所处的纳尔逊·曼德拉湾是南非的深水集装箱转运中心。麦芬咨询的反馈显示（图3），在选择入驻库哈园区的企业代表的反馈中，"邻近港口"是排名第一的原因。

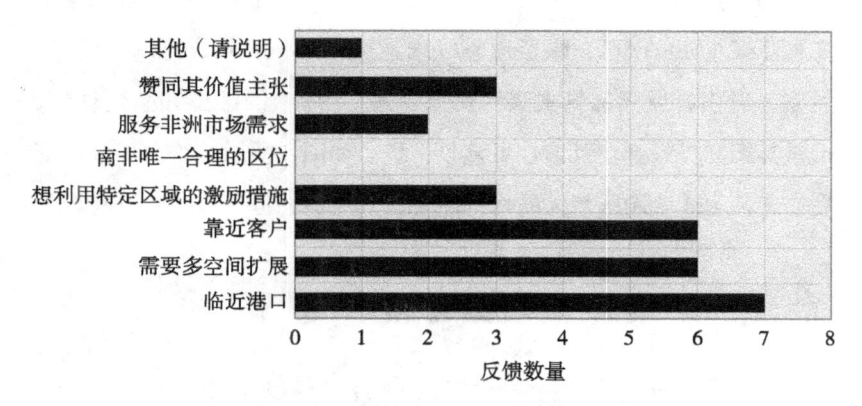

图3　企业入驻库哈园区原因调查

（资料来源：SITHEBE N, RUSTOMJEE Z: Muffin Consulting, 2016, p. 53。）

库哈是撒哈拉以南非洲唯一一个坐拥两个港口的园区——伊丽莎白港和尼奎拉深水港。两个港口中，伊丽莎白港建于1799年，是南非的主要港口，距离国际机场约4公里车程。码头可靠全长202米，泊位深度为8米—11米，港口运力可达40万个集装箱。① 而尼奎拉深水港是南非指定的集装箱运输枢纽港口，且南非计划将其建设成南部非洲新兴石油贸易中心。该港口2002年开始建设，2009年投入使用。到2019年，南非国家港务局（Transnet National Ports Authority，TNPA）已投资超100亿兰特在该港发展上。② 尼奎拉占地60公顷，船舶吃水16.5米，可容纳8000—9000艘20英尺当量单位（TEU）

---

① "Port Elizabeth Terminal", Transnet, https://www.transnetportterminals.net/Ports/Pages/PortElizabeth_Multi.aspx.
② 南非国家港务局，全称Transnet National Ports Authority，隶属南非国有企业——南非国家运输集团（Transnet），主要负责管理和运营南非的八个主要港口。南非国家港务局主要负责规划、提供、维修和改善港口的基础设施和相关配套服务，南非国家运输集团旗下另一部门——南非港口码头管理处（Transnet Port Terminals）则负责码头货物装卸。

的船只。①

基础设施建设方面，参照中国园区基础设施建设"三通一平""五通一平""七通一平"和"九通一平"的标准，库哈现在基本实现了"七通一平"，除了通暖气未达成之外，供水、排水、通电、通路、通信、通天然气或煤气都已达成。②库哈的区位和基建优势，通过其园区投资企业反馈也可窥见一斑。如图4所示，绝大部分投资受访者认为库哈园区最大的优势之一是其完善的世界级基础设施。

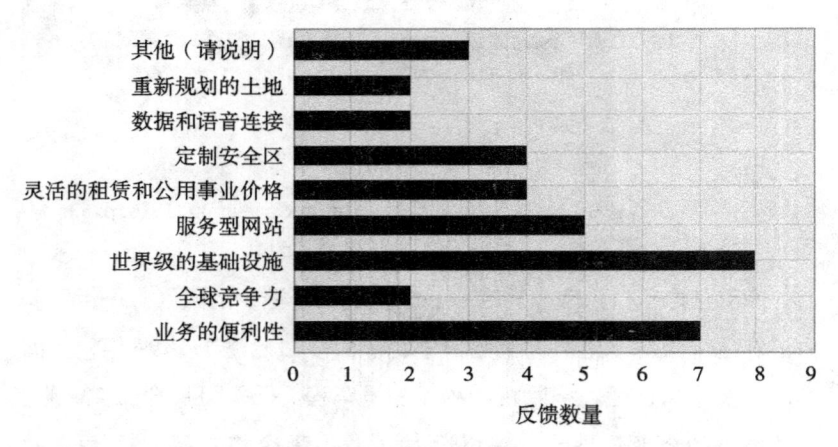

图4 入驻库哈园区的益处

（二）政府扶植力度强

库哈从成立伊始就得到了南非各级政府的大力扶持，主要从三个方面得以体现：相关政策法案健全、园区管理机构健全和园区各类优惠措施的制定。

虽然库哈发展公司是国有企业，但是有别于中国园区发展初期阶

---

④ Coega Development Corporation (CDC), "Deepwater Port of Ngqura", 2020, http://www.coega.co.za/Content.aspx?objID=90.
① "三通一平"指的是通水、通电、通路和平整土地；"五通一平"指通水、通电、通路、通讯、通排水和平整土地，"九通一平"指"九通"为通市政道路、雨水、污水、自来水、天然气、电力、电信、热力、有线电视管线和平整土地。

段所采用的"一套班子，两块牌子"模式，库哈发展公司承担园区管委会的职能，负责园区的全盘运营和开发，同时，各级政府也可对库哈进行指导和管理。这样能有效避免政府机构直接面对市场的窘境，改由有资质的独立园区运营企业面对市场竞争，也让园区的运营更符合客观经济规律。2015 年开始，库哈发展公司对各个部门进行了结构重组和人员精简改革，让整个公司专注于三项业务职能，分别是园区投资服务、中心支持服务和外部服务，所有商务活动和业务都围绕这三项基本职能开展。① 同时需要提及，库哈在归属权上，同时隶属于两个体系：一个是东开普省政府和下属经济发展、环境事务和旅游部，另一个体系是南非贸工部和纳尔逊·曼德拉湾市政府。

南非政府对园区经济的发展非常重视，颁布了一系列促进园区发展的政策和法案，并且在多个国家级重点项目和政策中强调了园区发展的重要性。2011 年，南非政府起草了《经济特区法案》，规划了 10 个园区，2014 年，该法案正式通过。② 南非贸工部 2012 年发布"园区发展政策"对南非园区做出阐释。2014 年 5 月南非政府通过第 16 号法令——《经济特区法》进一步完善了园区的定义，并提出，各级政府（包括国家政府、省级政府、市级政府）、公共实体以及市政单位或公私合营企业，在满足特定条件情况下，均可独立或联合申请划定一个特定区域为园区。③《经济特区法案》于 2016 年 2 月 9 日正式生效，该法案的目的是促进劳动力密集区域的国内外投资，并创造就业、提升竞争力、促进技能和技术转让、增加出

---

① Coega Development Corporation (CDC), "Integrated Annual Report 2018/2019", 2019, https://www.coega.co.za/DataRepository/Documents/iljJqATjUPhZFnucPTbxNcQ5K.pdf.
② Department of Trade and Industry, "Industrial Policy Action Plan (IPAP) 2012/13-2014/15", http://www.thedtic.gov.za/wp-content/uploads/IPAP2012-15.pdf.
③ Republic of South Africa, "Special Economic Zones Act 16 of 2014", 2014, p. 20, https://www.gov.za/documents/special-economic-zones-act.

口。① 到 2019 年，每一年南非政府发布的《产业行动规划》中，园区的重要性都被反复提及。同时，南非政府在推行园区内税收减免和其他激励措施考量上，也显现出其对园区发展的扶持力度。

针对园区发展，南非政府出台了系列税收减免措施，对于符合资质且满足一定条件的企业，可以享受增值税和关税减免、放宽就业税收优惠等政策。这些优惠政策主要包括：符合条件的企业能够在 2014—2024 年期间获得 13% 的企业所得税减免；为符合新工业项目发展的入驻企业提供税收减免，或对投资用于现有项目拓展和升级的企业提供减免；位于海关监管区域符合资质的企业可享受增值税和关税减免，该政策与在园区享受的优惠政策类似；在任何园区雇佣年薪低于 6 万兰特员工的企业可获雇佣税激励。②

（三）就业培训体系完善

南非从成立以往的工业发展区到后来的园区，最主要的目的之一就是带动就业的发展，创造更多的岗位，缓解长久以来困扰南非的失业率居高不下的问题。因此，在强就业需求的刺激下，库哈在创造就业条件环节也付出了相当努力。库哈发展公司有三个核心业务模块，分别是库哈园区、库哈商业服务和项目管理服务，其中商业服务模块涵盖招聘选拔和职业技能培训等内容。

库哈有专门的就业指导部门——库哈发展基金会（Coega Development Foundation，CDF），③ 是一家隶属于库哈的非营利性公司。该公司设立于库哈园区，主要职能是为有就业意向的人员提供各类职业

---

① Coega Development Corporation (CDC), "Tax Benefits of a Special Economic Zone", 2020, https://www.coega.co.za/DataRepository/Documents/UvNfzAFo2FjgrES3I8Re3O2gz.pdf.
② Coega Development Corporation (CDC), "Tax Benefits of a Special Economic Zone", 2020, https://www.coega.co.za/DataRepository/Documents/UvNfzAFo2FjgrES3I8Re3O2gz.pdf.
③ 库哈发展基金会（Coega Development Foundation，CDF）的前身名为库哈技能发展中心（Coega Skills Development Centre）。

培训和就业辅导服务，包括短期课程、学工培训、传统技艺和国家相关职业证书评级培训等。①培训的具体类别也多种多样，除去常见的焊接、木工、管道维修、建筑、装修等工种，库哈发展基金会还别出心裁地为待就业人员提供数学和科学科目培训。这项培训有别于其他园区的职业技能培训，设置原因和南非本土教育环境息息相关。南非教育体系中，数学和科学的不合格率常年居高不下，通过提供这两科相关的教辅服务，可以让那些来自贫困家庭的人员也能够有机会接受高等教育。②

就业培训和服务系统良性的持续运作，对库哈园区的就业产生了积极且显著的影响。如表 2 所示，截至 2015 年 6 月，库哈园区就业总人数（除通过劳务中介聘用的雇员）为 2859 人，其中制造业就业人数占比 86.7%，达到 2480 人。截至 2018 年 6 月，库哈园区就业总人数为 4779 人，其中制造业就业人数最多，共 2563 人，占总人数的 53.6%。相较于 2015 年，2018 年就业年增长率为 18.7%，新增工作岗位 1920 个，非制造业就业岗位增加数量为 1837 个。③2018—2019 年，库哈新增建筑工作岗位 8016 个，累计操作作业岗位 7815 人，累计培训人员达 7406 人。④从 1999 年到 2019 年，库哈共创造就业岗位 120 990 个，培训人数 10 万人。⑤

---

① Coega Development Corporation (CDC), "Coega Development Foundation Services Brochure", 2020, https://www.coega.co.za/DataRepository/Documents/91DA4zmpKfs7ThcIYw4uM4UIY.pdf.
② Yang Chongsheng & Tom Kenyon, "Skill Training and Development at Coega", 2016.
③ Maluleke Risenga, "Coega Special Economic Zone, 2018", *Statistics South Africa*, 2019, p. 7.
④ Coega Development Corporation (CDC), "Company Profile 2020", 2020, https://extranet.coega.co.za/ealbum/content/COEGA_Profile_Booklet_2020-English/html5forpc.html.
⑤ Coega Development Corporation (CDC), "Coega in Numbers", 2019, http://www.coega.co.za/files/Coega_Advert_Coega%20in%20numbers_v22_-_revised%20Jul2019.pdf.

表2　库哈园区按活动类型划分的就业情况
（截至2015年6月底和2018年6月）

活动类型	2015		2018		年化变化（%）
	数量	贡献（%）	数量	贡献（%）	
制造业	2480	86.7	2563	53.6	1.1
非制造业	379	13.3	2216	46.4	80.2
总计	2859	100	4779	100	18.7

资料来源：MALULEKE R, Coega Special Economic Zone, 2018: Statistics South Africa, 2019, p. 7。

（四）投资环境稳定

园区经济若要达到持续性且蓬勃有序的发展，需要有稳健的外部经济环境作为支撑。南非作为撒哈拉以南的领头羊和外资进入南部非洲的首选国家，其投资营商环境得到的评价大多也是比较积极的。根据南非贸工部2020年发布的《南非投资指南》，从经济指标上来看，南非是非洲的第二大经济体，同时也是G20和金砖国家成员。与非洲其他主要经济体相比，南非的商业银行贷款利率相对较低。南非是2017年非洲最大的出口国和进口国。同年，服务产业依然是南非经济发展的强力保障，为南非贡献了近70%的附加值，同时也为南非全国贡献了最多的就业岗位。2013—2018年，南非创造就业岗位最多的三个行业分别是金融业、建筑业、社区以及社会服务业。2018年，南非外国直接投资快速增长，约占非洲总量的18%，快速增长主要产生于采矿、石油提炼、食品加工、信息通信技术和可再生能源等领域。

据世行2020年发布的《营商环境报告》，南非在全球190个经济体中的营商便利度排名第84位，在撒哈拉以南国家中排名第四位。[1] 在2019年世界经济论坛发布的《全球竞争力报告》中，南非在141个经济体中排名第60位，较2018年上升6位。[2] 该报告指出，南非

---

[1] The World Bank, *Doing Business 2020: Comparing Business Regulation in 190 Economies*, Washington, D.C.: World Bank, 2020.
[2] Klaus Schwab, *The Global Competitiveness Report, 2019*, Geneva: World Economic Forum, 2019.

是非洲大陆的金融中心，股票、信贷和保险行业市场都比较发达，基础设施先进，市场规模在非洲也名列前茅。在公共部门的行政效率和公司治理评分中同样进步显著。① 中国商务部 2019 年发布的《对外投资合作国别（地区）指南：南非》中，也归纳了南非营商的一些主要优势，包括相对稳定的政治和经济环境，金融和法律体系健全，律师和会计等第三方专业服务能力强，矿产和自然资源丰富，具备一定科研创新能力，以及消费需求旺盛等等。②

四、园区发展问题分析

通过实地调研，笔者梳理了和库哈园区发展息息相关且为不同行业人士所共同关心的三个问题：在创造可持续就业方面的乏力且劳工质量不高，南非劳工法倾向雇员且工会势力过大，管理库哈园区的各级政府行政管理体系混乱。

（一）可持续就业创造和劳工质量

库哈园区发展面临的第一个挑战是在创造可持续性就业岗位方面相对乏力且劳工质量不高。园区企业反馈对于通过库哈发展公司聘用的员工素质和受教育程度都比较满意，比如焊工和油漆工等。这也反映出库哈发展基金实施的职业技能培训成效符合雇主预期。但数据表明，创造的工作大多为临时或短期就业，长期就业岗位数量有限，劳动力缺乏可持续性发展。再者，部分企业有自己单独的培训制度和方案，在培训流程的设计上也会和库哈的部分设计重叠，但是却更符合企业生产的要求，且培训成本不高。比如，中国一汽在一些简单的工种上直接聘用园区提供的人员，但在装配线上则需要专门培训，一般周期在三个月，且签的都

---

① Klaus Schwab, *The Global Competitiveness Report, 2019*, Geneva: World Economic Forum, 2019.
② 中华人民共和国商务部，《对外投资合作国别（地区）指南：南非》，2019，http://www.mofcom.gov.cn/dl/gbdqzn/upload/nanfei.pdf.

是长期合同。①这种情况和丽莎·汤普森的实地考察情况一致，即园区方提供的就业技能培训并不能覆盖园区所有岗位的需求，而仅仅是满足了部分泛化且职业门槛不高岗位的供给，对专精职业的培训有所欠缺。②再者，库哈园区内入驻企业在当地雇佣的员工，生产效率较低，其产出和企业以及库哈的投入不成正比，间接影响并降低了园区的核心竞争力。

不能创造足够长期固定工作岗位的后遗症便是合同终止后，被解雇员工们的聚集、游行和示威活动。一些中小企业与当地工人签约了短期合同，当项目完成施工后，合同到期，这也意味着工人们失业。为了抗议雇主终止短期合同，工人们聚集在库哈园区总部入口处，以歌舞聚集等形式表示抗议。③针对这种情况，库哈方收集了这部分劳工的信息并录入系统，一旦有雇主有需求，便优先考虑这批人员。

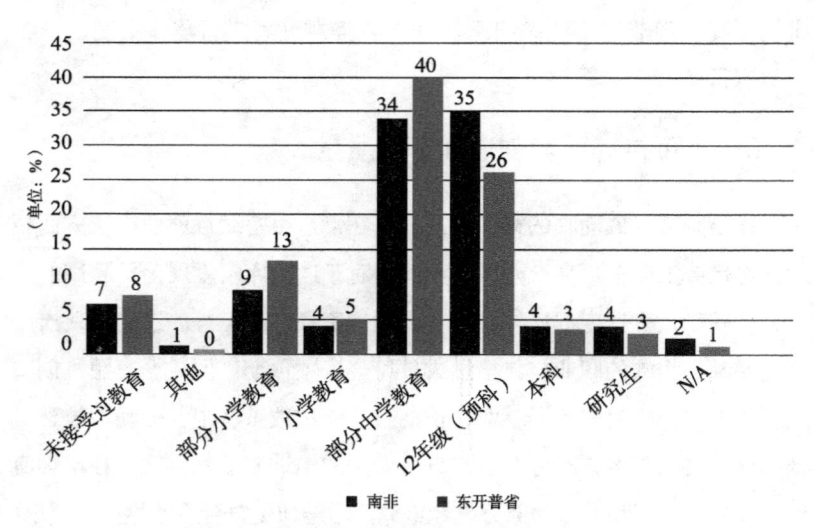

图 5　2016年南非全国和东开普省人口受教育程度对比

（图片来源：作者根据相关数据自制，数据来源：https://wazimap.co.za/。）

---

① Yang Chongsheng, "Coega SEZ Performance Interview", 2016.
② Lisa Thompson, "Alternative South-South Development Collaboration? The Role of China in the Coega Special Economic Zone in South Africa", *Public Administration and Development*, Vol. 39, No. 4-5, 2019, pp. 193-202.
③ Yang Chongsheng & Tom Kenyon, "Skill Training and Development at Coega", 2016.

劳工整体质量不高，也是导致可持续就业面临挑战的一个主要因素。如图5所示，南非2016年初中及以下学历人数占全国总人口的55%，而东开普省2016年同类数据占全省人口的66%，且高中及以上学历的人口占比低于全国平均值。

受教育程度普遍不高带来的直接影响是许多人在就业上选择面极其有限，其能力和技术满足不了雇主的招聘需求。这对库哈园区和企业的影响是，雇主在招聘当地员工时，除了库哈园区提供的人员外，并未有足够的选择余地。再者，园区企业反映，员工的缺勤率每月大概在7%，2013—2016年平均出勤率并不高，在91%左右。①这些缺勤往往是突发的，比如临时告知相关负责人身体不适或有急事需要离开。有时企业负责人明知这些都是借口，却只能接受。而核心生产线的任何一个环节有人缺勤，意味着整条生产线的产能都会受到影响。此外，南非全国有约300万人受胎儿酒精综合征②影响，而东开普省受影响程度排全国第二。③库哈发展基金相关人员强调了这一数据并指出，酒精滥用在库哈园区及其周边地区并不少见，这些将对员工的工作产生消极影响，进而影响企业的整体效率。④

（二）各级园区行政管理体系混乱

如前文所提，除了库哈发展公司直接运营外，库哈的园区管理在行政体系上受两个不同部门及其下属机构管理，分别是东开普省政府及其下属的经济发展、环境事务和旅游部，以及南非贸工部和纳尔逊·曼德拉市政府。两个行政体系和跨部门的管理运作，让园区相关

---

① Yang Chongsheng, "Coega SEZ Performance Interview", 2016.
② 胎儿酒精综合征（Foetal alcohol syndrome, FAS）指孕妇因在妊娠期间酗酒对胎儿造成的永久出生缺陷。妊娠期酗酒会导致酒精进入胎盘，阻碍胎儿健康成长，破坏胎儿的脑部结构和神经元，并可能会引发胎儿的体质、心智或行为问题。
③ Busisiwe Jemsana-Mantashe, "Foetal Alcohol Syndrome Still a Problem in E Cape", 2018, https://www.sabcnews.com/sabcnews/foetal-alcohol-syndrome-still-a-problem-in-e-cape/.
④ Yang Chongsheng, "Financial Performance of Coega", 2016.

信息交流和决策制定进程变得冗长、繁琐和缓慢。政府管理机制的紊乱，复杂和漫长的园区项目资金申请审批，以及国家高层对园区运作机制的不了解，共同造成了库哈园区混乱的行政管理体系。

首先，在园区管理过程中出现的政府各部门和各个层级之间的管理机制紊乱问题，与南非的政治环境有很大关联。南非国民议会现有13个政党，实行多党民主制。领导着"3+1"执政联盟（非国大、南非共产党、南非工会大会和南非全民公民组织）的南非非洲人国民大会（African National Congress，ANC，简称非国大）是南非的执政党。非国大成立于1912年，是南非历史最悠久、规模最庞大、成员最多的黑人民族主义政党。南非第一大反对党为民主联盟（Democratic Alliance），主要代表工商和金融界利益，其成员多为白人。[1]

南非分中央、省级和地方三级政府体制，三级政府中都有各个党派的成员，这也就意味着三级政府中存在相当程度的政治竞争和博弈。各级政府不受同一个政党控制，会给行政指令和政策落实带来巨大障碍。议会和省级政府之间的紧张关系，使得行政方面的推进漫长而复杂，并且缺乏综合规划。省级和地方政府的工作人员看不到他们所做工作对经济的迫切性。政府部门相关人员认为，对于南非中央政府来说，应该关注现存的问题，努力寻找解决方案，而不是不断绘制蓝图。他们应该专注于改善省级现有的基础设施，而不是不断修新。但地方政府却没有改革和实施新机制或策略的能力，也没有经济发展的部署和计划，很多政策和条例多年都没有更新，依旧沿用陈旧的政策。省政府和地方政府之间的关系也比较微妙。相关人士认为，省政府的首要任务是吸引投资，这需要地方政府的配合，但地方政府却总是等待中央政府告诉他们该做什么和如何去做。[2]基于这样的政治环

---

[1] 中华人民共和国商务部，《对外投资合作国别（地区）指南：南非》，2019，http://www.mofcom.gov.cn/dl/gbdqzn/upload/nanfei.pdf。
[2] Yang Chongsheng & Tom Kenyon, "Administrative Process in South Africa Government and Views on Coega", 2016.

境，结合库哈园区运营的实际情况，有库哈员工反馈，长期以来，在向各级机构的报告中，各个部门不断拉锯和推诿，这让他们不断反思一个问题——究竟谁能真正对园区发展负责？①

其次，库哈在搭建、修葺、维护或升级基建设施时，需要就每一个单一项目分别申请。比如要用回水器来净化污水以获得工业用水，必须向贸工部或相关部门申请专项拨款，而整个行政审批流程在三个月左右，如果需要补交其他文件或项目说明，整个流程会更长。以贸工部审批机制为例，负责审批的相关人员一个月只会进行一次审批签字，错过则需要再等一个月。② 因此，快速决策和精简审批流程是园区管理者和入驻企业共同关注的问题。对于园区管理企业来说，获得不同政府层级的支持，能有效快速推进园区各项事务落实；对于园区企业来说，"一站式"服务的落实和政府对园区的重视能增强其持续投资的信心。

此外，南非贸工部是中央政府对园区直接负责的机构，也是负责园区各项目申请审批签署的机构，同时负责所有和园区发展有关的资金发放。但是中央政府对于园区的核心竞争力意识似乎有所欠缺：核心竞争力的打造意味着园区需要各类服务机构聚拢并高效协助园区管委会和入驻企业，以最高的效率和符合规范的程序来吸引投资。但实际情况是，贸工部部长直接负责签署园区新项目或新建筑设施的审批。举个例子，如果园区管委会和意向入驻企业准备签约，管委会必须将签约申请寄给贸工部部长，大概经过至少两个月时间等候批示。一旦签约成功，园区管委会需要就各类激励措施和免税机制向贸工部申请，比如入驻企业能否得到13%的企业所得税减免等，然后再等候贸工部的回复。园区相关人员反馈，仅这两个申请的审批程序可能就需要一年时间。③ 如果政府高层意识不到园区的运作模式和对各类

---

① Yang Chongsheng & Tom Kenyon, "Skill Training and Development at Coega", 2016.
② Yang Chongsheng & Tom Kenyon, "Performance of Coega", 2016.
③ Yang Chongsheng, "Operation of Coega", 2016.

政策推行的迫切性的话，对于园区管理方和潜在入驻企业的时间和资源都是极大损耗。可以预见的结果是，原本有意向的企业因为上述种种问题，极有可能转投其他在行政审批流程更为精简、基础设施质量相当、激励政策更加灵活的园区。

（三）劳动法倾向和工会势力强大

库哈园区发展的第三个挑战是，南非劳动法律法规比较严格，对雇员保护力度较大，同时工会势力强劲，导致劳资关系紧张，罢工事件时有发生。"3+1"执政联盟成员之一的南非工会大会（Congress of the South African Trade Union, COSATU）势力庞大，现有下属21个工会，缴纳会费成员超180万人。南非和劳工相关的法律法规众多，比较有代表性的有《劳工关系法》（Labor Relations Act）、《平等雇佣法》（Employment Equity Act）和《基本雇佣条件法》（Basic Conditions of Employment Act）等。[1] 这些法律在保护劳工权益、促进就业公平、保障员工收入等方面发挥了积极作用。相关数据表明，南非工会充分利用劳工法为工人争取各项权益和谋求福利，2014年，南非工会成员的平均薪资涨幅达到7.8%。[2] 但需要指出，这些法律赋予了南非各工会组织很大的权力，且对雇员有明显倾斜，具有保护主义色彩。如果在立法层面一味强调劳工的权益和强化对他们的保护，则有可能会"矫枉过正"。

南非劳动法对雇员的工作时长、最低薪酬和休假机制都有明确规定，导致雇主和雇员之间的议价空间极其有限，甚至处于被动地位。比如雇主无特殊原因，不得随意解雇雇员；南非本土黑人雇员，不管工作表现如何，每年需加薪10%；雇主不得在无协议的条件下要求

---

[1] 中华人民共和国商务部，《对外投资合作国别（地区）指南：南非》，2019，http://www.mofcom.gov.cn/dl/gbdqzn/upload/nanfei.pdf。

[2] 《南非工会启示录：这些年来他们究竟为工人做了些什么》，南非《华侨新闻报》2016年5月10日，http://www.nanfei8.com/news/nanfeishishi/2016-05-10/30275.html。

员工在公共假日工作或加班。① 在企业实际运营活动中，雇主难以解雇任何人，在轮班调休制度的推行上也受到相当多的阻碍。② 员工被法律过度保护的后果是，一旦员工和雇主方发生冲突，就会向工会寻求帮助，而工会的一味纵容会让部分有投机思想的员工肆无忌惮，甚至利用工会并将其当作从事不法活动的"保护伞"。③ 长此以往，会挫败投资者热情，也无利于南非就业竞争力的发展。④ 在库哈园区，南非并未有针对园区劳工的专门立法，而是沿袭了南非全国通用的劳动法律法规，这使得库哈从园区管委会到园区企业对劳动力的议价能力极其有限，在和员工薪资谈判时处于被动地位。⑤

工会组织权力过大的另外一个后果是南非全国各地频繁的罢工。南非罢工活动持续时间长短不一，从几小时到几个月都有可能，罢工原因多和要求提升薪酬相关，在矿产业和制造业尤为频繁。各地频繁罢工给南非本地和国外企业乃至南非整体经济带来了巨大冲击。2016年，南非第二大工会——全国矿工工会（National Union of Mineworkers）与南非最大的铂金生产商英美铂金（Anglo American Platinum）的薪资谈判破裂，导致半数工人罢工，全年损失94.6万工时，造成的直接经济损失达1.61亿兰特。⑥ 罢工及其带来的连锁影响同样会动摇国外企业的投资信心。

系列劳工法强化了对南非本土黑人权益的保护，同时也对来南非的国外工作人员加强了审核。南非政府对引进外籍劳工的管控和限制

---

① 陈肖英:《南非中国新移民面临的困境及其原因探析》,《华侨华人历史研究》2012年第2期，第28—35页。
② Yang Chongsheng & Tom Kenyon, "Administrative Process in South Africa Government and Views on Coega", 2016.
③ 王晓鹏:《强势的南非工会》,《当代工人》2013年第16期。
④ 陈肖英:《南非中国新移民面临的困境及其原因探析》,《华侨华人历史研究》2012年第2期，第28—35页。
⑤ Yang Chongsheng & Tom Kenyon, "Administrative Process in South Africa Government and Views on Coega", 2016.
⑥ 中华人民共和国商务部,《对外投资合作国别（地区）指南：南非》, 2019, http://www.mofcom.gov.cn/dl/gbdqzn/upload/nanfei.pdf。

非常严格，原则上，如果能在南非本地找到合适的雇员，则不能再招聘外籍员工，以此保障本国劳工的就业机会。根据南非的《移民法》和《外国人管理法》，外籍人员需持有南非内政部签发的工作许可证并在规定的单位就业才是合法的。① 根据库哈工作人员和园区企业反映，工作许可证的办理和相应签证的审批程序繁琐且时间漫长，极大影响了各方工作效率。②③

上述劳工法限制以及工会权力过大等相关问题，让库哈园区现有入驻企业在处理劳资关系、员工工作弹性问题以及进行薪资谈判时，感觉寸步难行，甚至会拖累企业发展。④ 对于有意向投资园区企业来说，刻板的且明显倾向雇员的劳工法也会动摇其投资决定。⑤ 而园区作为国家新经济政策的试点和推行高地，需要参考的是其他国家有竞争性的园区推行的试点政策，而不能简单生硬地把园区外的各种法规一成不变地照搬到园区运营中。

（四）其他问题

除上述三个主要问题以外，政府官员、园区企业和园区管委会等受访对象基于自身视角，还反映了其他一些库哈存在的问题或挑战。纳尔逊·曼德拉湾市政府官员认为，库哈园区的模式具有潜力，但是应更关注提升其生产效率；他还指出，库哈园区和纳尔逊·曼德拉湾市之间的联系不够紧密，缺乏与当地市政府管理层的有效沟通。⑥

库哈园区企业代表对库哈现阶段园区的基础设施和配套服务基本满意，认为基本能源供给能够得到保证，比如水电。但水电费用过

---

① 中华人民共和国商务部，《对外投资合作国别（地区）指南：南非》，2019，http://www.mofcom.gov.cn/dl/gbdqzn/upload/nanfei.pdf。
② Yang Chongsheng, "Financial Performance of Coega", 2016.
③ Yang Chongsheng, "Incentives for FDI", 2016.
④ Yang Chongsheng & Tom Kenyon, "Skill Training and Development at Coega", 2016.
⑤ Yang Chongsheng, "Incentives for FDI", 2016.
⑥ Yang Chongsheng & Tom Kenyon, "Administrative Process in South Africa Government and Views on Coega", 2016.

高，每月接近 10 万兰特，且一直在涨价，园区企业尝试就该问题发邮件或致电库哈，但都未得到回复。在信息咨询和法律援助方面，库哈未提供战略咨询和信息追踪反馈服务，也没有任何法律援助。住宿方面，园区能满足基本配套设施，安全性比较有保障，但不提供电话和网络，属低水平住宿，且由于外部社会治安较差，总体来说不具备太高的宜居性。①

虽然南非政府在园区的相关政策和立法上有明显的举措推行，但是园区相关人员普遍反映，现阶段库哈缺乏政府资金的支持。库哈现阶段在财政上并不独立，这意味着库哈没有能力创造利润或进行财务操作。在财务申请上，库哈必须针对每个特定的项目及其金额向贸工部进行拨款申请。②此外，南非政府认为库哈园区应该在一段时间内自给自足，但园区相关人员却指出库哈在3—5年内难以达到财务独立。③

五、小结与反思

虽然南非政府对库哈投入了大量资金支持和政策扶持，但库哈的发展仍不尽如人意。结合园区发展和管理的参与者来分析库哈发展的优势和挑战，笔者对园区发展的参与者——南非政府、库哈发展公司（库哈园区管委会）和园区企业在各优势和挑战项进行评估，以便观察它们是否参与这些分项。

从表3可以看到，在库哈打造其核心优势以及解决其发展所面临的主要问题的过程中，园区企业并未直接参与。在园区的建立和发展初期，政府在区位的选择以及基础设施建设方面起主导作用，库哈管委会则负责落地执行。南非政府对园区的扶持力度也较大，为确保园

---

① Yang Chongsheng, "Coega SEZ Performance Interview", 2016.
② Yang Chongsheng & Tom Kenyon, "Skill Training and Development at Coega", 2016.
③ Yang Chongsheng & Tom Kenyon, "Performance of Coega", 2016; Yang Chongsheng, "Financial Performance of Coega", 2016.

表3　南非园区参与者的参与程度

	政府	园区管理方	园区企业
园区发展主要优势			
区位和基建	√	√	
政府扶植力度	√		
就业培训体系		√	
园区发展面临挑战			
可持续就业和劳工质量	√	√	
各级园区行政管理体系	√		
劳工法倾向和工会势力	√		

区项目平稳发展，完善了相关政策和法律法规，同时引入各级政府相关部门对园区发展进行规划、指导、支持和监管。此外，政府还明确了园区各类优惠措施，如税收减免等。园区管理方——库哈发展公司在就业培训体系的搭建上，也秉持为南非创造更多的就业岗位原则，创造了大量的就业机会。总体来看，南非政府和园区管理方在三个主要优势方面，各自在其中的两项中发挥了较强的能动作用，对打造园区优势有所助力。

然而，在分析园区发展面临的问题和挑战中，笔者发现所探讨的三个主要问题，其本质原因都和政府有关，无论是整体就业环境和劳工质量，还是园区行政管理手续过于繁琐和冗长，再或是立法层面和工会势力，都不是在园区层面可以解决的问题，需要上升到国家层面。这也说明，在园区发展的任何阶段，南非政府所扮演的角色都至关重要。如果政府层面意识不到园区和国土内其他区域发展必须有所不同，且这些差异必须要在立法、行政、配套服务、政策支持等各方面都有所体现，那么南非园区的发展很可能只是有着真正园区经济形态的"形"，而未领其"神"。

The Development of Special Economic Zones in South Africa: A Case Study of Coega

Yang Chongsheng

Abstract: This paper analyses the major advantages and problems of Coega special economic zone (SEZ), the earliest and largest SEZ in South Africa, adopting the research method of a case study. The author observes and analyses the three main participants in the development and construction of Coega SEZ, namely the government, SEZ operator (Coega Development Corporation), and SEZ enterprises, so as to clarify the attribution of the problems and provide suggestions. How the South African government at all levels understands and operates the SEZ would have a significant impact on the development of Coega, which is also the concern of investors. The multi-party system in South Africa has generated complicated partisan politics, in which different parties at all levels are formulated in the administrative system, subsequently leading to a cumbersome process of administrative procedures and policy implementation. Issues like overprotective labour laws for employees, aggressive labour unions and frequent strikes will reduce enthusiasm from investors. In addition, deep-rooted poverty and educational plights in South Africa also reduce the competitiveness of the talent market to some extent. For the South African government and relevant authorities that are responsible for designing SEZ strategies for better development, the following issues should be their major concerns, including what the development paths of SEZs are, what roles and functions they can play at each stage of the development itself, as well as how they and the management committees can form complementary mechanisms so as to better serve zone enterprises and facilitate multiple interactions among enterprises, between enterprises and management committees, and between enterprises and government departments, eventually improving the core competitiveness and comparative advantages of Coega SEZ.

Keywords: SEZ; South Africa; Coega SEZ

致　谢

第二届"清华地区研究论坛"优秀论文的结集出版得益于多方的支持和帮助，若无这些帮助与支持，我们将无缘在此向读者们呈现这些优秀的地区研究成果。对于支持与帮助我们的各方人士，我们心怀感激，并致以诚挚的谢意。

首先，感谢筹办第二届"清华地区研究论坛"的清华大学国际与地区研究院领导、青年研究人员和行政人员，他们为世界范围内的地区研究学者提供了展示和交流个人研究成果的学术平台，而这些成果正是本论文集论文的来源。值得褒扬的是，"清华大学地区研究论坛"突破了传统地区研究学术会议仅接受人文社科研究的局限，对于各学科地区研究一视同仁，使来自农业科学和公共卫生学领域的地区研究成果得以加入。也正是得益于此，本论文集才得以收录《泰国精准农业的现状与未来》这样优秀的农业科学领域的地区研究成果。

其次，衷心感谢信任我们并将研究成果交付我们结集出版的11篇论文的作者，包括：英国埃克塞特大学教授亚当·哈尼耶、新疆大学讲师但杨、新疆社会科学院研究员潘志平、上海大学博士研究生张崧、四川大学南亚研究所副研究员张立、四川大学南亚研究所硕士研究生胡大一、泰国清迈大学名誉教授阿帕泰·金特拉维特、日本京都大学教授河野泰之、南京信息工程大学讲师李佳、日本神户大学伊藤高弘和山崎幸治、斯里兰卡佩拉德尼亚大学拉米拉·尤素夫-图菲克、复旦大学博士研究生程文君，以及清华大学国际与地区院熊星翰、王涛、王霆懿和杨崇圣。

再次，感谢为本文创作导言的冷战史专家沈志华教授。在导言创作过程中，身为严谨治学典范的沈志华教授不仅指出了论文集在章节命名上存在的问题，还细心挑出了论文集中某些论文存在的用词不当，弥补了论文集原有的不足之处。沈志华教授创作的导言朴实详尽，总结到位，是本论文集的点睛之笔。

最后，感谢论文集编委会的各位成员，他们客观严谨，不辞辛苦，从79篇论坛论文中挑选出了11篇可供发表的论文，为论文集的学术质量提供了保证。此外，在文集编辑过程中，各位编委成员不仅在文集编排设计上提供了许多宝贵建议，而且帮助我们与作者就论文修改事宜进行沟通。客观而言，该论文集成书出版是编委会所有成员共同努力的结果，而非仅是我们四人之功。

图书在版编目（CIP）数据

国家与区域：动态中的联结：第二届清华地区研究论坛论文集 / 杨光等主编. — 北京：商务印书馆，2023
ISBN 978-7-100-22020-0

Ⅰ.①国… Ⅱ.①杨… Ⅲ.①国际政治—文集 Ⅳ.
①D5-53

中国国家版本馆CIP数据核字（2023）第031971号

权利保留，侵权必究。

国家与区域：动态中的联结
第二届清华地区研究论坛论文集
杨光 张静 刘岚雨 熊星翰 主编

商务印书馆出版
（北京王府井大街36号 邮政编码100710）
商务印书馆发行
北京虎彩文化传播有限公司印刷
ISBN 978-7-100-22020-0

| 2023年12月第1版 | 开本 710×1000 1/16 |
| 2023年12月北京第1次印刷 | 印张 21 |

定价：98.00元